개정판

R을 이용한 생존분석 기초

김재희 지음

Introduction to Survival Analysis Using R

자유아카데미

개정판을 내며

생존분석은 특정 시점부터 어떤 사건이 발생할 때까지의 시간 구간(time interval) 데이터를 다루는 생존데이터와, 이와 관련된 공변량들의 관계를 탐구하는 생물통계학의 한 분야로, 의학 · 생물학 · 보건학 · 역학(epidemiology) · 공학 · 사회학 · 경제학 등 다양한 영역에서 중요한 역할을 하고 있다. 이러한 생존데이터를 분석하기 위해서는 통계적 지식과 더불어 컴퓨터 프로그램의 활용이 필수적이다.

이 책은 생존분석의 기초 이론과 방법을 설명하고, R 시스템을 이용한 데이터 분석 예제를 실었다. 또한 부록에는 예제에 해당하는 R 프로그램과 함께 일부 SAS 명령어를 포함하여 참고할 수 있도록 하였다.

이번 개정판에는 혈압과 같이 시간에 따라 변하는 시간-가변 공변량을 포함하는 Cox 모형과 여러 사건이 동시에 발생할 수 있는 경우를 다루는 경쟁위험모형에 대한 설명 및 프로그래밍이 추가되었다. 기초적인 이론뿐 아니라 다양한 생존모형을 다룬 만큼, 생존분석을 기본적으로 이해하고자 하는 독자와 실제 데이터 분석에 활용하고자 하는 연구자 모두에게 도움이 되었으면 한다. 책에서 활용된 데이터 파일 및 출간 후 나올 수 있는 수정사항은 자유아카데미 홈페이지(www.freeaca.com) 자료실에 제공할 예정이니 참고하기를 바란다.

끝으로, 이 책을 집필할 수 있는 계기를 마련해 준 덕성여대 학생들, 생존분석 관련 논문 준비 과정에서 데이터 정리와 교정을 도와준 이시은 석사, 실제 데이터를 제공하고 조언을 아끼지 않은 가톨릭대학교 성빈센트병원 종양내과 심병용 교수님과 순환기내과 문건웅 교수님, 원자력병원 흉부외과 이해원 과장님, 출판을 진행해 준 자유아카데미 출판사 여러분, 그리고 하루하루를 함께 채워가는 사랑하는 가족에게 깊이 감사드린다.

2025년 8월

아름다운 사람들이 모이는 덕성여대 캠퍼스

김재희 jaehee@duksung.ac.kr

차례

7장 Cox 비례위험모형

8장 잔차와 모형적합도 진단

9장 모수적 회귀모형을 이용한 생존분석

10장 경쟁위험 모형

1장

서론

1.1 생존데이터에 대한 분석

생존분석(survival analysis)에서는 어떤 연구에 들어온 시간부터 어떤 사건이 발생할 때까지의 시간구간(time interval) 데이터에 관심이 있다. 그러므로 관심 있는 반응변수는 사건이 발생할 때까지 걸리는 시간이다. 초창기 생존분석은 질병에 대한 처리 후 죽음까지 걸리는 시간 데이터를 다루는 연구로부터 발달되었다. 암(cancer)과 같은 치명적인 상태에 놓인 경우 처리(treatment) 또는 처치 효과(treatment effect)에 대한 평가를 위해 주로 생존분석이 사용되었다. 그러나 이후에는 치명적인 경우뿐만 아니라 여러 다른 상황에서도 생존분석이 활용되고 있다.

생존데이터와 생존분석이 필요한 예를 들어 보자. 의학계에는 질병 완치까지의 호르몬 요법의 비교, 모유 수유기간, 다리 골절이 완치되기까지의 시간 등 어떤 특정 사건이 발생하는 데까지 걸리는 시간에 관한 연구들이 있다. 산업계에서는 기계 또는 도구의 신뢰성(reliability) 시험에 생존분석기법을 활용하고 있다. 예를 들어, 기계가 고장 날 때까지의 시간 등을 다룬다.

사회과학 분야에서 생존시간 데이터로 결혼의 지속시간, 실업자들의 구직까지의 실업기간 등이 있고 범죄학 분야에서는 수감자들이 출소 후 재범까지 걸리는 시간 등이 있다. 마케팅 분야의 예로는 잡지구독기간, 보험유지기간, 상품 재구매까지 걸리는 시간 등이 있다.

어떤 사건의 발생까지의 시간 데이터(time to event data)는 의학, 생물학, 보건학, 역학(epidemiology), 공학, 경제학 등을 포함한 여러 분야에서 발생할 수 있으며 이러한 데이터에 대한 분석 문제가 대두된다.

생존분석에서는 어떤 사건이 발생할 때까지의 시간(time to event)이 관심 있는 반응변수이다. 이러한 생존시간에 대한 분포 자체에 관심이 있을 뿐만 아니라 생존에 영향을 미치는 설명변수(공변량)들의 효과에도 관심이 많다.

생존분석 대상 데이터는 다음과 같은 문제들이 있다.

(1) 개인 또는 개체에 따라 시간 구간이 다르다. 동시에 실험에 참여해도 사건이 발생하는 데까지 걸리는 시간이 다르다. 시간에 따라 사건의 발생 가능성이 다르며 연구기간 내에 사건이 발생하지 않을 수 있다. 그러므로 생존시간 데이터가 정규분포를 따른다고 가정할 수 없다.

(2) 연구기간 내 추적(follow up)을 실패할 수 있다. 예를 들어, 사망시점까지의 생존시간 데이터에 대한 연구를 진행할 경우, 사건이 발생하지 않을 수 있고, 중도에 환자가 살아있음에도 불구하고 병원을 옮기는 등 여러 이유로 연락이 안 될 수 있다. 이와 같은 데이터는 중도절단(censored) 관측이라고 한다. 모든 연구는 제

표 1.1 간암 환자 생존데이터

환자이름	성별	진단일자 (년/월/일)	사건발생	사건발생일 또는 중도절단일	생존시간 (일)	처치방법
Mike	M	15/5/2	사망	15/12/3	214	A
Kitty	F	15/4/8	사망	15/8/11	125	A
Tom	M	15/4/5	생존	15/11/5	213+	B
Lisa	F	15/3/4	사망	15/11/3	244	B
Jim	M	15/3/4	사망	15/9/6	185	B

한된 기간 내에 이루어지므로 연구마감시점에서 살아남은 환자들에게 언제 사건이 발생할지는 알 수 없다.

그러므로 생존분석을 위해서는 다음과 같이 몇 가지 가정을 하게 된다.

(i) 추적에 실패한 환자들도 연구 내에 있는 환자들과 마찬가지로 같은 예후(prognosis)를 갖는다.
(ii) 중도절단과 사건발생은 서로 관련이 없다.

생존데이터의 특성은 연구기간 내에 사건발생이 일어나지 않는 경우 등이 발생하여 우중도절단(right censored)과 같은 불완전한 관측값을 포함한다. 생존데이터는 개인의 수명을 알게 되거나 또는 어느 유한한 기간 내에 발생한 사건만을 측정할 수 있다.

관측이나 실험이 종료되었지만 사건이 발생하지 않은 경우를 우중도절단이라고 한다. 예를 들어 <표 1.1>은 간암 환자에 대한 생존데이터를 정리한 것이다. 각 환자에 대해 신체 정보와 질병 관련 정보를 정리하여 데이터셋으로 만든 것이다. 특히 질병 관련 생존시간과 상관이 큰 인자(변수)들은 공변량을 포함한 생존함수모형 설계에 중요하게 활용된다.

다음 절에서는 생존데이터 사례와 분석 문제 등에 대해 알아보고자 한다. 여러 종류의 생존데이터를 살펴보고 생존분석에 대한 관심이 커질 수 있기를 기대한다.

1.2 설암

구강암 환자의 배수성(polyploidy: 생물 세포의 염색체 집합의 수, 염색체 수의 증감을 볼 수 있는 현상) 효과에 대한 예측연구를 위해 설암(tongue cancer) 환자들을 대상으로 데이터가 수집되었다. 조직샘플을 세포계산기(flow cytometer)를 사용하여 그 종양이 이수성(aneuploid: abnormal) DNA 프로파일(profile)인지, 이배성(diploid: normal) DNA 프로파일인지 결정한다.

(1) 연구대상자

연구대상자는 수술 시 암 조직에 파라핀이 박힌 샘플을 갖고 있는 환자 80명으로 두 종류의 설암 환자이다. 이수성 종양 환자는 52명이고, 이배성 종양 환자는 28명이다.

(2) 데이터

설암으로 인한 사망까지의 시간 데이터로 중도절단이 존재한다. 정리된 설암 데이터는 <표 1.2>(a)에서 보여주고 <표 1.2>(b)는 R에서 생존분석을 수행하기 위해 정리

표 1.2 (a) 설암 데이터

Aneuploid Tumors (이수성 종양)		Diploid Tumors (이배성 종양)	
Death times	Censored Observations	Death times	Censored Observations
1	61	1	8
3	74	3	67
3	79	4	76
4	80	5	104
10	81	5	176
13	87	8	231
13	87	12	
16	88	13	
16	89	18	
24	93	23	
26	97	26	
27	101	27	
28	104	30	
30	108	42	
30	109	56	
32	120	62	
41	131	69	
51	150	104	
65	231	104	
67	240	112	
70	400	129	
72		181	
73			
77			
91			
93			
96			
100			
104			
157			
167			

(b) 설암 엑셀 데이터셋

group	time	status
1	1	1
1	3	1
1	3	1
1	4	1
1	10	1
1	13	1
1	13	1
1	16	1
1	16	1
1	24	1
1	26	1
1	27	1
1	28	1
⋮	⋮	⋮
1	104	1
1	157	1
1	167	1
1	61	0
1	74	0
1	79	0
1	80	0
1	81	0
1	87	0
1	87	0
1	88	0
1	89	0
⋮	⋮	⋮
2	1	1
2	3	1
2	4	1
2	5	1
2	5	1
2	8	1
2	12	1
⋮	⋮	⋮
2	104	1
2	112	1
2	129	1
2	181	1
2	8	0
2	67	0
2	76	0
2	104	0
2	176	0
2	231	0

된 엑셀 데이터셋을 보여준다. 통계분석을 수행하기 위해서 각 변수를 각 열에 배열해야 한다.

(3) 분석 문제

사망시점까지 생존데이터에 기반을 두어 그룹별 생존함수를 추정하고 그룹 간 생존함수에 차이가 있는지 연구하고자 한다.

1.3 남성 후두암

남성 후두암(laryngeal cancer) 환자들의 생존시간에 대한 연구를 하고자 한다.

(1) 연구대상자

네덜란드 A 병원에서 1970년부터 1978년까지 후두암을 진단받은 90명 남자에 대해 첫 번째 치료부터 사망사건까지의 시간 데이터가 수집되었다.

(2) 데이터

기록된 생존데이터는 첫 번째 치료 이후 죽음 또는 연구의 끝 사이의 시간이다. 생존시간, 중도절단 여부, 병의 단계, 진단 시 나이, 진단받은 해 등이 기록되었다. 정리된 후두암 데이터는 <표 1.3>(a)에서 보여주고 R에서 생존분석을 수행하기 위해서는 <표 1.3>(b)와 같이 엑셀 데이터셋을 만들면 된다. 병의 단계(stage)별로 환자 수는 다음과 같다.

(i) Stage Ⅰ: $T_1N_0M_0$ (33명)

(ii) Stage Ⅱ: $T_2N_0M_0$ (17명)

(iii) Stage Ⅲ: $T_3N_0M_0$, $T_xN_1M_0$, ($x=1, 2, 3$) (27명)

(iv) Stage Ⅳ: TIS를 제외한 다른 모든 TNM 조합 (13명)

참고 1.1 후두암 질병의 4단계

AJCC(American Joint Committee on Cancer)에서 사용되는 T.N.M. 분류를 기반으로 4단계로 구분한다. 단계가 높을수록 병이 심각하다. 단계 표기에서 T=원발성 종양, N=결절 관여, M=원격전이를 나타낸다.

(3) 분석 문제

높은 단계일수록 사망 확률이 높은지에 대한 추세검정 문제(추세검정: trend test), 단계 효과와 생존율의 관계, 비례 위험률 회귀모형을 통한 여러 설명변수들과 위험률의 관계 등에 대해 분석하고자 한다.

표 1.3 (a) 남성 후두암 데이터

I		II		III		IV	
Death	Censored	Death	Censored	Death	Censored	Death	Censored
0.6	2.5	0.2	2.2	0.3	3.7	0.1	2.9
1.3	3.2	1.8	2.6	0.3	4.5	0.3	4.3
2.4	3.3	2	3.3	0.5	4.8	0.4	
3.2	4.5	3.6	3.6	0.7	4.8	0.8	
3.3	4.5	4	4.3	0.8	5	0.8	
3.5	5.5	6.2	4.3	1	5.1	1	
3.5	5.9	7	5	1.3	6.5	1.5	
4	5.9		7.5	1.6	8	2	
4	6.1		7.6	1.8	9.3	2.3	
4.3	6.2		9.3	1.9	10.1	3.6	
5.3	6.5			1.9		3.8	
6	6.7			3.2			
6.4	7			3.5			
6.5	7.4			5			
7.4	8.1			6.3			
	8.1			6.4			
	9.6			7.8			
	10.7						

표 1.3 (b) 남성 후두암 엑셀 데이터셋

time	status	stage	age	year
0.6	1	1	77	76
1.3	1	1	53	71
2.4	1	1	45	71
3.2	1	1	58	74
3.3	1	1	76	74
3.5	1	1	43	71
3.5	1	1	60	73
4	1	1	52	71
4	1	1	63	76
4.3	1	1	86	74
5.3	1	1	81	72
6	1	1	75	73
6.4	1	1	77	72
6.5	1	1	67	70
7.4	1	1	68	71
2.5	0	1	57	78
3.2	0	1	51	77
3.3	0	1	63	77
4.5	0	1	48	76
4.5	0	1	68	76
5.5	0	1	70	75
5.9	0	1	47	75
5.9	0	1	58	75
6.1	0	1	77	75
6.2	0	1	64	75
6.5	0	1	79	74
6.7	0	1	61	74
7	0	1	66	74
7.4	0	1	73	73
8.1	0	1	56	73
8.1	0	1	73	73
9.6	0	1	58	71
10.7	0	1	68	70
0.2	1	2	86	74
1.8	1	2	64	77
2	1	2	63	75
3.6	1	2	70	77
4	1	2	81	71
6.2	1	2	74	72
7	1	2	62	73

time	status	stage	age	year
2.2	0	2	71	78
2.6	0	2	67	78
3.3	0	2	51	77
3.6	0	2	72	77
4.3	0	2	47	76
4.3	0	2	64	76
5	0	2	66	76
7.5	0	2	50	73
7.6	0	2	53	73
9.3	0	2	61	71
0.3	1	3	49	72
0.3	1	3	71	76
0.5	1	3	57	74
0.7	1	3	79	77
0.8	1	3	82	74
1	1	3	49	76
1.3	1	3	60	76
1.6	1	3	64	72
1.8	1	3	74	71
1.9	1	3	53	74
1.9	1	3	72	74
3.2	1	3	54	75
3.5	1	3	81	74
5	1	3	59	73
6.3	1	3	70	72
6.4	1	3	65	72
7.8	1	3	68	72
3.7	0	3	52	77
4.5	0	3	66	76
4.8	0	3	54	76
4.8	0	3	63	76
5	0	3	49	76
5.1	0	3	69	76
6.5	0	3	65	74
8	0	3	78	73
9.3	0	3	69	71
10.1	0	3	51	71
0.1	1	4	65	72
0.3	1	4	71	76
0.4	1	4	76	77
0.8	1	4	65	76

time	status	stage	age	year
0.8	1	4	78	77
1	1	4	41	77
1.5	1	4	68	73
2	1	4	69	76
2.3	1	4	62	71
3.6	1	4	71	75
3.8	1	4	84	74
2.9	0	4	74	78
4.3	0	4	48	76

1.4 골수이식

골수이식을 받은 백혈병(leukemia) 환자들에 대해 골수이식(bone marrow transplant) 방법에 따른 생존시간에 대한 연구를 하고자 한다. 자가(autologous) 골수이식과 동종(allogeneic)골수이식으로 치료한 환자를 대상으로 한다.

(1) 연구대상자

국제골수이식협회에 보고된 최신 급성 골수성 백혈병(advanced acute myelogenous leukemia)을 가진 101명 환자의 표본(+는 censored observation)으로 자가골수이식 또는 동종골수이식(bone marrow transplant) 백혈병 환자들에 대해 생존시간이 수집되었다.

(i) 자가(auto)골수이식 51명: 잦은 항암화학요법 후에 파괴된 면역 시스템을 대체하기 위하여 자신의 골수를 재주입한다.

(ii) 동종(allo)골수이식 50명: 형제자매와 맞는 조직적합항원(HLA: histocompatibility leukocyte antigen)으로부터의 골수로 면역 시스템을 다시 채운다.

(2) 데이터

골수이식 방법에 따라 골수이식 후 백혈병 없는(leukemia-free) 생존기간(월)을 기록한다. <표 1.4>에서 백혈병 골수이식 데이터를 보여준다.

(3) 분석 문제

환자의 무 백혈병 생존(leukemia free survival) 시간에 대한 측정으로서 생존시간의 길이와 이식 후에 얼마나 질병 없이 유지하는가에 대해, 두 가지 이식 방법의 효과를 비교하고자 한다.

표 1.4 백혈병 골수이식 데이터

Autologous (자가골수이식)		Allogeneic (동종골수이식)	
Survival times	Censored Observations	Survival times	Censored Observations
0.658	4.836	0.030	4.441
0.822	6.447	0.493	5.855
1.414	9.441	0.855	6.941
2.500	12.007	1.184	7.993
3.322	12.401	1.283	9.145
3.816	13.059	1.480	12.105
4.737	14.474	1.776	12.993
4.934	15.000	2.138	13.849
5.033	17.204	2.500	16.612
5.757	17.303	2.763	17.138
5.855	17.664	2.993	20.329
5.987	18.092	3.224	22.368
6.151	18.750	3.421	26.776
6.217	20.625	4.178	28.717
8.651	27.730	5.691	28.717
8.717	31.184	6.941	32.928
10.329	32.434	8.882	33.783
11.480	35.921	8.882	34.211
12.007	42.237	11.480	34.770
12.237	44.638	11.513	39.539
15.461	46.480	12.796	41.118
15.757	47.467	20.066	45.033
16.480	48.322		46.053
16.711			46.941
17.237			48.289
18.092			57.401
23.158			58.322
56.086			60.625

1.5 골수종

다발성 골수종(multiple myeloma)은 골수에 백혈구의 한 종류인 비정상적인 형질세포들의 축적으로 특징지어지는 악성 질환이다. 뼈 내부에 비정상적인 형질세포들의 증식은 통증과 뼈 조직 파괴의 원인이 된다. 다발성 골수종을 앓는 환자들은 빈혈, 출혈, 재발감염과 쇠약을 경험한다. 치료받지 않는다면 상태는 예외 없이 치명적이다. 웨스트 버지니아대학교(West Virginia University) 의학센터에서 수행된 연구의 목적은 특정한 설명변수 또는 공변량 값들과 환자들의 생존시간 사이에 있는 연관성을 조사하는 것이다. 연구에서 주요 반응변수는 진단으로부터 다발성 골수종으로 인한 죽음까지의 시간(단위: 개월)이다.

(1) 연구대상자

Krall, Uthoff and Harley(1975)로부터 얻은 데이터로 50세에서 80세 사이의 48명의 골수종 환자들에 대한 생존데이터이다.

(2) 데이터

<표 1.5>에서 골수종 생존데이터를 보여주며 48명의 골수종 환자들에 대해 다음의 변수들을 포함한다.

- Patient number: 환자 번호
- Survival time: 진단으로부터 다발성 골수종으로 인한 죽음까지의 생존시간(in months)
- Status: 1=관측값인 경우, 0=중도절단된 경우
- Age: 진단받은 나이(At the time of diagnosis, the included the age of the patient in years, 50-80)
- Sex: 성별 1=Male, 2=Female
- BUN: 혈중 요소 질소(levels of blood urea nitrogen)
- CA: 혈청 칼슘(Serum calcium)
- HB: 헤모글로빈(Haemoglobin) 수치
- PC: 골수에서 플라즈마 퍼센트(the percentage of plasma cells in the bone marrow)
- BJ: 벤스 존스 단백질이 소변에 존재하는지 여부(indicator variable which denotes whether or not Bence-Jones protein was present in the urine (0=absent, 1=present).

(3) 분석 문제

분석의 주목적은 위험인자인 BUN, CA, HB, PC, BJ 등이 다발성 골수종 환자의 생존시간에 미치는 영향력을 조사하는 것이다. 이러한 위험인자의 효과는 환자의 나이 또는 성별에 의해 수정될 수도 있으므로 성별과 나이 집단에 대한 고려가 필요하다.

표 1.5 골수종 데이터

Patient number	Survival time	Status	Age	Sex	BUN	CA	HB	PC	BJ
1	13	1	66	1	25	10	14.6	18	1
2	52	0	66	1	13	11	12.0	100	0
3	6	1	53	2	15	13	11.4	33	1
4	40	1	69	1	10	10	10.2	30	1
5	10	1	65	1	20	10	13.2	66	0
6	7	0	57	2	12	8	9.9	45	0
7	66	1	52	1	21	10	12.8	11	1
8	10	0	60	1	41	9	14.0	70	1
9	10	1	70	1	37	12	7.5	47	0
10	14	1	70	1	40	11	10.6	27	0
11	16	1	68	1	39	10	11.2	41	0
12	4	1	50	2	172	9	10.1	46	1
13	65	1	59	1	28	9	6.6	66	0
14	5	1	60	1	13	10	9.7	25	0
15	11	0	66	2	25	9	8.8	23	0
16	10	1	51	2	12	9	9.6	80	0
17	15	0	55	1	14	9	13.0	8	0
18	5	1	67	2	26	8	10.4	49	0
19	75	0	60	1	12	12	14.0	9	0
20	56	0	66	1	18	11	12.5	90	0
21	88	1	63	1	21	9	14.0	42	1
22	24	1	67	1	10	10	12.4	44	0
23	51	1	60	2	10	10	10.1	45	1
24	4	1	74	1	48	9	6.5	54	0
25	40	0	72	1	57	9	12.8	28	1
26	8	1	55	1	53	12	8.2	55	0
27	18	1	51	1	12	15	14.4	100	0
28	5	1	70	2	130	8	10.2	23	0

Patient number	Survival time	Status	Age	Sex	BUN	CA	HB	PC	BJ
29	16	1	53	1	17	9	10.0	28	0
30	50	1	74	1	37	13	7.7	11	1
31	40	1	70	2	14	9	5.0	22	0
32	1	1	67	1	165	10	9.4	90	0
33	36	1	63	1	40	9	11.0	16	1
34	5	1	77	1	23	8	9.0	29	0
35	10	1	61	1	13	10	14.0	19	0
36	91	1	58	2	27	11	11.0	26	1
37	18	0	69	2	21	10	10.8	33	0
38	1	1	57	1	20	9	5.1	100	1
39	18	0	59	2	21	10	13.0	100	0
40	6	1	61	2	11	10	5.1	100	0
41	1	1	75	1	56	12	11.3	18	0
42	23	1	56	2	20	9	14.6	3	0
43	15	1	62	2	21	10	8.8	5	0
44	18	1	60	2	18	9	7.5	85	1
45	12	0	71	2	46	9	4.9	62	0
46	12	1	60	2	6	10	5.5	25	0
47	7	1	65	2	28	8	7.5	8	0
48	3	0	59	1	90	10	10.2	6	1

1.6 신장염

(1) 연구대상자

신장(kidney)의 특정 장애 치료에서 투석(dialysis)은 혈액에 있는 폐기물을 제거하는 데 사용될 수 있다. 투석을 받는 환자들에게 발생할 수 있는 한 가지 문제는 도뇨관(catheter)이 삽입되는 위치에 감염(infection) 발생이다. 감염의 발생을 조사하는 연구에서 신장질환을 앓는 환자들에 대해 휴대용 도뇨관의 삽입으로부터 감염될 때까지의 시간이 기록되었다.

(2) 데이터

데이터는 McGilchrist and Aisbett(1991)의 신장염(nephritis) 감염 환자에 대한 것으로 다음의 변수들을 포함한다. 감염 이외의 다른 이유로 도뇨관이 제거되었다면 중도절단으로 처리한다. <표 1.6>에서 신장염 데이터를 보여준다.

- Patient: 환자 번호
- Time: 감염의 첫 번째 발생 후에 도뇨관의 삽입 후 감염 재발까지 일 수
- Status: 1=관측값인 경우, 0=중도절단된 값인 경우(감염된 상태)
- Age: 나이
- Sex: 성별(1=남자, 2=여자)

(3) 분석 문제

신장염 환자들에 대해 감염되지 않은 시간 데이터에 기반하여 성별 생존함수를 추정하고 성별 간 생존함수에 차이가 있는지 연구하고자 한다. 또한 나이와 성별을 공변량으로 하는 위험률모형을 적합하여 각 환자에 따른 위험함수를 추정하고자 한다.

표 1.6 신장염 데이터

Patient	Time	Status	Age	Sex
1	8	1	28	1
2	15	1	44	2
3	22	1	32	1
4	24	1	16	2
5	30	1	10	1
6	54	0	42	2
7	119	1	22	2
8	141	1	34	2
9	185	1	60	2
10	292	1	43	2
11	402	1	30	2
12	447	1	31	2
13	536	1	17	2

1.7 유방암

유방암(breast cancer)은 서양에 살고 있는 여성에게 일어나는 가장 흔한 암의 형태 중 하나이다. 그러나 종양의 생물학적 행동은 예측할 수 없고, 현재의 종양이 몸의 다른 장기로 전이될 것 같은지 결정할 수 있는 믿을 만한 방법이 없다고 한다. 초기 유방암을 겪고 있는 여성의 80%가 이미 다른 장소로 전이되어 있는 종양을 가지고 있는 편이다. 만약 이 환자들이 식별될 수 있다면, 나머지 20%의 환자들에게 그들의 병이 외과적으로 치유가능하다고 안심시키는 동안에 80%의 환자들에게 부가적인 치료가 집중될 수 있다. 환자의 예후의 가장 정확한 평가는 임파선 침습(lymph node involvement)이 되었는지에 근거한다.

Middlesex Hospital에서 수행되고 Leathem and Brooks(1987)에 기록된 조사의 목적은 전이된 초기 유방암과 전이되지 않은 유방암을 구별하는 조직화학표지(histochemical marker)를 평가하는 것이다. 연구에 따르면 표지(marker)는 헬릭스 포마티아 응집소(Helix pomatia agglutinin: HPA)로 알려진 식용달팽이 헬릭스 포마티아(Helix pomatia)의 난백선(albumin gland)으로부터의 렉틴(lectin)이었다. 이러한 표지는 전이와 연관된 유방암 세포들, 국소림프절 그리고 얼룩진 세포인 HPA가 미생물 관찰에 의해 식별될 수 있게 만든다.

(1) 연구대상자

HPA 염색법이 유방암 여성의 생존 경험을 예측하는 데 사용될 수 있는지 조사하기 위해서 유방암에 대해 외과치료를 받은 여성들의 기록에 기초한 후향성 연구가 수행되었다. 이 여성들 종양의 부분들은 HPA로 치료되었고 각각의 종양은 이어서 양성 또는 음성으로 염색될 것인지, 잠재적 전이가 있는 종양에 해당하는 양성염색법이 될 것인지 분류되었다. 연구는 1987년 7월에 끝났다. 1987년 7월에 생존 상태가 알려지지 않은 여성들에 관해서는, 수술한 시점부터 그들이 마지막으로 살아있다고 알려진 날까지의 시간이 중도절단된 생존시간으로 간주되었다. 유방암 이외의 다른 원인들로 사망한 여자들의 생존시간은 우중도절단으로 간주되었다.

(2) 데이터

1969년 1월에서 1971년 12월 사이에 단계 Ⅱ, Ⅲ, Ⅳ의 종양을 치료하기 위해 단순유방절제술 또는 근치유방절제술을 받은 여성들의 생존시간이다. 각 생존시간은 종양이 양성 또는 음성으로 염색되었는지(staining)에 따라 분류되었다. 중도절단된 생존시간은 '+'를 붙여 표시한다. 유방암 데이터는 <표 1.7>에서 보여준다.

(3) 분석 문제

이 연구의 데이터 분석에서 특별히 두 여성 그룹의 생존 경험에 차이가 있는지 아닌지에 관심을 갖는다.

표 1.7 유방암 데이터

Negative staining	Positive staining	
23	5	68
47	8	71
69	10	76+
70+	13	105+
71+	18	107+
100+	24	109+
101+	26	113
148	26	116+
181	31	118
198+	35	143
208+	40	154+
212+	41	162+
224+	48	188+
	50	212+
	59	217+
	61	225+

1.8 일차성 담즙성 간경화증

일차성 담즙성 간경화증은 담관(bile duct)이 폐쇄되어 황달이 함께 나타나는 간질환으로 간경화를 통해 증상이 심각한 경우 죽음에 이르게 되는 질병이다. 일차성 담즙성 간경화증(Primary Biliary Cirrhosis: PBC) 환자에 대한 생존분석을 하고자한다.

(1) 연구대상자

1974년부터 1984년까지 미국 Mayo clinic에서 치료받은 418명 환자들로 구성된다.

(2) 데이터

공변량은 고정값인 경우로 환자의 나이, bilirubin, albumin, prothrombin, edema, 환자의

표 1.8 일차성 담즙성 간경화증 PBC 데이터

```
> library(survival)
> data(pbc)
> head(pbc)
  id time status trt      age sex ascites hepato spiders edema bili chol
1  1  400      2   1 58.76523   f       1      1       1   1.0 14.5  261
2  2 4500      0   1 56.44627   f       0      1       1   0.0  1.1  302
3  3 1012      2   1 70.07255   m       0      0       0   0.5  1.4  176
4  4 1925      2   1 54.74059   f       0      1       1   0.5  1.8  244
5  5 1504      1   2 38.10541   f       0      1       1   0.0  3.4  279
6  6 2503      2   2 66.25873   f       0      1       0   0.0  0.8  248
  albumin copper alk.phos    ast trig platelet protime stage
1    2.60    156   1718.0 137.95  172      190    12.2     4
2    4.14     54   7394.8 113.52   88      221    10.6     3
3    3.48    210    516.0  96.10   55      151    12.0     4
4    2.54     64   6121.8  60.63   92      183    10.3     4
5    3.53    143    671.0 113.15   72      136    10.9     3
6    3.98     50    944.0  93.00   63       NA    11.0     3
```

사망시간이다. bilirubin과 prothrombin 변수는 비대칭 정도가 심각하여 로그변환을 적용할 수 있다. 사망(status=2), 간 이식(liver transplant=1)을 포함한다. R 시스템에서 survival 패키지에 내장되어 있으므로 data(pbc)를 사용하면 된다. <표 1.8>은 내장된 데이터의 일부분을 보여준다.

다음의 변수들을 포함한다.

- id: 환자 번호(case number)
- time: number of days between registration and the earlier of death, transplantation, or study analysis time in July, 1986
- status: 0=alive, 1=liver transplant, 2=dead
- trt: drug treatment, 1=D-penicillamine, 2=placebo
- age: age in days
- sex: 0=male(m), 1=female(f)
- ascites: presence of ascites: 0=no 1=yes
- hepato: presence of hepatomegaly 0=no 1=yes
- spiders: presence of spiders 0=no 1=yes
- edema: presence of edema 0=no edema and no diuretic therapy for edema; .5=edema present without diuretics, or edema resolved by diuretics; 1=edema despite diuretic therapy

- bili: serum bilirubin (mg/dl)
- chol: serum cholesterol (mg/dl)
- albumin: albumin (gm/dl)
- copper: urine copper (ug/day)
- alk_phos: alkaline phosphatase (U/liter)
- sgot: SGOT (U/ml)
- trig: triglicerides (mg/dl)
- platelet: platelets per cubic (ml/1000)
- protime: prothrombin time (seconds)
- stage: histologic stage of disease

1.9 심장이식수술

Stanford heart transplant data로 알려진 데이터이며 심장이식 환자를 대상으로 한다.

(1) 연구대상자

1967년 10월에 시작된 스탠포드 심장이식 프로그램으로 연구위원회에서 대상 환자들을 선택한다. 선택된 환자들은 이식수술을 받기 위해 심장이 기증되기를 기다린다. 대기하는 동안 환자가 사망하거나 프로그램에서 이탈하는 경우가 발생했다.

심장이식수술 환자 103명을 대상으로 한다.

(2) 데이터

R 시스템에서 survival 패키지에 내장되어 있으므로 jasa로 불러들여 사용하면 된다. 또는 처리된 데이터 data(heart)를 사용할 수 있다. 원래 데이터셋인 jasa는 다음의 변수들을 포함한다. <표 1.9>(a)에서는 내장된 데이터셋 jasa의 일부분을 보여주고 <표 1.9>(b)는 정리된 데이터셋 heart의 일부분을 보여준다.

원래 데이터셋에 포함된 변수는 다음과 같다.

- birth.dt: 출생일(birth date)
- accept.dt: 프로그램 동의 날짜(acceptance into program)
- tx.date: 심장이식 날짜(transplant date)
- fu.date: 추적 마지막 날짜(end of followup)
- fustat: 생존여부(dead or alive) 1=생존, 0=사망
- surgery: prior bypass surgery

표 1.9 (a) Stanford 심장이식 jasa 데이터

```
> library(survival)
> jasa
> head(jasa)
    birth.dt   accept.dt     tx.date     fu.date fustat surgery      age futime
1 1937-01-10 1967-11-15        <NA> 1968-01-03      1       0 30.84463     49
2 1916-03-02 1968-01-02        <NA> 1968-01-07      1       0 51.83573      5
3 1913-09-19 1968-01-06 1968-01-06 1968-01-21      1       0 54.29706     15
4 1927-12-23 1968-03-28 1968-05-02 1968-05-05      1       0 40.26283     38
5 1947-07-28 1968-05-10        <NA> 1968-05-27      1       0 20.78576     17
6 1913-11-08 1968-06-13        <NA> 1968-06-15      1       0 54.59548      2
  wait.time transplant mismatch hla.a2 mscore reject
1        NA          0       NA     NA     NA     NA
2        NA          0       NA     NA     NA     NA
3         0          1        2      0   1.11      0
4        35          1        3      0   1.66      0
5        NA          0       NA     NA     NA     NA
6        NA          0       NA     NA     NA     NA
```

표 1.9 (b) Stanford 심장이식 데이터 jasa로부터 처리된 data(heart) 데이터

```
> data(heart)
> head(heart)
  start stop event        age      year surgery transplant id
1     0   50     1 -17.155373 0.1232033       0          0  1
2     0    6     1   3.835729 0.2546201       0          0  2
3     0    1     0   6.297057 0.2655715       0          0  3
4     1   16     1   6.297057 0.2655715       0          1  3
5     0   36     0  -7.737166 0.4900753       0          0  4
6    36   39     1  -7.737166 0.4900753       0          1  4
```

- age: 나이(age, in days)
- futime: followup time
- wait.time: 이식 수술전 대기 시간(time before transplant)
- transplant: 이식 여부(transplant indicator) 1=이식, 0=이식 안함
- mismatch: 불일치 점수(mismatch score)
- hla.a2: 불일치 종류(particular type of mismatch)
- mscore: 다른 불일치 점수(another mismatch score)
- reject: 거부 반응 여부(rejection occurred)

처리된 데이터 data(heart)는 다음의 변수들을 포함한다.

- start, stop, event: Entry and exit time and status for this interval of time
- age: age-48 years
- year: year of acceptance (in years after 1 Nov 1967)
- surgery: prior bypass surgery 1=yes
- transplant: received transplant 1=yes
- id: patient id

1.10 폐암

한국 원자력병원에서 폐암 수술을 한 환자들을 대상으로 조사한 데이터이다. <표 1.10>은 R에서 엑셀 데이터셋을 읽어 들인 후 데이터셋의 일부를 보여준다.

표 1.10 폐암 데이터

```
> head(S)
  X hospital ChartNo  Ca_Dx_date Sex     OpDate OpAge  Birthdate NeoAdj optype
1 1     KCCH  637999                M 1999-12-28    64 1935-03-25      0      1
2 2     KCCH  833629  2000-07-07    M 2000-07-19    73 1926-11-26      0      1
3 3     KCCH  980412  2007-12-06    M 2009-12-01    57 1951-12-02      0      1
4 4     KCCH  854342                M 2001-11-27    73 1928-09-15      0      1
5 5     KCCH 1019918  2009-11-13    M 2009-11-24    74 1935-09-02      0      1
6 6     KCCH  821397                M 1999-11-23    64 1935-02-10      0      1
  VATS Ctsolid_size CT_size path_size Cell_type Patho survival rec_free
1    0          1.5     1.5       1.5         2    Sq       77       34
2    0          3.0     3.0       3.0         2    Sq       11        8
3    0          3.6     3.6       4.0         2    Sq       35       23
4    0          4.5     4.5       4.0         2    Sq       64       64
5    1          3.8     3.8       4.4         2    Sq       45       45
6    0          7.5     7.5       7.5         2    Sq       69       33
  Recur_date recurrence Op_mortality death Death_date    last_fu
1 2002-11-11          1            0     1 2006-06-15 2006-06-15
2 2001-04-16          1            0     1 2001-06-30 2001-06-30
3 2011-11-02          1            0     0            2012-11-30
4                     0            0     1 2007-04-28 2007-04-28
5                     0            0     0            2013-08-31
6 2002-09-10          1            0     1 2005-09-06 2005-09-06
            AJCC7 Tstage Nstage Mstage Differentiation Adj_RT adj_CT     type    stage
1   T2N0M0 stageIB     2a      0      0              MD      0      1   T2N0M0 Stage IB
2 T2aN0M0 Stage IB     2a      0      0              MD      1      0  T2aN0M0 Stage IB
3 T2aN0M0 Stage IB     2a      0      0              MD      0      0  T2aN0M0 Stage IB
4   T2N0M0 stageIB     2a      0      0              WD      0      0   T2N0M0 Stage IB
5 T2aN0M0 Stage IB     2a      0      0               n      0      0  T2aN0M0 Stage IB
6   T2N0M0 stageIB     2b      0      0              MD      0      1   T2N0M0 Stage IB
```

1.11 직장암

가톨릭대학교 성빈센트 병원에서 2005년부터 2008년까지 신 보조 화학방사선요법과 복강경 수술을 겪은 104명의 직장암 환자에 대해 조사한 것이다. 심병용 등(2013)에서 변수 설명을 포함한 데이터 상황과 분석결과를 알 수 있다. 104명의 환자는 남자 71명, 여자 33명으로 구성된다. 직장암 2기와 3기의 환자들이 각각 50%씩 차지하며 환자들의 기록, 방사선 발견, 수술 후의 병리학적 슬라이드들이 검토되었다. 104명의 환자 중 77명이 우중도절단 경우이다. <표 1.11>은 R에서 엑셀 데이터셋을 읽어 들인 후 직장암 데이터셋의 일부를 보여준다.

표 1.11 직장암 데이터

```
> head(rectal_new)
  Age Age_65 sex PS difference cT cN cstage CEA LDH pT pN pstage down_stage
1  77      1   1  1          2  3  0      2  2.00 261  0  0      0          1
2  72      1   1  1          1  3  0      2  1.92 325  2  0      1          1
3  64      0   1  1          2  3  1      3  1.38 338  2  0      1          1
4  54      0   2  0          2  3  1      3  7.66 271  3  0      2          1
5  49      0   2  0          2  3  2      315.71 320  2  1      3          2
6  74      1   1  1          2  3  0      2  1.83 305  2  1      3          2
  CR recurrence RFS death censor OS GLUT01_2 LDH5_01_2 PDK1_01_2 HIFla_01_2
1  0          0  37     0      0 40        0         1         1          0
2  1          0  42     0      0 46        0         0         1          0
3  1          0  55     0      0 58        0         0         0          0
4  1          0  51     0      0 54        0         0         0          0
5  1          1  19     0      0 60        1         1         1          0
6  1          1  33     1      0 35        0         1         1          0
```

1.12 R 패키지에서 사용할 수 있는 데이터

R 패키지 'survival'에는 다음과 같은 데이터셋을 내장하고 있으므로 연습데이터로 사용하면 된다. 또한 R 패키지 'KMsurv'에 여러 종류의 생존데이터가 내장되어 있다.

```
library(survival)
try(data(package = "survival"))
data(aml)
head(aml)
```

```
library(KMsurv)
try(data(package = "KMsurv"))
```

```
> try(data(package = "survival"))
aml (leukemia)              Acute Myelogenous Leukemia survival data
bladder                     Bladder Cancer Recurrences
bladder1 (bladder)          Bladder Cancer Recurrences
bladder2 (bladder)          Bladder Cancer Recurrences
cancer                      NCCTG Lung Cancer Data
cgd                         Chronic Granulotomous Disease data
cgd0 (cgd)                  Chronic Granulotomous Disease data
colon                       Chemotherapy for Stage B/C colon cancer
flchain                     Assay of serum free light chain for 787 subjects.
heart                       Stanford Heart Transplant data
jasa (heart)                Stanford Heart Transplant data
jasa1 (heart)               Stanford Heart Transplant data
kidney                      Kidney catheter data
leukemia                    Acute Myelogenous Leukemia survival data
logan                       Data from the 1972-78 GSS data used by Logan
lung                        NCCTG Lung Cancer Data
mgus                        Monoclonal gammapothy data
mgus1 (mgus)                Monoclonal gammapothy data
mgus2                       Monoclonal gammapothy data
nwtco                       Data from the National Wilm's Tumor Study
ovarian                     Ovarian Cancer Survival Data
pbc                         Mayo Clinic Primary Biliary Cirrhosis Data
pbcseq (pbc)                Mayo Clinic Primary Biliary Cirrhosis,sequential data
rats                        Rat treatment data from Mantel et al
rats2 (rats)                Rat data from Gail et al.
stanford2                   More Stanford Heart Transplant data
survexp.mn (survexp)        Census Data Sets for the Expected Survival
                            and Person Years Functions
survexp.us (survexp)        Census Data Sets for the Expected Survival
                            and Person Years Functions
survexp.usr (survexp)       Census Data Sets for the Expected Survival
                            and Person Years Functions
tobin                       Tobin's Tobit data
transplant                  Liver transplant waiting list
uspop2                      Projected US Population
veteran                     Veterans' Administration Lung Cancer study
```

연습문제

01 〈표 1.2〉(a) 설암 데이터를 통계분석을 위한 엑셀 데이터셋으로 만드시오.

(1) 그룹별로 관측값과 중도절단 개수를 구하시오.
(2) 그룹별로 관측값 데이터만 고려한 생존시간 평균을 구하시오.
(3) 그룹별로 관측값과 중도절단 데이터를 모두 고려하여 생존시간 평균을 구하고 비교하시오.

02 〈표 1.3〉(a) 후두암 데이터를 통계분석을 위한 엑셀 데이터셋으로 만드시오.

(1) 그룹별로 관측값 개수와 중도절단 개수를 구하고 중도절단 퍼센트를 구하시오.
(2) 그룹별로 관측값 데이터만 포함한 생존시간 평균과 관측값과 중도절단 데이터를 모두 포함한 생존시간 평균을 구하고 비교하시오.

03 〈표 1.4〉 백혈병 골수이식 데이터를 통계분석을 위한 엑셀 데이터셋으로 만드시오.

(1) 그룹별로 관측값 개수와 중도절단 개수를 구하고 중도절단 퍼센트를 구하시오.
(2) 그룹별로 관측값 데이터만 고려한 생존시간 평균을 구하시오.

04 〈표 1.5〉 골수종 데이터를 통계분석을 위한 엑셀 데이터셋으로 만드시오.

(1) 관측값과 중도절단 개수를 구하시오.
(2) 성별 빈도수에 대한 빈도표를 구하시오.
(3) 환자 평균 나이를 구하시오.
(4) 각 공변량 BUN, CA, HB에 대해 평균과 표준편차를 구하시오.

05 〈표 1.6〉 신장염 데이터를 통계분석을 위한 엑셀 데이터셋으로 만드시오.

(1) 관측값 개수와 중도절단 개수를 구하고 중도절단 퍼센트를 구하시오.
(2) 환자 평균 나이를 구하시오.
(3) 성별 빈도수에 대한 빈도표를 구하시오.

06 〈표 1.7〉 유방암 데이터를 통계분석을 위한 엑셀 데이터셋으로 만드시오.
그룹별로 관측값 개수와 중도절단 개수를 구하고 중도절단 퍼센트를 구하시오.

07 생존분석 사례를 찾아 설명하시오.(신문, 인터넷, 논문 등)

(1) 데이터

(2) 분석문제 및 결과

08 우리 주변에서 생존데이터로 생각할 수 있는 예를 들어 보시오.
(예: 졸업논문 시작부터 논문 끝날 때까지의 시간은 생존데이터, 중도에 포기하고 끝내지 않고 수료하면 중도절단)

2장

생존분석의 기초적인 개념과 통계량

생존분석의 주 관심 문제는 다음과 같다.

(1) 생존함수의 추정
(2) 생존함수 또는 위험함수에 영향을 미치는 공변량 또는 예측변수를 찾아내어 연관성 표현과 각 요인의 효과 추정

2장에서는 생존데이터에 대한 통계적 모형 설계를 위해 기본적인 개념과 기초적인 통계량에 대해 알아보고자 한다.

2.1 주요 용어와 기본 개념

생존데이터에 대한 모형설계 시 사용되는 기본적인 모수(parameter)와 기본 개념에 대해 알아본다. 또한 생존분석에 필요한 기본적인 통계량에 대해 공부한다.

특정 사건까지의 발생시간을 T로 표기한다. 여기서 특정 사건은 종양의 출현(appearance of tumor), 발병(development of disease), 사망(death), 재발(recurrence of a disease), 장비의 고장(equipment breakdown), 금연(cessation of smoking) 등의 관심 있는 사건일 수 있다.

생존시간 변수 T는 $T > 0$인 확률변수(random variable)로 확률밀도함수 $f(t)$와 분포함수 $F(t)$를 갖는다. T의 분포에 대해 정보를 주는 네 가지 함수로 생존함수(survival function), 위험함수(hazard function), 누적위험함수(cumulative hazard function), 평균잔여수명(mean residual life) 등이 있으며 이러한 통계량에 대해 설명한다.

일반적 통계분석에서는 관측값의 평균, 분산 등으로 요약통계량을 구하지만 생존분석에서는 중도절단자료로 인해 다른 형태의 통계량이 필요하다.

생존데이터에 대한 분포를 알려주는 기초 통계량으로 생존함수, 위험함수, 누적위험함수, 평균잔여수명을 설명하고자 한다. 이들 네 개 통계량 중 한 개만 알고 있다면 나머지 세 개 통계량은 유일하게 결정된다. 각 통계량은 생존데이터의 분포에 대해 각각 다른 측면을 알려준다.

2.1.1 생존함수

사건까지의 시간(time-to-event)에 대한 현상을 설명하기 위해 생존함수(survival function)를 다음과 같이 정의한다.

정의 2.1

생존함수 $S(t)$는 t 시점 이후 사건 발생할 확률로

$$S(t) = P(T > t) = \int_t^\infty f(x)dx = 1 - P(T \leq t) = 1 - F(t) \tag{2.1}$$

로 정의된다.

그러므로 생존함수는 비증가함수(non-increasing function)이며 $S(0) = 1$, $S(\infty) = 0$이다. 여기서 사건발생시간 t는 처음부터 발생하거나 영원히 발생하지 않을 수 있으므로 범위는 $t \in [0, \infty)$이다. 생존함수는 확률로 표현되므로 $0 \leq S(t) \leq 1$을 만족한다.

$P(T > t)$는 적어도 t 시점까지 생존할 확률이며 사건 발생이 t 시점 이후에 일어날 가능성이다. $P(T \leq t)$는 t 시점 이전에 사건이 발생하는 확률이다. 생존함수는 신뢰성함수(reliability function)라고도 불린다.

생존함수를 이용해 확률밀도함수를 표현하면

$$f(t) = -\frac{dS(t)}{dt} \tag{2.2}$$

이다. <그림 2.1>에서는 연속변수에 대한 연속 생존함수와 관측된 데이터에서 추정된 비모수적 계단함수 형태의 생존함수를 보여준다. <그림 2.2>에서는 생존함수로부터 생존시간에 대한 생존율을 구할 수 있으며 또한 관심 있는 생존율에 해당하는 생존시간을 구할 수 있음을 보여준다. <그림 2.3>은 두 그룹의 경우 그룹별 생존함수를 구해 비교할 수 있음을 알려준다.

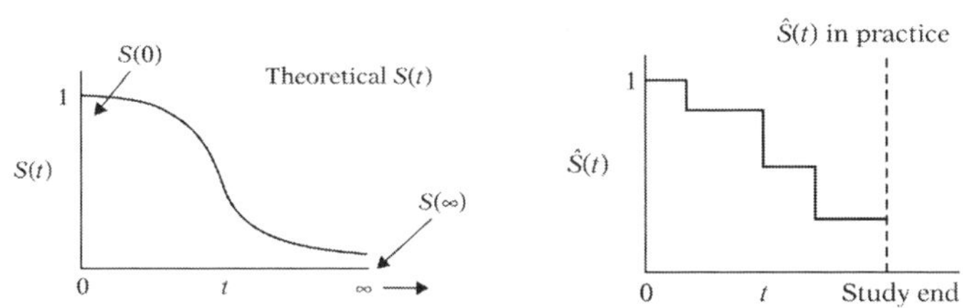

그림 2.1 이론적 생존함수와 추정된 생존함수

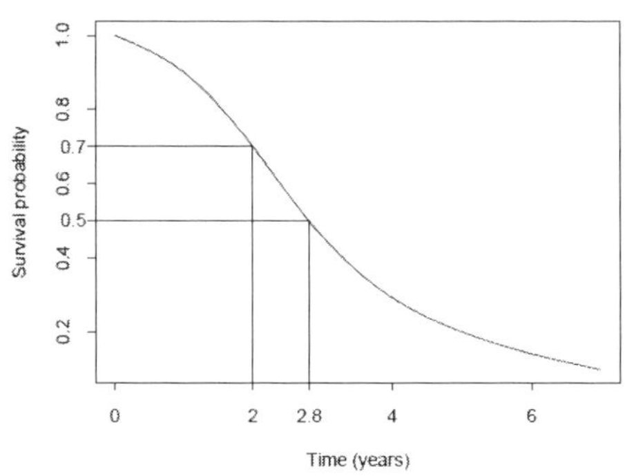

그림 2.2 생존함수와 생존확률

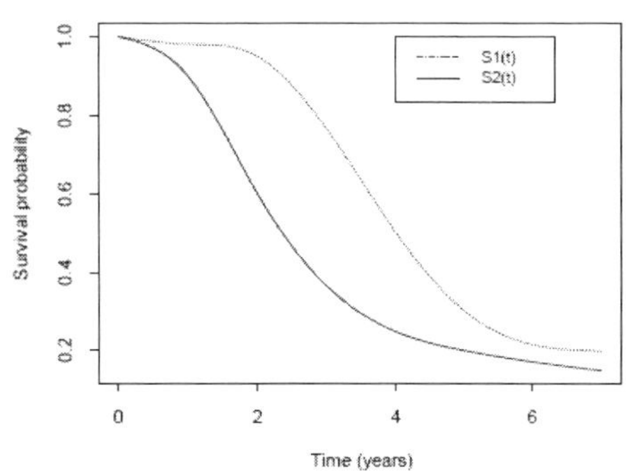

그림 2.3 두 개의 생존함수 비교

2.1.2 위험함수

위험함수(hazard function) 또는 위험률함수(hazard rate function)는 t 시점에서 생존한 조건하에서 사건이 발생할 확률로 조건부확률로 표현되며 다음과 같이 정의한다.

정의 2.2

위험함수 $h(t)$는

$$h(t) = \lim_{\Delta t \to 0} \frac{P(t \le T < t + \Delta t | T \ge t)}{\Delta t} \tag{2.3}$$

$$= \frac{f(t)}{S(t)} = \frac{\frac{d}{dt}F(t)}{S(t)} = \frac{\frac{d}{dt}(1 - S(t))}{S(t)} = \frac{-S'(t)}{S(t)} = -d\log[S(t)]$$

로 정의된다.

참고 2.1

확률밀도함수

$$f(t) = \lim_{x \to 0} \frac{P(t \le T < t + x)}{x}$$

표현을 참고한다. $S(t) = 1 - F(t)$이므로 $F(t) = 1 - S(t)$를 이용한다.

위험함수에 대한 해석을 생각해 보자.

(1) 위험함수값은 0 이상이다.

(2) 위험함수는 확률로 표현되므로 일반적으로 관측불가능한 양이다. 그러므로 데이터에 근거하여 추정해야 한다.

(3) 위험률을 표본 전체에 대한 특성이라기보다는 개인에 대한 특성으로 이해할 수

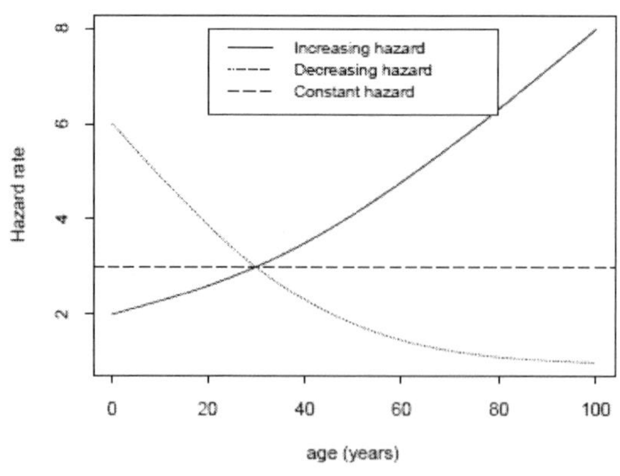

그림 2.4 위험함수 형태 예

있다. 그러므로 개개인의 위험함수를 추정할 수 있다.

(4) 일반적인 위험함수의 세 가지 형태를 <그림 2.4>에서 보여준다. 시간이 지남에 따라 위험률이 증가/감소 또는 일정하다. 이외에도 다른 형태의 위험함수를 고려할 수 있다.

2.1.3 누적위험함수

누적위험함수(cumulative hazard function)는 t 시점까지의 누적위험률로 정의한다.

정의 2.3

누적위험함수 $H(t)$는

$$H(t)=\int_0^t h(u)du=\int_0^t \frac{\frac{d}{du}(1-S(u))}{S(u)}=-\log S(t) \quad (2.4)$$

로 정의된다.

이 식으로부터 생존함수를 누적위험함수를 이용해

$$S(t)=\exp[-H(t)]=\exp\left[-\int_0^t h(u)du\right] \quad (2.5)$$

로 표현할 수 있다.

위험률이 증가하는 예로 나이에 따른 체력, 저항력 감소로 인한 위험률 증가 또는 기계의 경우 시간에 따른 마모율 증가 등을 들 수 있다.

위험률이 감소하는 예로 장기이식 환자들이 이식 후 초기에는 위험률이 증가하나 일정 기간 후 안정기에 들어 위험률이 감소하는 경우가 있다. 기계의 신뢰성에 대한 경우, 전자기기가 일정 기간 후 안정화 기간에 접어들어 고장률이 감소한다.

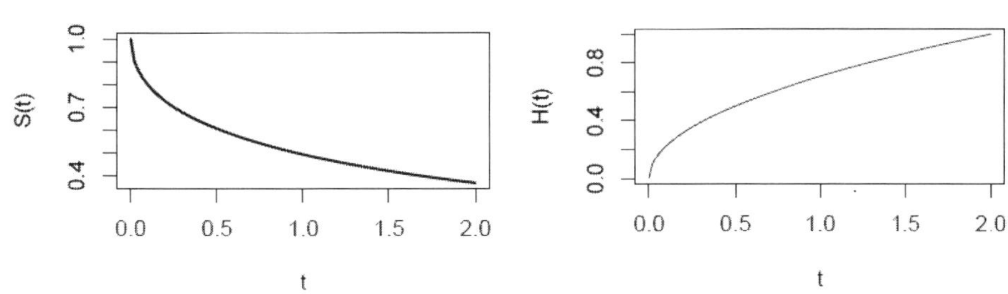

(a) 생존함수 (b) 누적위험함수

그림 2.5 생존함수와 누적위험함수 예

예제 2.1 다음은 직장암(rectal cancer) 환자의 수술 후 생존시간 데이터(Shim et al. 2013)이다. 의사와 환자에게 관심문제는 시간에 따른 생존 가능성과 위험률이다.

표 2.1 직장암 환자에 대한 수술 후 생존시간

Age (나이)	sex (성별)	cstage	LDH	pstage	down_stage	recurrence (재발여부)	RFS (재발없는 생존시간)	death (사망여부)	OS (생존시간)
77	1	2	261	0	1	0	37	0	40
72	1	2	325	1	1	0	42	0	46
64	1	3	338	1	1	0	55	0	58
54	2	3	271	2	1	0	51	0	54
49	2	3	320	3	2	1	19	0	60
74	1	2	305	3	2	1	33	1	35
75	1	3	231	3	2	1	24	1	51
65	1	3	260	0	1	0	56	0	59
54	1	2	302	3	2	0	54	0	57
44	2	3	114	3	2	1	12	0	53
57	1	3	283	1	1	0	52	0	55

(1) 사건: 암 수술 후 사망

(2) 반응변수: 암 수술 후 사망까지의 시간

(3) 생존함수: t 시점 이후 사망하지 않을 확률

(4) 위험함수: t 시점까지 생존한 상황에서 t 시점 이후 사망할 확률

예제 2.2 직장암 환자의 수술 후 재발까지의 시간 데이터(RFS), 즉 재발 없는 생존시간이 중요한 정보이다. 의사와 환자에게 관심문제는 시간에 따른 재발 가능성과 위험률이다.

(1) 사건: 암 재발 사건

(2) 반응변수: 암 재발까지 시간

(3) 생존함수: t 시점 이후 재발하지 않을 확률

(4) 위험함수: t 시점까지 재발이 없는 상황에서 t 시점 이후 재발할 확률

예제 2.3 다음은 디젤 엔진의 환풍기(diesel generator fan)가 고장 날 때까지의 시간 데이터이다. 엔지니어에게 관심문제는 환풍기가 고장 나기 전에 교체 시점을 결정하는 것이다.

표 2.2 디젤 엔진의 환풍기 고장시간

4.5	4.6+	11.5	11.5	15.6+	16.0	16.6+	18.5+	18.5+	18.5+
18.5+	18.5+	20.3+	20.3+	20.3+	20.7	20.7	20.8	22.0+	30.0+
30.0+	30.0+	30.0+	31.0	32.0+	34.5	37.5+	37.5+	41.5+	41.5+
41.5+	41.5+	43.0+	43.0+	43.0+	43.0+	46.0	48.5+	48.5+	48.5+
48.5+	50.0+	50.0+	50.0+	61.0+	61.0	61.0+	61.0+	63.0+	64.5+
64.5+	67.0+	74.5+	78.0+	78.0+	81.0+	81.0+	82.0+	85.0+	85.0+
85.0+	87.5+	87.5	87.5+	94.0+	99.0+	101.0+	101.0+	101.0+	115.0+

(1) 사건: 디젤 엔진의 환풍기(diesel generator fan) 고장 사건

(2) 반응변수: 디젤 엔진의 환풍기가 고장 날 때까지의 시간

(3) 생존함수: t 시점 이후 고장 나지 않을 확률

(4) 위험함수: t 시점까지 고장 없는 상황에서 t 시점 이후 고장 날 확률

2.1.4 평균잔여수명과 중간수명

(1) 평균잔여수명(mean residual life function)

x 시점 이후 평균잔여수명은 x 시점까지 생존한 조건하에서 x시간 이후 생존 가능한 시간의 기댓값으로 정의한다. 즉,

$$mrl(x) = E(T - x | T > x). \tag{2.6}$$

연속형 확률변수에 대해서는

$$mrl(x) = \frac{\int_x^{\infty} (t-x) f(t) dt}{S(x)} = \frac{\int_x^{\infty} S(t) dt}{S(x)} \tag{2.7}$$

으로 계산한다.

참고 2.2 〉 적분식 활용

$$\begin{aligned}
\int_x^{\infty} (t-x) f(t) dt &= \int_x^{\infty} t f(t) dt - x \int_x^{\infty} f(t) dt \\
&= tF(t)|_x^{\infty} - \int_x^{\infty} F(t) dt - x[F(\infty) - F(x)] \\
&= tF(t)|_x^{\infty} - \int_x^{\infty} F(t) dt - xS(x) \\
&= tF(t)|_x^{\infty} + \int_x^{\infty} [1 - F(t)] dt - \int_x^{\infty} 1 dt - xS(x) \\
&= \int_0^{\infty} 1 dt - xF(x) + \int_x^{\infty} S(t) dt - \int_0^{\infty} 1 dt + x[1 - S(x)] \\
&= \int_x^{\infty} S(t) dt
\end{aligned}$$

$u = t,\ dv = f(t)$로 놓으면 $du = dt,\ v = F(t)$이고 부분적분을 이용한다.

참고 2.3 기댓값과 분산을 생존함수로 표현

$$\begin{cases} \mu = E(T) = \int_0^\infty tf(t)dt = \int_0^\infty S(t)dt \\ Var(T) = 2\int_0^\infty tS(t)dt - \left[\int_0^\infty S(t)dt\right]^2 \end{cases}$$

참고 2.4 평균잔여수명을 생존함수로 표현

여러 가지 방법으로 추정된 생존함수 $\hat{S}(t)$을 이용할 경우

$$mrl(x) = \frac{\int_x^\infty \hat{S}(t)dt}{\hat{S}(x)}$$

으로 계산한다.

(2) 중간수명

그 시점 이후의 생존확률이 0.5인 시점 $x_{0.5}$를 중간수명(median life)으로 다음과 같이

$$S(x_{0.5}) = 0.5 \tag{2.8}$$

로 정의한다. 즉 $x_{0.5}$는 연속형 변수 T의 중간수명이다.

(3) 백분위수 추정

q−백분위수 x_q는 $F(x_q) = q$ 또는 $S(x_q) = 1-q$를 만족한다. 즉 그 시점 이후의 생존확률이 $1-q$인 시점 x_q를

$$S(x_q) = 1 - q \tag{2.9}$$

로 정의한다. 연속형 생존함수에 대해 $x_q \le S^{-1}(1-q)$를 만족한다.

모수적 연속분포에 대해서는 직접 계산이 가능하다. 비모수적 생존함수를 이용할 경우, 5장에서 배울 Kaplan−Meier 추정량을 사용하여

$$\widehat{x_q} = \min\{t_i : S(t_i) \le 1-q\} \tag{2.10}$$

으로 구한다.

예제 2.4 평균이 θ인 지수분포를 따르는 경우 q-백분위수를 구해 보자.

$$F(t_q) = q \text{ 또는 } S(t_q) = 1 - q$$

$$S(t) = \exp(-\frac{t}{\theta}) = 1 - q$$

그러므로

$$t = -\theta \cdot \log(1-q).$$

예제 2.5 확률변수 T가 평균 $1/\lambda$인 지수분포를 따르는 경우 생존함수, 위험함수, 누적위험함수, a 시점에서의 평균잔여수명, 중간수명을 계산하고자 한다.

(1) 생존함수

지수분포에 대한 확률밀도함수는 $f(t) = \lambda\exp(-\lambda t),\ t > 0$이다.

$$\begin{aligned} S(t) = P(T > t) &= \int_t^\infty f(x)dx \\ &= \int_t^\infty \lambda\exp(-\lambda x)dx \\ &= -\exp(-\lambda x)|_t^\infty = \exp(-\lambda t) \end{aligned}$$

(2) 위험함수

$$h(t) = -d\log[S(t)] = -d\log[\exp(-\lambda t)] = \lambda$$

(3) 누적위험함수

$$H(t) = -\log S(t) = -\log[\exp(-\lambda t)] = \lambda t$$

(4) a 시점에서의 평균잔여수명

$$\begin{aligned} mrl(a) &= E(T-a|T>a) \\ &= \frac{\int_a^\infty S(t)dt}{S(a)} = \frac{\int_a^\infty \exp(-\lambda t)dt}{\exp(-\lambda a)} = \frac{\frac{1}{\lambda}\exp(-\lambda a)}{\exp(-\lambda a)} = \frac{1}{\lambda} \end{aligned}$$

(5) 중간수명

$S(x_{0.5}) = 0.5$를 만족하는 $x_{0.5}$를 구한다. 즉,

$$\exp(-\lambda t) = 0.5.$$

그러므로

$$t = -\frac{\log(0.5)}{\lambda} = x_{0.5}$$

를 얻는다.

2.2 생존데이터에 대한 모수적 분포

생존분석 모형으로 비모수적 또는 준모수적 모형이 널리 쓰인다. 주로 활용되는 생존데이터에 대한 분석 경험을 통해 파악한 특성 또는 위험함수의 형태에 따라 모수적 모형을 활용하게 된다. <표 2.3>은 생존분석에 주로 쓰이는 모수적 분포의 밀도함수, 위험함수, 생존함수와 평균을 보여준다. 그 외에도 Rayleigh 분포, 일반화 감마 분포 등

표 2.3 생존분석에 주로 쓰이는 모수적 분포의 밀도함수, 위험함수, 생존함수와 평균

분포이름	확률밀도함수 $f(t)$	위험함수 $h(t)$	생존함수 $S(t)$	평균 $E[T]$
지수분포 exponential $\lambda > 0, t \geq 0$	$\lambda \exp(-\lambda t)$	λ	$\exp(-\lambda t)$	$\frac{1}{\lambda}$
와이블분포 Weibull $\kappa, \lambda > 0$ $t \geq 0$	$\kappa \lambda^{\kappa} t^{\kappa - 1} \cdot$ $\exp(-\lambda^{\kappa} t^{\kappa})$	$\kappa \lambda^{\kappa} t^{\kappa - 1}$	$\exp(-\lambda^{\kappa} t^{\kappa})$	$\frac{\Gamma(1+1/\kappa)}{\lambda}$
감마분포 gamma $\alpha, \lambda > 0$ $t \geq 0$	$\frac{\lambda^{\alpha} t^{\alpha - 1}}{\Gamma(\alpha)} \exp(-\lambda t)$	$\frac{f(t)}{S(t)}$	$1 - I(\lambda t, \alpha)$	$\frac{\alpha}{\lambda}$
곰페르츠분포 Gompertz $\theta, \alpha > 0,$ $t \geq 0$	$\theta e^{\alpha t} \cdot$ $\exp\left[\frac{\theta}{\alpha}(1 - e^{\alpha t})\right]$	$\theta e^{\alpha t}$	$\exp\left[\frac{\theta}{\alpha}(1 - e^{\alpha t})\right]$	$\int_0^{\infty} S(t) dt$
파레토분포 Pareto $\theta, \lambda > 0,$ $t \geq \lambda$	$\frac{\theta \lambda^{\theta}}{t^{\theta + 1}}$	$\frac{\theta}{t}$	$\frac{\lambda^{\theta}}{t^{\theta}}$	$\frac{\theta \lambda}{\theta - 1}$ if $\theta > 1$
로그-정규분포 log-normal $\sigma > 0, t \geq 0$	$\frac{\exp\left[-\frac{1}{2}\left(\frac{\ln t - \mu}{\sigma}\right)^2\right]}{t(2\pi)^{1/2}\sigma}$	$\frac{f(t)}{S(t)}$	$1 - \Phi\left[\frac{\ln t - \mu}{\sigma}\right]$	$\exp(\mu + 0.5\sigma^2)$
로그-로지스틱분포 log-logistic	$\frac{\lambda \alpha t^{\alpha - 1}}{(1 + \lambda t^{\alpha})^2}$	$\frac{\lambda \alpha t^{\alpha - 1}}{(1 + \lambda t^{\alpha})}$	$\frac{1}{1 + \lambda t^{\alpha}}$	
극값분포 extreme value (maximum) $\beta > 0$ $-\infty < t < \infty$	$\frac{1}{\beta} e^{-\frac{t-\mu}{\beta}} \exp\left(-e^{-\frac{t-\mu}{\beta}}\right)$	$\frac{f(t)}{S(t)}$	$1 - \exp\left(-e^{-\frac{t-\mu}{\beta}}\right)$	

여러 모수적 분포가 제안되었다. 생존데이터의 상황을 가장 잘 반영하는 분포를 선택하여 분석을 하면 된다. 그러나 모수적 분포의 적용이 어려운 상황에는 비모수적 방법을 선택하게 되며 비모수적 추정방법에 대해서는 5장에서 다룬다.

지수분포는 위험함수가 상수이므로 'no-aging' 특성을 갖는다. 즉 t 시점까지 사건이 발생하지 않았다는 조건하에서 t 시점에서의 사건발생에 대한 조건부확률은 t에 의존하지 않는다. 지수분포가 가장 기본적인 모수적 분포이나 시간이 지나도 위험률이 변하지 않는다는 조건은 보건데이터와 산업데이터에 적용할 때 매우 제한적이라고 할 수 있다. 와이블분포는 지수분포에 모양모수(shape parameter)를 추가하여 가변하는 위험함수를 갖도록 만든 분포이다. 와이블분포의 특수한 경우가 지수분포가 된다.

생존시간에 로그를 취한 분포는 매우 유용하다. $Y = \ln T$가 정규분포를 따르면 T는 로그-정규분포를 따른다.

<표 2.3>에서 $\Gamma(a) = (a-1)!$

$$I(a,b) = \frac{\int_0^a u^{b-1} \exp(-u) du}{\Gamma(b)}.$$

2.2.1 지수분포

생존시간이 지수분포(exponential distribution)를 따를 경우 생존함수는 지수함수를 따르지만 위험함수는 상수함수이다. 즉, 시간이 지나도 변하지 않는 고정 위험률을 갖는다. <그림 2.6>을 보면 λ값이 증가할수록 생존함수는 더욱 감소 추세이다. 참고로 평균 생존시간이 $1/\lambda$이므로 λ값이 증가할수록 평균 생존시간은 감소함을 알 수 있다. 지수분포는 고정위험률을 가정할 수 있을 때 활용할 수 있는 분포이다.

참고 2.5

R 시스템에서 지수분포의 밀도함수는 이 책에서의 표기와 같다.

예제 2.6 $f(t) = \lambda \exp(-\lambda t)$, λ값에 변화를 주어 지수함수를 그리시오. <프로그램 2.1>의 결과 <그림 2.6>에서 λ값 변화에 따른 지수분포를 갖는 확률밀도함수의 변화를 볼 수 있다.

프로그램 2.1 지수분포의 확률밀도함수

```
#지수분포 함수 그리기   # 그림 2.6
grid<-seq(0,5, length=200)
d1<-dexp(grid, rate=1 )
d2<-dexp(grid, rate=3 )       # E(X) = 1/rate
d3<-dexp(grid, rate=1/3 )    # E(X) = 1/rate       => rate=lambda= 3
d4<-dexp(grid, rate=1/2 )

op=par(mfrow=c(3,2))
plot(grid, d1, type="l")
plot(grid, d2, type="l")
plot(grid, d3, type="l")
plot(grid, d4, type="l")
matplot(grid, cbind(d1,d2,d3,d4), type="llll", lty=1:4)
par(op)
```

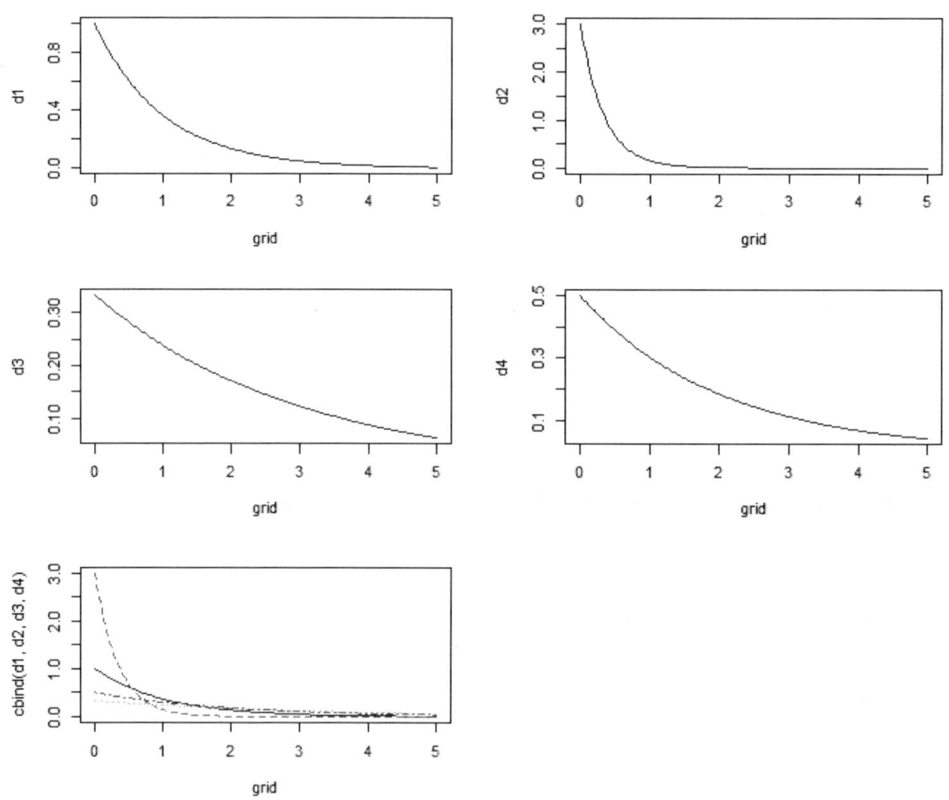

그림 2.6 $\lambda = 1, 3, 1/3, 1/2$인 경우 지수분포의 확률밀도함수

예제 2.7 확률변수가 지수분포를 따르는 경우 생존함수 그래프를 그려보자.

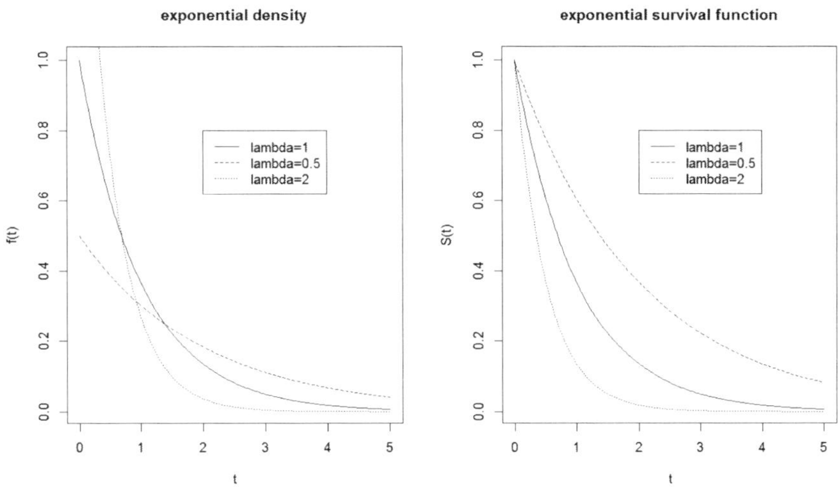

(a) 확률밀도함수 (b) 생존함수

그림 2.7 지수분포의 확률밀도함수와 생존함수

프로그램 2.2 지수분포의 확률밀도함수와 생존함수

```
# exponential dist
# rate =lambda    f(t)=lambda exp(-lambda t)
par(mfrow=c(1,2))

t<-seq(0,5, length=200)        # 그림 2.7
plot(t, dexp(t, rate=1), ylab="f(t)", type="l", main="exponential density")
lines(t, dexp(t, rate=0.5), lty=2)
lines(t, dexp(t, rate=2), lty=3)
legend(2,0.8, c("lambda=1", "lambda=0.5", "lambda=2"), lty=c(1,2,3))

lambda1=1 ; lambda2=0.5 ; lambda3=2
t<-seq(0,5, length=200)
plot(t, exp(-lambda1*t), ylab="S(t)", type="l", main="exponential survival function")
lines(t, exp(-lambda2*t), lty=2)
lines(t, exp(-lambda3*t), lty=3)
legend(2,0.8, c("lambda=1", "lambda=0.5", "lambda=2"), lty=c(1,2,3))
```

2.2.2 와이블분포

생존시간이 지수분포를 따를 경우 시간이 변해도 위험률이 변하지 않는다는 가정은 데이터분석에서 한계를 갖는다. 예를 들어, 암과 같은 질병의 경우 생존시간에 따라 위험률이 변한다고 알려져 있다. 이러한 경우 지수분포 활용은 적절하다고 할 수 없다.

그러므로 다양한 상황을 반영할 수 있는 분포가 필요하다. 와이블분포(Weibull distribution)는 지수분포의 일반화된 형태로 생존분석에서 가장 많이 활용되고 있는 분포라고 할 수 있다. 위험률이 생존시간의 승(power)에 비례하는 경우이다. 와이블분포는 1951년 Waloddi Weibull(스웨덴 엔지니어)에 의해 명명되었다. <프로그램 2.3>을 이용해 와이블분포의 생존함수와 위험함수를 그려보았다. <그림 2.8>을 보면 λ값이 증가할수록 생존함수는 더욱 감소 추세이며 위험함수는 증가 추세이다. <그림 2.9>에서 보면 λ값이 고정된 상태에서 κ값에 따라 생존함수와 위험함수의 변화를 볼 수 있다. $\kappa=1$인 경우는 지수분포가 되므로 위험률이 고정으로 나타난다. $\kappa>1$이면 위험함수가 증가하고 $\kappa<1$이면 위험함수가 감소한다.

참고 2.6 와이블분포의 생존함수와 기댓값 계산

확률변수 T가 와이블분포를 따른다고 하자.
누적분포함수 $F(t)$를 계산해 보자.

$$\begin{aligned} F(t) &= \int_0^t f(x)dx = \int_0^t \kappa\lambda^\kappa x^{\kappa-1}\exp(-\lambda^\kappa x^\kappa)dx \\ &= \int_0^t -d\{\exp(-\lambda^\kappa x^\kappa)\} \\ &= -\exp(-\lambda^\kappa x^\kappa)\big|_0^t = 1-\exp(-\lambda^\kappa t^\kappa). \end{aligned}$$

그러므로 생존함수는

$$S(t) = 1-F(t) = \exp(-\lambda^\kappa t^\kappa).$$

기댓값은

$$\begin{aligned} E(T) &= \int_0^\infty xf(x)dx = \int_0^\infty x\cdot\kappa\lambda^\kappa x^{\kappa-1}\exp(-\lambda^\kappa x^\kappa)dx \\ &= \int_0^\infty x\cdot d\{-\exp(-\lambda^\kappa x^\kappa)\} \\ &= -x\cdot\exp(-\lambda^\kappa x^\kappa)\big|_0^\infty + \int_0^\infty \exp(-\lambda^\kappa x^\kappa)dx \\ &= \int_0^\infty \exp(-\lambda^\kappa x^\kappa)dx \end{aligned}$$

여기서 $u=x$, $dv=d\{-\exp(-\lambda^\kappa x^\kappa)\}$로 놓고 부분적분식 $\int udv = uv-\int vdu$을 이용한다. 그러면 $du=dx$, $v=-\exp(-\lambda^\kappa x^\kappa)$이므로 필요한 계산식을 얻는다.

감마분포의 밀도함수의 적분은 1이므로, 즉 $\int_0^\infty \frac{\lambda^\alpha t^{\alpha-1}}{\Gamma(\alpha)} \exp(-\lambda t)dt = 1$이다. 다음과 같은 변수변환과 감마분포의 밀도함수의 적분이 1임을 이용하고자 한다.

$$y = x^\kappa,\ dy = \kappa x^{\kappa-1}dx \ => \ x = y^{1/\kappa},\ dy = \kappa y^{1-1/\kappa}dx \ => \ dx = \kappa^{-1}y^{1/\kappa-1}dy.$$

와이블분포의 기댓값은

$$E[T] = \int_0^\infty \exp(-\lambda^\kappa x^\kappa)dx = \int_0^\infty \frac{1}{\kappa} y^{1/\kappa-1} \exp(-\lambda^\kappa y)dy$$

이다. 감마분포로부터

$$\int_0^\infty \frac{\lambda}{\Gamma(1/\kappa)} y^{1/\kappa-1} \exp(-\lambda^\kappa y)dy = 1$$

이므로

$$\int_0^\infty \frac{1}{\kappa} y^{1/\kappa-1} \exp(-\lambda^\kappa y)dy = \frac{1}{\kappa}\frac{\Gamma(1/\kappa)}{\lambda} = \frac{\Gamma(1+1/\kappa)}{\lambda}$$

을 얻는다.

예제 2.8 확률변수가 와이블분포를 따르는 경우 생존함수, 위험함수, 누적위험함수 그래프를 그려보자.

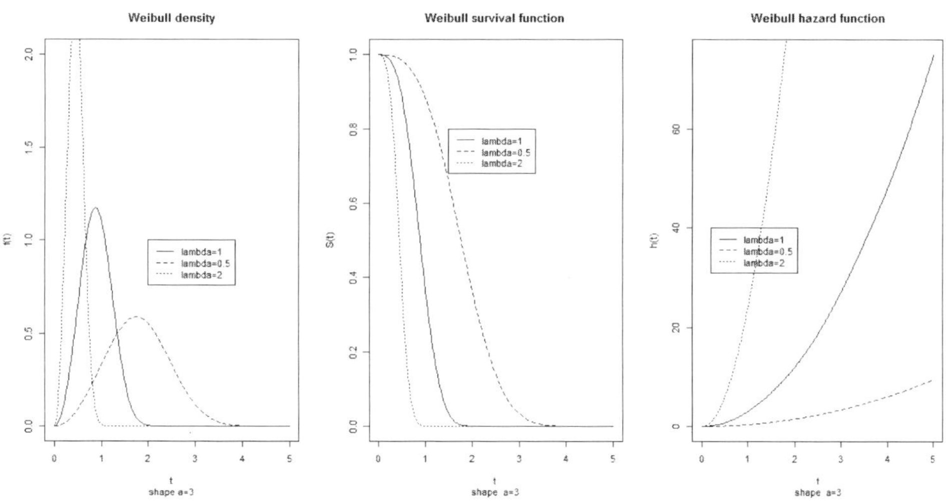

(a) 확률밀도함수 (b) 생존함수 (c) 위험함수

그림 2.8 와이블분포의 확률밀도함수, 생존함수와 위험함수($\kappa = 3$)

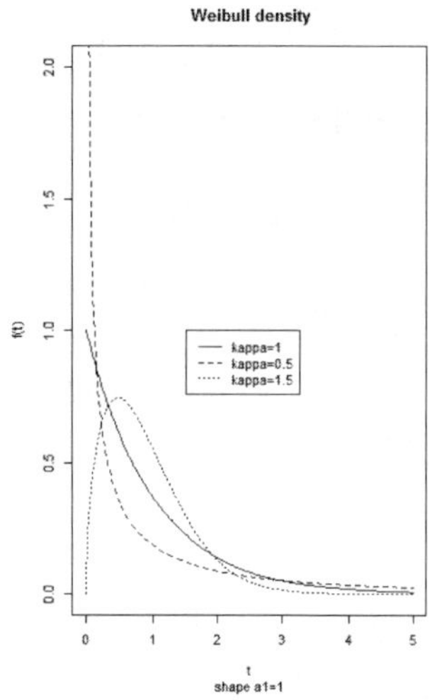

(a) 확률밀도함수

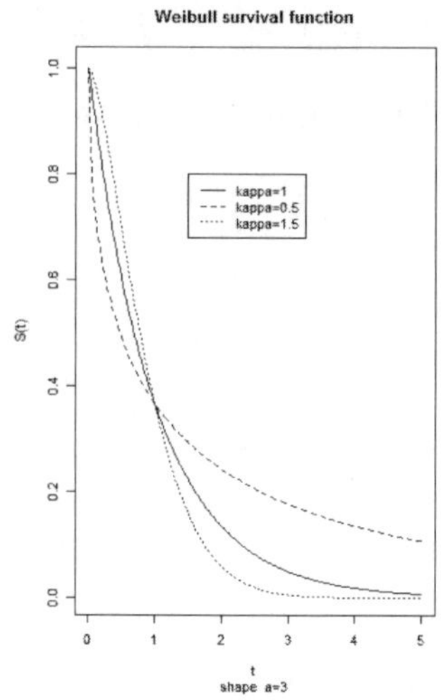

(b) 생존함수

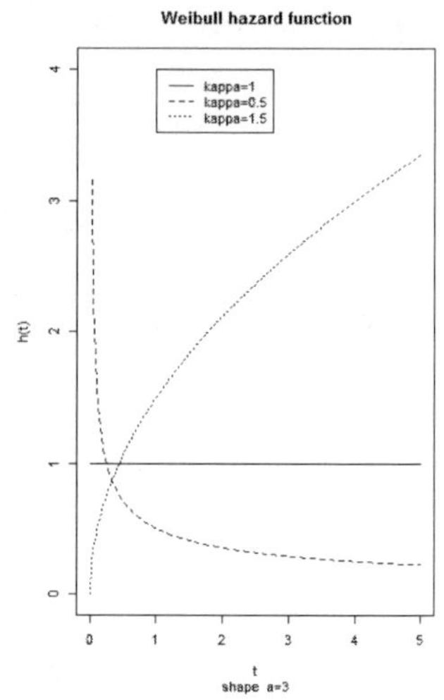

(c) 위험함수

그림 2.9 와이블분포의 확률밀도함수, 생존함수와 위험함수$(\lambda = 1)$

프로그램 2.3 와이블분포의 확률밀도함수, 생존함수와 위험함수

```
# Weibull dist 〈그림 2.8〉 ( a=kappa )
a<-3 ; lambda1=1 ; lambda2=0.5 ; lambda3=2
t<-seq(0,5, length=200)
  par(mfrow=c(1,3))
plot(t, a*(lambda1^a) *t^(a-1)* exp(-(lambda1^a)* t^a ), ylim=c(0,2),
      ylab="f(t)", type="l",  main="Weibull density", sub="shape a=3")
lines(t, a*(lambda2^a)*t^(a-1)* exp(-(lambda2^a)* t^a ), lty=2)
lines(t, a*(lambda3^a)*t^(a-1)* exp(-(lambda3^a)* t^a ), lty=3)
legend(2,1, c("lambda=1", "lambda=0.5", "lambda=2"), lty=c(1,2,3))

# s(t) =exp(-(lambda^a)*t^a)
plot(t, exp(-(lambda1^a)*t^a),  ylab="S(t)", type="l",
      main="Weibull survival function", sub="shape  a=3")
lines(t, exp(-(lambda2^a)*t^a), lty=2)
lines(t, exp(-(lambda3^a)*t^a), lty=3)
legend(1.5,0.8, c("lambda=1", "lambda=0.5", "lambda=2"), lty=c(1,2,3))

# h(t) = a*(lambda^a)*t^(a-1)
plot(t, a*(lambda1^a)*t^(a-1), ylab="h(t)", type="l",
      main="Weibull hazard function", sub="shape  a=3")
lines(t, a*(lambda2^a)*t^(a-1), lty=2)
lines(t, a*(lambda3^a)*t^(a-1), lty=3)
legend(0.2,40, c("lambda=1", "lambda=0.5","lambda=2"), lty=c(1,2,3))
```

2.2.3 생존함수 그림에 의한 생존함수 형태 정보

때로는 $S(t)$ 그림을 그려보고 생존함수 형태에 대한 정보를 얻을 수 있다. 여기서 $S(t)$는 분포 가정을 하지 않고 비모수적 방법으로 구한 생존함수이고, 이 함수를 사용하여 지수분포와 와이블분포 적용에 대한 정보를 얻을 수 있다.

지수분포의 누적위험함수는 $H(t) = \lambda t$이다. 그러므로 이변량 그래프 $(t, H(t)) = (t, -\log S(t))$를 그렸을 때, 직선 형태이면 생존함수는 지수분포를 고려할 수 있다.

$(\log t, \log[-\log S(t)]) = (X, Y)$를 그렸을 때, 직선 형태이면 생존함수는 와이블분포를 고려할 수 있다. 왜냐하면 와이블분포의 누적위험함수는

$$\log[-\log S(t)] = \kappa \log \lambda + \kappa \log t$$

이므로 $X = \log t$로 놓으면 $Y = \gamma + \alpha X$로 표현된다. 여기서 $\gamma = \kappa \log \lambda$, $\alpha = \kappa$이다.

이와 같이 모수적 분포를 이용해 생존분석을 할 수 있지만 실제로 모수적 분포 가정이 어려울 경우가 많다. 그러한 경우에는 비모수적 모형을 활용해야 하며 이후 생존함수에 대한 비모수적 추정을 다룬다.

2.3 R을 이용한 지수분포와 와이블분포

각 분포함수 이름 앞에 다음의 글자 p, d, q, r을 붙여 해당 함수를 계산한다. 또한 각 분포마다 모수가 다르므로 해당 분포에 필요한 모수값(parameter value)을 지정해 주어야 한다.

d: 확률밀도함수(density) 값 $d = f(x)$
p: 누적확률(probability) $p = P(X \le x)$: default이며 lower.tail=TRUE인 경우
$p = P(X > x)$: lower.tail=FALSE인 경우
q: 사분위수(quantile) 값 $\int_{-\infty}^{q} f(x)dx = p$를 만족하는 q값
r: 난수(random number) 발생

다음의 R 함수를 이용하여 평균이 $1/\lambda$인 지수분포의 확률밀도함수, 누적확률, 사분위수, 난수를 얻을 수 있다. 이러한 지수분포의 평균은 1/rate이다.

```
dexp(x, rate = lambda, log = FALSE)
pexp(q, rate = lambda, lower.tail = TRUE, log.p = FALSE)
qexp(p, rate = lambda, lower.tail = TRUE, log.p = FALSE)
rexp(n, rate = lambda)
```

와이블분포의 확률밀도함수는 $f(t)=\kappa\lambda^{\kappa}t^{\kappa-1}\exp(-\lambda^{\kappa}t^{\kappa})$으로 $\kappa=1$이면 지수분포와 동일하다. κ를 형태모수(shape parameter), λ를 척도모수(scale parameter)라고 한다.

<표 2.3>에서 와이블분포의 확률밀도함수는

$$f(t)=\kappa\lambda^{\kappa}t^{\kappa-1}\cdot\exp(-\lambda^{\kappa}t^{\kappa})$$

이고 R에서의 와이블분포 확률밀도함수는

$$f(t)=\frac{a}{b}\left(\frac{t}{b}\right)^{a-1}\exp\left\{-\left(\frac{t}{b}\right)^{a}\right\}=ab^{-a}t^{a-1}\exp(-b^{-a}t^{a})$$

이다. 두 식을 맞추기 위해서는 $a=\kappa$, $b=1/\lambda$로 놓으면 된다. 책마다 표기방법이 다를 수 있으므로 확률밀도함수의 모수 표기에 주의하기 바란다. 이 책에서의 표기와 다름에 유의하여 R 프로그램을 작성해야 한다. 척도모수 $\lambda=1/b$ 표기에 주의하기 바란다.

다음의 R 함수를 이용하여 와이블분포의 확률밀도함수, 누적확률, 사분위수, 난수를 얻을 수 있다.

```
dweibull(x, shape=a, scale = b, log = FALSE)
pweibull(q, shape=a, scale = b, lower.tail = TRUE, log.p = FALSE)
qweibull(p, shape=a, scale = b, lower.tail = TRUE, log.p = FALSE)
rweibull(n, shape=a, scale = b)
```

예제 2.9 지수분포의 누적위험함수는 $H(t)=\lambda t$이다. 지수분포의 평균이 1/2인 경우 지수분포를 따르는 난수 100개를 발생한 후 $(t, H(t))=(t, -\log S(t))$ 그림을 그려보자.

모수값 lambda<-2와 rexp() 함수를 사용하여 <프로그램 2.4>와 같이 작성한다.

프로그램 2.4 지수분포의 경우 $(t, H(t))=(t, -\log S(t))$ 그림

```
n<-100
lambda<-2
data<-rexp(n, rate=lambda)
t<-sort(data)
s <- exp(-lambda*t)
    par(mfrow=c(1,2))
plot(t, s, type="l", ylab="survival prob")
plot(t, -log(s), type="l")   # 그림 2.10
```

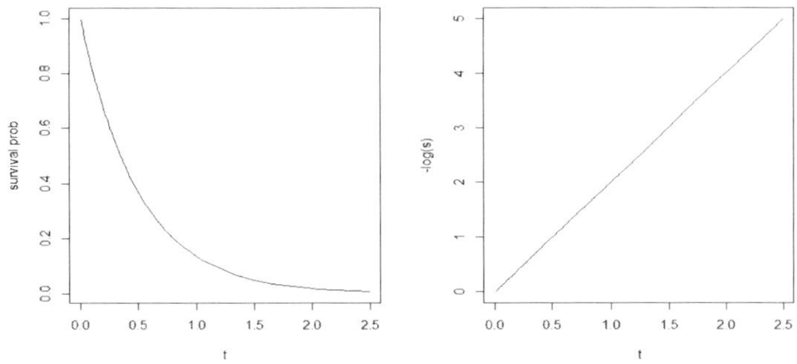

(a) 생존함수 그림　　　(b) $(t, H(t)) = (t, -\log S(t))$ 그림

그림 2.10 지수분포의 경우 $(t, H(t)) = (t, -\log S(t))$ 그림

데이터가 지수분포를 따른다면 $(t, H(t)) = (t, -\log S(t))$ 그래프는 <그림 2.10>에서 볼 수 있듯이 선형함수가 된다. 그러나 데이터가 지수분포를 따르는지 모를 경우, 비모수적 방법에 의해 $S(t)$와 $H(t)$를 추정한 후 $(t, H(t)) = (t, -\log S(t))$ 그림을 그렸을 때 선형성을 보인다면 지수분포 모형화를 고려할 수 있다.

분포의 모수를 추정하기 위해서는 R에서 fitdistr() 함수를 <프로그램 2.5>에서와 같이 사용하면 된다.

프로그램 2.5 분포의 모수추정

```
library(MASS)
n<-100
t<-rexp(n, rate=2)
fitdistr(t,'exponential')        # 지수분포에서 모수추정
fitdistr(t,'weibull')            # 와이블분포에서 모수추정
fitdistr(t,'normal')             # 정규분포에서 모수추정
```

예제 2.10 평균이 1/2인 지수분포에서 발생된 난수 50개로 데이터셋을 구성한다. 이 데이터에 대해 지수분포의 모수를 구해 보자.

```
> library(MASS)
>  n<-50
>  t<-rexp(n, rate=2)    # data
>  fitdistr(t, 'exponential')
      rate
   2.4796351
  (0.3506734)
```

➡ 지수분포의 모수 $\hat{\lambda} = 2.48$로 추정되었으며 추정오차는 0.350이다.

예제 2.11 모양모수 $\kappa = 4$, 척도모수 $\lambda = 2$인 와이블분포에서 발생된 난수 100개로 데이터셋을 구성한다, 이 데이터에 대해 와이블분포의 모수를 구해 보자.

```
> library(MASS)
>  n<-100
>  t<-rweibull(n, shape=4, scale=1/2)    # data
>  fitdistr(t, 'weibull')
      shape          scale
  4.20911580   0.50079749
 (0.33390451) (0.01248052)
```

➡ 와이블분포의 모양모수 $\hat{\kappa}=4.209$, 척도모수 $\hat{\lambda}=1/0.50079$로 추정되며 모양모수에 대한 추정오차는 0.33390이고 척도모수에 대한 추정오차는 0.01248이다.

예제 2.12 와이블분포의 누적위험함수는 $H(t)=\exp(-b^a \cdot t^a)$이다. 와이블분포의 모수 shape=3, scale=1/2인 경우 와이블분포를 따르는 난수 100개를 발생한 후 $(\log t, \log[-\log S(t)])$그림을 그려보자.

프로그램 2.6 와이블분포의 경우 $(\log t, \log[-\log S(t)])$ 그림

```
n<-100
a<-3  ; b<-1/2
data<-rweibull(n, shape=a, scale=b)
t<-sort(data) ;     s<- exp(-(b^a)* (t^a))
  par(mfrow=c(1,2))
plot(t,s, type="l", ylab="survival prob")
plot(log(t), log(-log(s)), type="l")     # 그림 2.11
```

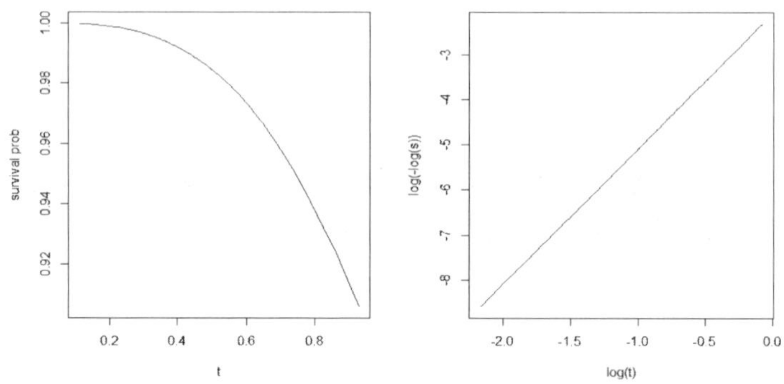

(a) 생존함수 그림 (b) $(\log t, \log[-\log S(t)])$ 그림

그림 2.11 와이블분포의 경우 생존함수 그림과 $(\log t, \log[-\log S(t)])$ 그림

데이터가 와이블분포를 따른다면 $(\log t, \log[-\log S(t)])$ 그래프는 <그림 2.11>에서 볼 수 있듯이 선형함수가 된다. 그러나 데이터가 와이블분포를 따르는지 모를 경우, 비모수적 방법에 의해 $S(t)$와 $H(t)$를 추정한 후 $(\log t, \log[-\log S(t)])$ 그림을 그렸을 때 선형성을 보인다면 와이블분포 모형화를 고려할 수 있다.

연습문제

01 A회사에서 생산하는 전구의 수명은 위험률 $\lambda = 0.002$인 지수분포를 따른다고 한다. 랜덤하게 선택된 전구에 대해 다음 문제에 답하시오.

(1) 전구의 평균수명을 구하시오.

(2) 전구의 중간수명을 구하시오.

(3) 전구의 위험함수를 구하시오.

(4) 전구의 누적위험함수를 구하시오.

(5) 1,000시간을 사용한 시점에서 전구의 평균잔여수명을 구하시오.

(6) 1,000시간을 사용한 이후에서 전구가 작동할 확률을 구하시오.

02 확률변수가 모수 κ, λ를 갖는 와이블분포를 따르는 경우 생존함수, 위험함수, 누적위험함수, a 시점에서의 평균잔여수명, 중간수명을 구해 보자.

(1) 생존함수

(2) 위험함수

(3) 누적위험함수

(4) a 시점에서의 평균잔여수명

(5) 중간수명

(6) $q-$백분위수

03 와이블분포를 따르는 생존함수가 다음과 같을 때

$$S(t) = \exp\left[-\left(\frac{t}{\theta}\right)^{\kappa}\right], \quad \kappa > 0 \text{ 고정}$$

$S(t_a) = 0.7$이 되는 t_a를 구하시오.

04 확률변수가 곰페르츠분포를 따르는 경우 생존함수, 위험함수, 누적위험함수, a 시점에서의 평균잔여수명, 중간수명을 구해 보자(〈표 2.3〉 곰페르츠 확률밀도함수 활용).

(1) 생존함수

(2) 위험함수

(3) 누적위험함수

(4) a 시점에서의 평균잔여수명

(5) 중간수명

05 확률변수가 파레토분포를 따르는 경우 생존함수, 위험함수, 누적위험함수, a 시점에서의 평균잔여수명, 중간수명을 구해 보자.

(1) 생존함수

(2) 위험함수

(3) 누적위험함수

(4) a 시점에서의 평균잔여수명

(5) 중간수명

06 실험쥐에게 발암물질(carcinogen)을 투여 후 종양(tumor)이 발생하는 데까지 걸리는 일수(days)는 $\kappa = 2,\ \lambda = 0.001$인 와이블분포를 따른다고 할 수 있다.

(1) 30일간 종양이 발생하지 않을 확률을 구하시오.

(2) 종양이 발생하는 평균 일수를 구하시오($\Gamma(0.5) = \sqrt{\pi}$).

(3) 30일에 종양이 발생할 위험률을 구하시오.

(4) 종양이 발생할 중간수명을 구하시오.

07 신장이식(kidney transplant) 후 사망에 이르기까지의 생존시간은 $\kappa = 1.5, \lambda = 10$인 와이블분포를 따른다고 할 수 있다.

(1) 100일 이상 생존할 확률을 구하시오.

(2) 이식수술 후 평균 생존시간을 구하시오.

(3) 100일에 종양이 발생할 위험률을 구하시오.

(4) 이식수술 후 중간수명을 구하시오.

08 확률변수 X는 0에서 50일 동안 연속 균일분포를 따른다고 한다. 즉,

$$f(x) = \begin{cases} \dfrac{1}{50}, & 0 < x < 50 \\ 0, & \text{그 외}. \end{cases}$$

(1) 생존함수를 구하고 그래프로 그리시오.

(2) 위험함수를 구하고 그래프로 그리시오.

(3) 누적위험함수를 구하고 그래프로 그리시오.

(4) 25일에서의 평균잔여수명을 구하시오.

(5) 중간수명을 구하시오.

09 생존시간 T는 다음의 생존함수를 갖는다.

$$S(t) = \frac{64}{(t+8)^2}, \quad t > 0.$$

(1) 생존시간 T의 평균과 중앙값을 구하시오.
(2) 생존시간 T의 중앙값을 구하시오.
(3) 생존시간 T의 위험함수를 구하시오.
(4) $t_0 = 8$ 이후에 평균잔여 생존시간을 구하시오.

10 확률변수 X는 구간별 위험률을 다르게 갖는다. ($\theta_1 < \theta_2$)

$$h(t) = \begin{cases} \theta_1, & 0 \le t < \tau \\ \theta_2, & t \ge \tau \end{cases}$$

(1) 생존함수를 구하고 그래프로 그리시오.
(2) 위험함수를 구하고 그래프로 그리시오.
(3) 평균잔여수명을 구하시오.
(4) 중간수명을 구하시오.

11 확률변수 X는 구간별 위험률을 다르게 갖는다. ($\theta_1 < \theta_2 < \theta_3$, $\tau_1 < \tau_2$)

$$h(t) = \begin{cases} \theta_1, & 0 \le t < \tau_1 \\ \theta_2, & \tau_1 \le t < \tau_2 \\ \theta_3, & t \ge \tau_2 \end{cases}$$

(1) 생존함수를 구하고 그래프로 그리시오.
(2) 위험함수를 구하고 그래프로 그리시오.
(3) 평균잔여수명을 구하시오.
(4) 중간수명을 구하시오.

12 평균이 1/3인 지수분포를 따르는 난수를 100개 발생시킨 후

(1) $(t, H(t)) = (t, -\log S(t))$ 그림을 그려보고 설명하시오.
(2) 생성된 데이터셋에 대해 지수분포의 모수를 추정하시오.

13 $\kappa = 2$, $\lambda = 3$인 와이블분포를 따르는 난수를 100개 발생시킨 후

(1) $(\log t, \log[-\log S(t)]) = (X, Y)$ 그림을 그려보고 설명하시오.
(2) 얻은 데이터셋에 대해 와이블분포의 모수를 추정하시오.

14 위험함수가 $h(t) = c$일 때 생존함수를 유도하시오.

15 생존함수가 $S(t) = \exp(-t^{\gamma})$일 위험함수를 유도하시오.

3장

중도절단 및 우도함수

생존데이터의 특징은 중도절단(censoring) 데이터를 포함하는 것이다. 제한된 연구기간 내에서 생존시간이 발생한 경우와 그렇지 못한 경우가 생기기 때문이다. 예를 들어 개인이 연구기간 내에 사건발생 전, 치료에서 이탈하거나 다른 이유로 사망하는 경우를 들 수 있다. 이러한 경우 중도절단과 절삭(truncation)을 갖는 데이터가 발생한다. 중도절단의 형태로는 우중도절단(right censoring), 좌중도절단(left censoring), 구간중도절단(interval censoring) 등이 있다. 또한 랜덤성 여부에 따라 랜덤 중도절단(random censoring)을 고려할 수 있다. 중도절단은 생존데이터에 대한 우도함수를 복잡하게 만들어 생존분석 모형에 대한 추정문제를 어렵게 만든다.

중도절단은 무정보형(noninformative)이어야 한다. 즉 중도절단이 개인에 대한 미래의 위험률과는 서로 독립이어야 한다. 만약 이러한 가정을 만족하지 못한다면 생존함수 추정 시 편의(bias)를 갖게 된다. 예를 들어, 사망 직전에 치료에서 이탈하는 경향이 있어서 중도절단으로 처리된다면, 생존시간은 과대추정(over-estimated)될 수 있다.

이 장에서는 특히 많이 쓰이는 우중도절단에 대해 자세히 설명하고자 한다. 우중도절단 이외에도 좌중도절단, 구간절단 그리고 절삭 등이 있으며 중도절단에 대해 좀 더 관심 있는 독자는 참고문헌을 이용하기 바란다. 생존분석을 위해서는 중도절단에 대한 이해와 활용이 매우 중요하다. 이 책에서는 주로 우중도절단을 다루기로 한다.

3.1 중도절단의 종류

3.1.1 제1유형 우중도절단

생존데이터에 대한 랜덤표본은 i번째 개체에 대한 생존시간 T_i와 중도절단여부 δ_i를 포함하여 $\{(T_i, \delta_i),\ i = 1, \ldots, n\}$로 표기한다. 중도절단된 대상자에 대한 관측중단시점은 C_i로 표기한다.

모든 실험 개체들은 미리 정해진 시점, C까지 관측된다. 제1유형 우중도절단(type I right censoring)은 모든 실험 개체에 대한 우중도절단시간이 동일하다. 즉 $C_1 = \cdots = C_n = C$인 경우이다.

중도절단시점 전에 사건이 발생하면 T_i를 관측할 수 있고, 중도절단시점 이후 사건이 발생하면 $T_i = C$가 된다. $\{\widetilde{T}_i\}$를 사건발생까지의 시간이라 할 때 다음과 같이 표기한다.

$$T_i = \min(\widetilde{T}_i,\ C), \quad \delta_i = I(\widetilde{T}_i < C)$$

$$T_i = \begin{cases} \widetilde{T}_i, & \widetilde{T}_i < C, \quad \delta_i = 1 \quad uncensored(observed) \\ C, & \widetilde{T}_i \geq C, \quad \delta_i = 0 \quad censored \end{cases}$$

우중도절단 데이터에 대한 표현으로 <그림 3.1>을 참조한다.

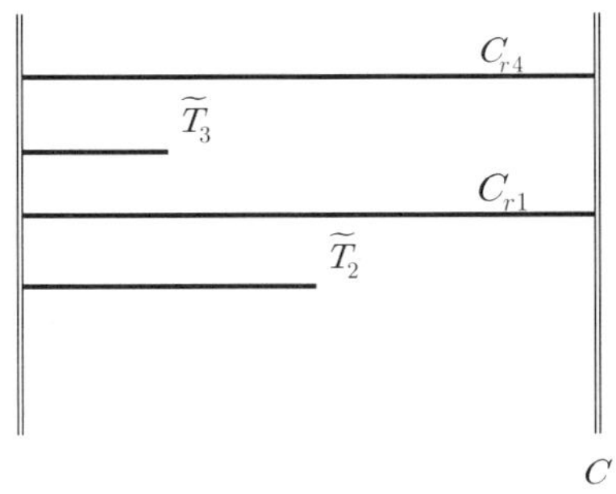

$T_1 = C_{r1} = C$, $\quad T_2 = \widetilde{T}_2$, $\quad T_3 = \widetilde{T}_3$, $\quad T_4 = C_{r4} = C$.

그림 3.1 우중도절단 데이터에 대한 표현

예제 3.1 우중도절단 예

(1) 연봉조사에서 5,600만 원인데 5,000만 원으로 기입.
$\Rightarrow$ 연봉은 5,000만 원으로 우중도절단됨.

(2) 장기이식수술 후 63개월 동안 생존, 그러나 연구기간은 60개월(5년 연구기간)까지라서 생존시간은 60+(우중도절단)으로 기록됨.

3.1.2 제2유형 우중도절단

제2유형 우중도절단(type II right censoring)은 전체 실험 개체들 중 미리 정해놓은 사건발생률까지 관측 후 중지한다. 예를 들어, 70%가 사건을 가질 경우 관측을 중지한다. 모든 실험 개체의 연구시작시점이 동일하다. 이러한 경우는 생존시간에 대해 순서통계량으로 다루면 된다.

예제 3.2 제2유형 우중도절단 예

전구 수명 실험: 전구 100개 켜놓은 상태에서 5개가 꺼질 때 연구 종료.

3.1.3 임의 우중도절단

실제 생존데이터를 얻을 때 서로 다른 시점에서 연구에 참여할 수 있으며 연구가 종료되지 않아도 여러 이유로 더 이상 연구에 참여하지 못할 수 있다. 이와 같은 경우를 임의 우중도절단(random right censoring)이라고 한다.

생존데이터에 대한 랜덤표본 $\{(T_i, \delta_i),\ i = 1, \ldots, n\}$에 대해 중도절단된 대상자에 대한 관측중단시점은 C_i로 표기한다. 모든 실험 개체들은 미리 정해진 시점, C_i까지 관측된다. 중도절단시점 전에 사건이 발생하면 T_i를 관측할 수 있고, 중도절단시점 이후 사건이 발생하면 $T_i = C_i$가 된다. $\{\widetilde{T}_i\}$를 사건발생까지의 시간이라 할 때 다음과 같이 표기한다.

$$T_i = \min(\widetilde{T}_i,\ C_i), \quad \delta_i = I(\widetilde{T}_i < C_i)$$

$$T_i = \begin{cases} \widetilde{T}_i, & \widetilde{T}_i < C_i, \quad \delta_i = 1 \quad uncensored(observed) \\ C_i, & \widetilde{T}_i \geq C_i, \quad \delta_i = 0 \quad censored. \end{cases}$$

임의 우중도절단 데이터에 대한 표현으로 <그림 3.2>를 참조한다. <그림 3.3>(a)는 임의 우중도절단 데이터를 나타내고 <그림 3.3>(b)는 같은 시작 시점으로 재배열해서 표현한 것이다.

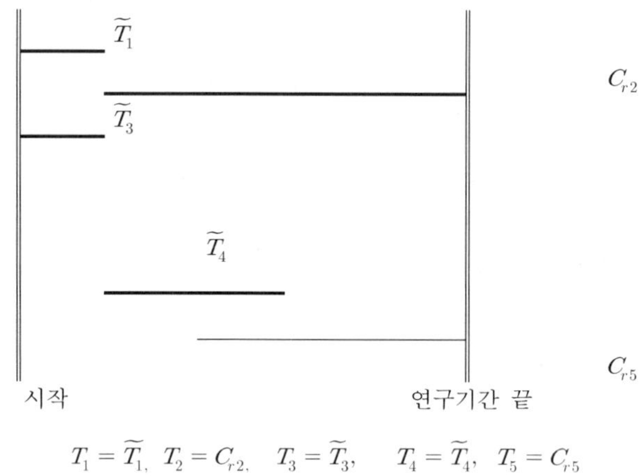

그림 3.2 임의 우중도절단 데이터

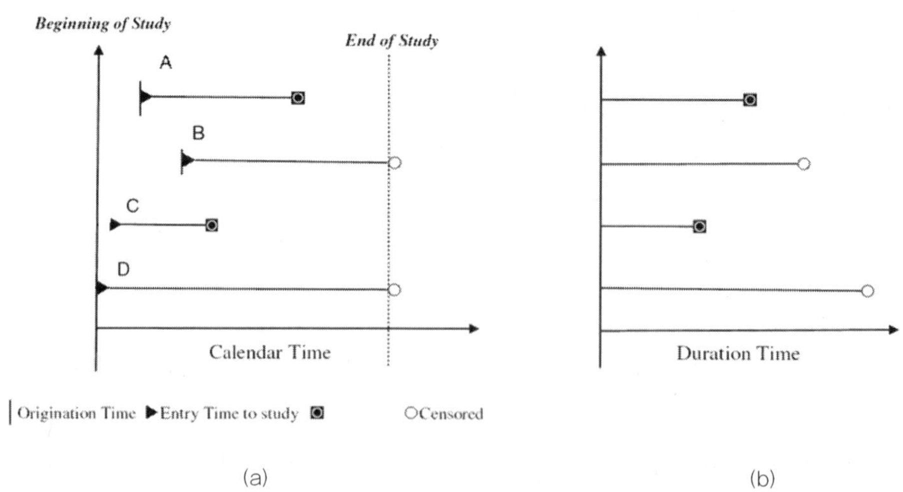

그림 3.3 (a) 임의 우중도절단 데이터 발생 (b) 생존시간으로 표현

3.1.4 구간 중도절단

생존시간이 어떤 구간 내에서 발생하는 경우 구간 중도절단(interval censoring)이 일어난다. 임상시험에서 환자가 주기적으로 방문 시간을 정해놓고 검사할 경우 이러한 구간 중도절단이 발생한다. 환자의 사건발생시간은 구간 $(L_i, R_i]$ 내에 일어나게 된다. 여기서 L_i는 해당 구간의 왼쪽 끝점이고 R_i는 오른쪽 끝점이다. 예를 들어, 감염연구에서 환자가 매달 병원에 방문하여 검사를 받는다고 한다. 지난달에는 감염이 되지 않았는데 이번 달 방문 시 감염되었다면, 감염이 한 달 사이에 발생했으므로 구간 중도절단이 된다. 또 다른 예로, 산업 분야에서는 장비에 대한 점검이 주기적으로 이루어질 경우, 구간 중도절단이 발생한다.

3.1.5 좌중도절단

사건이 연구시작 이전에 발생하는 경우 좌중도절단(left censoring)이 일어난다. 이러한 경우 정확한 사건발생시간을 알 수 없다.

예제 3.3 고등학생을 대상으로 흡연 연구를 위해 처음 흡연시기를 묻는 조사를 한다. 어떤 학생의 답: "중학교 때 처음 담배를 피웠는데 언제인지 기억나지 않는다". 이러한 학생은 흡연 학생임에도 불구하고 처음 흡연시기를 알 수 없으므로 좌중도절단인 경우가 된다.

3.2 중도절단 이유

생존데이터의 특징은 중도절단 데이터를 포함하는 것이다. 생존분석에서는 중도절단을 적절하게 다루어야 한다. 중도절단이 발생하는 이유와 예를 들어 설명하고자 한다.

(1) 연구종료: 한정된 연구기간 내에 사건이 발생하지 않음.
[예] 연구기간은 5년인데 장기이식수술 후 연구종료시점까지 생존.

(2) 사건사고: 연구문제와는 다른 이유로 사망,
[예] 폐암 생존 연구에서 연구기간 내 교통사고로 사망.

(3) 추적실패: 연구대상자가 연락 두절한 경우 더 이상 조사가 불가능.
[예] 연구대상자인 위암환자가 병원을 옮겨 치료하지만 연락 불가능.

(4) 경쟁위험모형: 다른 종류의 사건 발생으로 인해 관심 사건이 중도절단.

[예] 폐암환자 연구 중 골수암 발생으로 골수암 연구대상자로 관리 필요.

(5) 측정기구의 한계

[예] 체중계가 100kg까지 무게를 잴 수 있는 경우 120kg인 개인의 몸무게는 100+로 기록됨.

3.3 중도절단 데이터를 포함한 우도함수

3.3.1 제1유형 임의 우중도절단 데이터를 포함한 우도함수

중도절단을 포함한 생존데이터의 경우 우도함수를 구하고자 할 때 중도절단의 유형을 고려해서 구해야 한다. 여기서 중요한 가정은 생존시간과 중도절단시간이 서로 독립이란 것이다.

가정 생존시간과 중도절단시간은 서로 독립이라고 가정한다.

생존데이터 또는 사건발생까지의 시간 데이터

$$T_i = \min(Y_i,\ C_r) = \begin{cases} Y_i & \text{if } Y_i < C_r \\ C_r & \text{if } Y_i \ge C_r \end{cases}$$

여기서 Y_i는 i번째 개체의 사건발생까지의 시간

에 대해 확률로 표현하면

관측된 경우, 즉 $Y_i < C_r$인 경우, $P(Y_i < C_r)$,

중도절단된 경우, 즉 $Y_i \ge C_r$인 경우,

$$P(Y_i \ge C_r) = 1 - P(Y_i < C_r) = S(C_r)$$

이다. 여기서 C_r은 우중도절단시간이다.

중도절단의 형태에 따라 우도함수를 구성하는 함수는 다음과 같다.

- 관측된 생존시간에 대한 확률밀도함수: $f(y)$
- 우중도절단 관측값에 대한 함수: $S(C_r)$

- 구간 중도절단 관측값인 경우, 즉 $L_i < Y \le R_i$일 때 우도함수 기여값: $S(L_i) - S(R_i)$

$$\begin{aligned} P(L_i < Y \le R_i) &= P(Y \le R_i) - P(Y \le L_i) \\ &= \{1 - P(Y \le L_i)\} - \{1 - P(Y \le R_i)\} \\ &= S(L_i) - S(R_i). \end{aligned}$$

구간 $(L_i, R_i]$에서 중도절단 관측값의 확률밀도함수는

$$Y|L_i < Y \le R_i: \quad \frac{f(y)}{S(L_i) - S(R_i)}$$

으로 표현된다.

그러므로 우중도절단과 구간중도절단을 포함한 데이터에 대한 우도함수를

$$L \propto \prod_{i \in D} f(y_i) \prod_{i \in R} S(C_i) \prod_{i \in I} [S(L_i) - S(R_i)]$$

으로 표현할 수 있다. 여기서 D는 관측된 데이터 집합, R_i는 우중도절단 데이터 집합이고 I는 구간 중도절단된 데이터 집합이다.

제1유형 우중도절단인 경우 우도함수를 구해 보자. 생존데이터 (T, δ)는 생존시간이 관측된 경우에는 $\delta = 1$, 중도절단인 경우에는 $\delta = 0$이다. 즉 $T = \min(Y, C_r)$ 이다.

중도절단인 경우는

$$\begin{aligned} P(T, \delta = 0) &= P(T = C_r | \delta = 0) \cdot P(\delta = 0) \\ &= P(Y > C_r) = S(C_r). \end{aligned}$$

관측된 경우는

$$\begin{aligned} P(T, \delta = 1) &= P(T = Y | \delta = 1) \cdot P(\delta = 1) \\ &= P(Y = T | Y \le C_r) \cdot P(Y \le C_r) \\ &= \left[\frac{f(t)}{1 - S(C_r)} \right] [1 - S(C_r)] = f(t). \end{aligned}$$

한 개체에 대해 한 개의 확률식으로 우도함수를 표현하면

$$P(t, \delta) = [f(t)]^{\delta} [S(t)]^{1-\delta}$$

이다.

랜덤표본 $\{(T_i, \delta_i)\}$, $i = 1, \ldots, n$에 대해 우도함수를 구하면

$$L = \prod_{i=1}^{n} P(t_i, \delta_i) = \prod_{i=1}^{n} [f(t_i)]^{\delta_i} [S(t_i)]^{1-\delta_i}$$

이다. $S(t)=\exp[-H(t)]$ 이므로 우도함수를 위험함수로 다시 표현하면

$$L=\prod_{i=1}^{n}[f(t_i)]^{\delta_i}[S(t_i)]^{1-\delta_i}=\prod_{i=1}^{n}\left[\frac{f(t_i)}{S(t_i)}\right]^{\delta_i}[S(t_i)]$$
$$=\prod_{i=1}^{n}[h(t_i)]^{\delta_i}\exp[-H(t_i)]$$

을 얻는다.

예제 3.4(a) (a) <표 3.1>은 A 병원의 5명 환자 표본에 대한 생존시간 데이터이다. 각 환자에 대한 우도함수 기여값과 표본에 대한 우도함수식을 쓰시오.

표 3.1 생존시간 데이터

번호	이름	생존시간
1	김마리	$t=2$
2	위선자	$t>8$ (우중도절단)
3	현명해	$t=6$
4	신기한	$t>2$ (우중도절단)
5	민들레	$4<t<6$ (구간절단)

(i) 개체가 서로 독립이다.

(ii) 경쟁위험(competing risk)이 관심 사건 발생을 방해하지 않는다.

(iii) 추적시간은 단절 없이 연속이다. 즉 개체가 사건으로 다시 복귀하지 않는다.

이러한 가정하에 이 데이터에 대한 우도함수를 구해 보면

$$L=\prod_{i=1}^{5}L_i=f(2)\cdot\int_{8}^{\infty}f(t)dt\cdot f(6)\cdot\int_{2}^{\infty}f(t)dt\cdot\int_{4}^{6}f(t)dt$$

예제 3.4(b) 생존시간이 평균 $1/\lambda$인 지수분포를 따른다고 한다. <표 3.1> 데이터에 대한 우도함수를 구하시오.

$f(t)=\lambda\exp(-\lambda t)$, $F(t)=1-\exp(-\lambda t)$이고 $S(t)=\exp(-\lambda t)$이므로 해당하는 계산을 한다. <표 3.2>의 결과를 이용하여 구체적인 계산을 할 수 있다.

표 3.2 생존시간 데이터와 우도함수 기여값

번호	이름	생존시간	우도함수 기여값 L_i (a)	지수분포일 경우 우도함수 기여값 λ (b)
1	김마리	$t=2$	$f(2)$	$\lambda e^{-2\lambda}$
2	위선자	$t>8$ (우중도절단)	$P(T>8)=\int_8^{\infty} f(t)dt$	$e^{-8\lambda}$
3	현명해	$t=6$	$f(6)$	$\lambda e^{-6\lambda}$
4	신기한	$t>2$ (우중도절단)	$P(T>2)=\int_2^{\infty} f(t)dt$	$e^{-2\lambda}$
5	민들레	$4<t<6$ (구간절단)	$P(4<T<6)=\int_4^{6} f(t)dt$	$e^{-4\lambda}-e^{-6\lambda}$

3.3.2 제2유형 우중도절단의 우도함수

제2유형 우중도절단(type II right censoring)은 전체 실험 개체들 중 미리 정해놓은 사건발생률까지 관측 후 중지한다. r번째 사건발생 시 실험을 멈춘다고 하자. 이러한 경우 생존시간에 대해 순서통계량 $t_{(1)} < t_{(2)} < \cdots < t_{(r)}$으로 다루면 된다.

제2유형 우중도절단 데이터에 대한 우도함수는

$$L = \frac{n!}{(n-r)!}\left[\prod_{i=1}^{r} f(t_{(i)})\right]\left[S(t_{(r)})\right]^{n-r}$$

이 된다.

연습문제

01 〈표 1.2〉 데이터에 대해 중도절단유형과 중도절단 사유를 설명하시오.

02 〈표 1.3〉 데이터에 대해 중도절단유형과 중도절단 사유를 설명하시오.

03 〈표 1.4〉 데이터에 대해 중도절단유형과 중도절단 사유를 설명하시오.

04 〈표 1.5〉 데이터에 대해 중도절단유형과 중도절단 사유를 설명하시오.

05 〈표 3.1〉의 데이터가 평균 2인 지수분포를 따른다고 할 때 각 환자에 대한 우도함수 기여값과 우도함수를 구하시오.

06 〈표 3.1〉의 데이터가 모양모수 κ, 척도모수 $\lambda = 1/b$을 갖는 와이블분포를 따른다고 할 때 각 환자에 대한 우도함수 기여값과 우도함수를 구하시오.

07 〈표 3.1〉의 데이터가 모양모수 κ=2, 척도모수 $\lambda = 1/b = 1/3$을 갖는 와이블분포를 따른다고 할 때 각 환자에 대한 우도함수 기여값과 우도함수를 구하시오.

08 A 연구자는 일반 채소와 식이섬유를 가진 채소가 암 발생에 미치는 효과에 대해 연구하고자 동물실험을 진행한다. 5개의 식이 그룹을 정하고 각 그룹에 5마리씩 실험쥐를 랜덤하게 배정하였다. 실험쥐가 7주일 동안 자란 후 암 종양을 발생시키기 위한 약물을 투여한다. 이후 6주일이 지난 후부터 14주 동안 매주 검사를 진행한다. 관측하고자 하는 사건발생까지의 시간은 만질 수 있도록 눈에 띄는 종양이 발생하기까지의 시간(일수: days)이다.

그룹 1: 대조 식이 방법(control diet)
그룹 2: 대조 식이 방법 + 채소 혼합 1
그룹 3: 대조 식이 방법 + 채소 혼합 2
그룹 4: 대조 식이 방법 + 채소와 식이섬유 혼합 1
그룹 5: 대조 식이 방법 + 채소와 식이섬유 혼합 2

다음의 실험쥐에 대해 중도절단 유형을 설명하시오.

(1) 동물실험 연구가 끝날 때까지 암 종양이 발생하지 않은 경우
(2) 6주일 이전에 암 종양이 발생한 상태에서 사망한 경우
(3) 12~13주 사이 암 종양이 발생한 경우
(4) 6주일 이전에 이미 암 종양이 발생한 후 실험 대상이 된 경우
(5) 6주일 이전에 암 종양이 발생하지 않은 상태에서 사망한 경우(left-truncation: 좌절삭자료)

09 골수이식환자에 대해 재발과 생존시간을 조사한 데이터는 〈표 3.3〉에 정리되어있다. '+'는 중도절단을 표시한다.

(1) 재발시간은 지수분포를 따른다고 한다. 재발률 λ에 대한 우도함수를 구하시오.
(2) 생존시간은 와이블분포를 따른다고 한다. 사망률과 관련한 와이블분포의 모수 κ(모양모수)와 λ(척도모수)에 대한 우도함수를 구하시오.

표 3.3 골수이식환자의 재발시간과 생존시간

환자 번호	재발시간 (개월 수)	생존시간 (개월 수)
1	5	11
2	8	12
3	12	15
4	24	33+
5	32	45
6	17	28+
7	16+	16+
8	17+	17+
9	19+	19+
10	30+	30+

10 사망까지의 시간(time to death) X는 위험률 λ인 지수분포를 따른다. 우중도절단 시간(right–censoring time) C는 위험률 θ인 지수분포를 따른다. X와 C는 서로 독립이라고 가정한다. 생존시간 데이터는

$$T = \min(X, C)$$

만약 $X \le C$ 이면 $\delta = 1$

만약 $X > C$ 이면 $\delta = 0$.

다음을 구하시오.

(1) $P(\delta = 1)$

(2) T의 분포

(3) δ와 T가 서로 독립임을 보이시오.

(4) 랜덤표본 $(T_1, \delta_1), \ldots, (T_{n,} \delta_n)$에서 λ에 대한 최대우도추정량을 구하시오.

$$\left(\hat{\lambda}_{MLE} = \frac{\sum_{i=1}^{n} \delta_i}{\sum_{i=1}^{n} T_i} \right)$$

(5) 랜덤표본 $(T_1, \delta_1), \ldots, (T_{n,} \delta_n)$에서 θ에 대한 최대우도추정량을 구하시오.

4장

개수과정과 마팅게일

이 장에서는 생존데이터 분석에 사용되는 개수과정(counting process)과 마팅게일(martingale)에 대해 기초적인 설명을 하고자 한다. 중도절단을 포함한 생존데이터에 대한 고전적인 방법으로는 우도함수를 이용한 추론이 있다. 대안적인 방법으로 Aalen(1975)에 의해 처음으로 생존데이터에 대해 개수과정을 이용한 추론이 개발되었다. 확률적 적분(stochastic integration), 마팅게일 이론, 개수과정 이론을 활용하여 중도절단을 포함한 생존데이터에 대한 추론 방법을 제안하였으며 생존분석 관련 추정량에 대한 추론 기법으로 발달하게 되었다.

생존데이터는 각 개체에 대해 특정 사건발생이 일어날 때까지의 시간 데이터이다. 매 시점에서 보면 사건발생 건수에 대한 개수로 표현가능하며 이러한 개수과정은 비모수적 생존함수추정에 활용된다. 예를 들어, 5장과 6장에서 공부하는 통계량을 개수과정 기반으로 표현할 수 있다. Nelson–Aalen 비모수적 누적위험함수는 마팅게일을 활용한 중요한 추정량이다. 개수과정과 마팅게일을 이용해 Kaplan–Meier 추정량과 로그순위 검정량을 표현할 수 있다. 또한 8장에서 배울 Cox 모형에 대한 이론적 근거는 개수과정과 마팅게일을 이용해 잘 설명할 수 있다.

개수과정과 마팅게일 방법은 우중도절단을 포함한 생존데이터에 대한 추정량들의 소표본 또는 대표본 특성을 연구하는 데 직접적인 방법으로 활용되며 사건사 데이터(event history data)에 대한 분석 도구를 제공한다. 개수과정 접근법은 확률이론(probability theory)과 확률과정(stochastic process) 이론에 근거한다. 좀 더 자세한 이론에 관심 있는 독자는 Fleming and Harrington(1990) 그리고 Kalbfleisch and Prentice(2002) 책을 참고하기 바란다.

4.1 개수과정

시간 구간에 걸쳐 수집된 데이터는 확률과정(stochastic process)으로 표현할 수 있다. 특별히 시간이 지남에 따라 발생하는 사건의 개수에 대한 데이터는 개수과정으로 표현할 수 있다.

개수과정 $N = \{N(t), t \geq 0\}$은 확률과정으로 $N(0) = 0$이고 t에서의 값은 구간 $(0, t]$에서 발생한 사건의 개수이다. 개수과정은 유한한 값을 가지므로 $N(t) < \infty$이다.

생존데이터 (T, δ)는 개수과정 $(N(t), Y(t))$으로 바꾸어 표현할 수 있다. $N(t) - N(s)$는 구간 $(s, t]$에서 발생한 사건의 개수가 된다.

n개 개체(개인)에 대해 생존데이터 $T_i,\ i = 1, \ldots, n$를 얻었다고 하자. 생존데이터 (T_i, δ_i)는 개수과정 $(N_i(t), Y_i(t))$으로 바꾸어 다음과 같이 표현할 수 있다.

$N_i(t) =$ i번째 개체에 대해 $[0, t]$ 구간에서 관측값이 발생하는 사건의 개수,

한 번 발생하는 사건일 경우 $N_i(t) = 1$ 또는 0.

$$Y_i(t) = \begin{cases} 1 & i\text{번째 개체에 대해 } t\text{ 시점에서 위험에 놓인 상황} \\ 0 & \text{그 외}, \end{cases}$$

$$dN_i(t) = [t, t+dt) \text{ 구간에서 } N_i\text{의 증가량}.$$

여기서 $Y_i(t)=1$는 t 시점에서 i번째 개체가 사건이 아직 발생하지 않아 연구대상으로 남아 있는 경우를 의미한다. 한 개체에 대해 한 번의 사건만 발생하면 발생한 시점에서 $N_i(t)=1$이다. i번째 개체에 대한 개수과정 $N_i=\{N_i(t), t \geq 0\}$는 확률과정으로 $N_i(0)=0$이고 t에서의 값은 구간 $(0,t]$에서 i번째 개체에 대해 발생한 사건의 개수이다.

한 개체에 대해 여러 번의 사건이 발생하는 경우로도 확장할 수 있으므로 $N_i(t) \geq 1$이다. 예를 들어, 재발사건의 경우 여러 번 재발하는 경우를 생각할 수 있다.

우중도절단이 있는 경우 개수과정은 $N_i(t)=I[T_i \leq t, \delta_i = 1]$로 표현되며 i번째 개체에 대해 사건이 발생하기 전까지는 $N_i(t)=0$이며 사건이 발생하면 $N_i(t)=1$이 된다. 우중도절단의 경우 $Y_i(t)=I(\{T_i \geq t\})$이다. 여기서 $N_i(t)$는 각 개체에 대한 개수과정이 된다.

확률과정 $N(t)=\sum_{i=1}^{n} N_i(t) = \sum_{t_i \leq t} \delta_i$ 는 t 시점까지의 사건발생 건수(예: 사망자수, 재발자수)를 나타내는 개수과정이다. 이러한 개수과정은 언제 사건이 발생했는지에 대한 정보를 준다. 추가적으로 t 시점에서 각 개체의 상황에 대한 정보도 제공한다. 즉, 우중도절단을 포함한 데이터의 경우 t 시점에서, t 시점 이전에 사건이 발생했는지, 중도절단되었는지에 대해 알려준다.

예제 4.1 생존데이터 (T, δ)로 표현할 때 1번 개체는 우중도절단이며 $(3,0)$이고 2번 개체는 관측값을 가지며 $(4,1)$이다. $(t, N_i(t))$와 $(t, Y_i(t))$ 그래프를 그려보자.

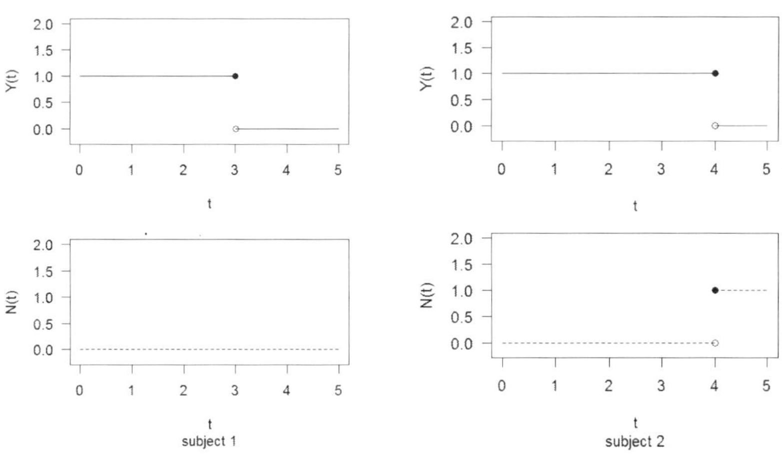

그림 4.1 1번과 2번 개체에 대한 개수과정 그림

각 개체에 대해 사건발생과 관련 있는 공변량(covariate) 또는 공변량과정(covariate process)을 얻을 수도 있다. $t = 0$ 시점에서 i번째 개체에 대한 공변량을 x_i로 놓는다. $X_i(t) = \{x_i(u) : 0 \leq u < t\}$는 t^- 시점까지의 공변량과정의 경로(path), 역사(history) 또는 여과(filtration)라고 한다. t 시점에서의 누적된 정보를 개수과정의 필터링 역사(history of filtration of the counting process) 라고 하며 t 시점까지의 역사를 $\boldsymbol{F}_t$로 표기한다. 시간이 지나면서 정보는 더해진다고 볼 수 있으므로 자연스럽게 $s \leq t$에 대해 $\boldsymbol{F}_s \subset \boldsymbol{F}_t$ 가 성립한다. t 시점 바로 이전까지의 사건사는 $\boldsymbol{F}_{t-}$로 표기한다. 주어진 문제에서 역사과정 $\{\boldsymbol{F}_t,\ t \geq 0\}$는 개수과정의 관찰자에 의존한다.

개수과정은 0 에서 시작하는 확률과정(stochastic process)으로 표본경로(sample path)는 우연속 계단함수(step function)이고 점프 크기는 1이다. 개수과정함수 $N(t)$는 우연속성(right-continuity)을 갖고 $Y(t)$는 좌연속성(left-continuity)을 갖는다. 개수과정은 다중 사건(multiple events), 다중 위험구간(multiple at-risk intervals)까지 확장되어 표현할 수 있다. 생존함수와 위험함수 모형은 개수과정을 이용하여 점과정(point process)의 강도(intensity)로 표현이 가능해진다.

4.2 강도과정과 누적 강도과정

i번째 개체에 대해, $[t, t+dt)$ 구간에서의 사건발생 확률을 계산해 보고자 한다.

만약 $Y_i(t) = 0$이면, t 시점에서 이미 사건이 발생했으므로 사건발생 관측가능성이 0이 된다. 그러므로 확률 1로(with probability 1), $dN_i(t) = 0$이다.

만약 $Y_i(t) = 1$이면, t 시점 이전에 사건이 아직 발생하지 않았으므로 사건 발생 관측 가능성이 있으며 이러한 가능성을 확률로 표현하면 T_i와 C_i는 서로 독립이므로,

$$\begin{aligned} P(dN_i(t) = 1 \mid Y_i(t) = 1) &= P(t \leq T_i < t + dt \mid T_i \geq t,\ C_i \geq t) \\ &= P(t \leq T_i < t + dt \mid T_i \geq t) \\ &= h(t)dt \end{aligned} \tag{4.1}$$

이다. 그러므로 동점이 없는 경우, $Y_i(t) = 0$과 $Y_i(t) = 1$인 경우를 통합해 쓰면

$$P(dN_i(t) = 1 \mid Y_i(t)) = Y_i(t)h(t)dt \tag{4.2}$$

이다.

이번에는 $[t, t+dt)$ 구간에서의 가능한 개체들에 대해 사건발생 확률을 계산해 보자. $dN(t)$는 짧은 시간 구간 $[t, t+dt)$에서 $N(t)$의 변화량을 나타내므로

$$dN(t) = N[(t+dt)^-] - N(t^-) \tag{4.3}$$

이다.

확률과정 $Y(t)$는 $T_i \geq t$를 갖는 개인(개체)수이며 $dN(t)$에 대한 기댓값을 구하면

$$\begin{aligned} E[dN(t) \mid \boldsymbol{F}_{t-}] &= E[\text{다음을 만족하는 관측개체수}: \ t \leq T_i \leq t+dt,\ C_i > t+dt_i \mid \boldsymbol{F}_{t-}] \\ &= Y(t)h(t)dt \end{aligned} \tag{4.4}$$

이다. 여기서

$$\lambda(t) = Y(t)h(t) \tag{4.5}$$

를 개수과정에 대한 강도과정(intensity process)이라고 한다. $\lambda(t)$는 $Y(t)$를 통해 $\boldsymbol{F}_{t-}$에 의존하는 확률과정이 된다.

다음의 개수과정 $N(t)$와 $Y(t)$를 고려하자.

$N(t) = \sum_{i=1}^{n} N_i(t)$ 은 t 시점까지 발생한 사건의 총 수를 나타내는 개수과정이다.

$Y(t) = \sum_{i=1}^{n} I(T_i \geq t)$는 t 시점에 위험에 놓인 개체수로 아직 사건이 발생하지 않은 총 개체수를 나타내는 개수과정이다.

확률과정 $Y(t)$는 주어진 시간에서 위험에 처한 개체수, 즉 위험집합을 나타내는 확률과정으로 개수과정 $N(t)$와 더불어 개수과정 기반 추론에 가장 기본적인 통계량이 된다.

누적 강도과정(cumulative intensity process) $\Lambda(t)$는 다음과 같이

$$\Lambda(t) = \int_0^t \lambda(s)ds,\ t \geq 0 \tag{4.6}$$

로 정의한다. 여기서 $\lambda(t) = Y(t)h(t)$는 개수과정에 대한 강도과정이다.

누적 강도과정 $\Lambda(t)$의 기댓값은

$$E[N(t) \mid \boldsymbol{F}_{t-}] = E[\Lambda(t) \mid \boldsymbol{F}_{t-}] = \Lambda(t) \tag{4.7}$$

이 된다. 왜냐하면 t 시점 이전의 사건사를 알면 $Y(t)$는 정해지고 따라서 $\Lambda(t)$는 랜덤하지 않고 고정되므로 마지막 관계식을 얻게 된다.

개수과정과 누적 강도과정의 차이로 표현된 확률과정 $M(t)$

$$M(t) = N(t) - \Lambda(t) \tag{4.8}$$

는 개수과정 마팅게일(counting process martingale)이라고 한다. $M(t)$의 증가분에 대한 기댓값은

$$\begin{aligned} E[dM(t)|\boldsymbol{F}_{t^-}] &= E[dN(t) - d\Lambda(t)|\boldsymbol{F}_{t-}] \\ &= E[dN(t)|\boldsymbol{F}_{t-}] - E[\lambda(t)|\boldsymbol{F}_{t-}] \\ &= \lambda(t) - \lambda(t) \\ &= 0 \end{aligned} \tag{4.9}$$

이다. 여기서 $\boldsymbol{F}_{t-}$가 주어지면 $\lambda(t)$는 고정값으로 간주되므로 $E[\lambda(t)|\boldsymbol{F}_{t-}] = \lambda(t)$이다. 이와 같은 마팅게일의 특성에 대해서는 다음 절에서 설명하기로 한다.

4.3 마팅게일

4.3.1 마팅게일의 특성

일반적으로 마팅게일 $M(t)$는 다음의 두 가지 특징을 갖는다.

(i) 마팅게일 증가량은 평균 0이므로 마팅게일은 상수 평균을 갖는다.

$$E[dM(t)|\boldsymbol{F}_{t^-}] = 0 \tag{4.10}$$

또한 $0 \leq s < t$ 에 대해

$$E[M(t)|\boldsymbol{F}_s] = M(s) \tag{4.11}$$

이다. 즉, $E[M(t) \mid M(u);\ 0 \leq u \leq s] = M(s)$.

(ii) 마팅게일 증가량은 서로 상관되지 않는다.

$t, u, s > 0$ 에 대해

$$Cov[M(t),\ M(t+u) - M(t)] = 0, \tag{4.12}$$

$$Cov[M(t) - M(t-s),\ M(t+u) - M(t)] = 0.$$

4.3.2 개수과정 마팅게일

개수과정 마팅게일 $M(t) = N(t) - \Lambda(t)$ 확률과정을 고려해 보자. 4.3.1절에서 정의한 개수과정 마팅게일 $M(t)$에 대해 다음의 등식이 성립한다.

$$E[dM(t)|\boldsymbol{F}_{t-}] = 0,$$

$$s < t \text{ 에 대해 } E[M(t)|\boldsymbol{F}_s] = M(s).$$

왜냐하면

$$\begin{aligned} E[M(t)|\boldsymbol{F}_s] - M(s) &= E[M(t) - M(s)|\boldsymbol{F}_s] \\ &= E\left[\int_s^t dM(u)|\boldsymbol{F}_s\right] \\ &= \int_s^t E[\ E\{dM(u)|\boldsymbol{F}_s\}|\boldsymbol{F}_s\ ] \\ &= 0 \end{aligned}$$

이다. 그러므로 개수과정 마팅게일은 마팅게일이 된다.

각 개체에 대해 다음과 같이 마팅게일

$$M_i(t) = N_i(t) - \int_0^t Y_i(u)h(u)du \tag{4.13}$$

로 표현할 수 있다.

개수과정을 다음과 같이 두 개의 항으로 표현할 수 있다.

$$N_i(t) = \int_0^t Y_i(u)h(u)du + M_i(t) \tag{4.14}$$

$$\text{counting process} = \text{compensator} + \text{martingale}.$$

즉,

$$\text{관측된 개수과정} = \text{기대 개수과정} + \text{오차} \tag{4.15}$$

로 표현할 수도 있다. $E_i(t) = \int_0^t Y_i(u)h(u)du$로 놓으면

$$N_i(t) = E_i(t) + M_i(t) \tag{4.16}$$

로 분해되어 표현되며 이를 개수과정에 대한 둡-마이어 분해(Doob-Meyer decomposition)라고 한다. 둡-마이어 분해 정리(Doob-Meyer decomposition theorem)에 의하면 개수과정은 마팅게일과 보상자(compensator)로 유일하게 분리된다. 여기서 보상자는 추정가능하며 우연속 확률과정이고 $t = 0$에서 0값을 갖는다. 예를 들어,

$$E_i(t) = \int_0^t Y_i(u)h(u)du$$

는 보상자이다.

데이터는 주어진 데이터를 잘 설명하는 모형부분과 나머지 부분인 오차로

$$\text{데이터} = \text{모형} + \text{오차}$$

표현된다. 이와 같이 개수과정도 미리 결정된 부분과 오차부분으로 표현되며 여기서 오차부분이 마팅게일로 표현됨을 알 수 있다.

잡음과정과 같이 마팅게일은 평균 0을 갖지만 양의 자기상관성을 갖는다. 즉

$$Cov[M(t+s),\ M(t)] = Var[M(t)]$$

이며 증가분산을 갖는다. 또한 미분을 이용한 분해로 표현하면

$$dN_i(t) = dE_i(t) + dM_i(t) \tag{4.17}$$

이다. 여기서 $dE_i(t) = Y_i(t)h_i(t)dt$로 결정된(deterministic) 부분으로 $dM_i(t)$와는 서로 독립이다. $dM_i(t)$는 평균 0을 갖고 서로 상관되지 않는다(uncorrelated).

$dN(t)$는 t 시점까지의 역사가 주어지면, 0 또는 1을 갖는 확률변수로 t 시점에서 크기 1인 점프(jump)를 가질 확률이 $\lambda(t)$이다. 그러므로

$$E[dN(t) \mid \boldsymbol{F}_{t-}] = \lambda(t), \quad Var[dN(t) \mid \boldsymbol{F}_{t-}] = \lambda(t)[1-\lambda(t)].$$

즉, 과거 역사 조건하에서 개수과정 $N(t)$는 발생률 $\lambda(t)$인 포아송 과정(Poisson process)을 따르게 됨을 알 수 있다.

동점이 없는 경우 $\lambda(t)^2$은 매우 작은 값이 되므로

$$Var[dM(t) \mid \boldsymbol{F}_{t-}] = \lambda(t)[1-\lambda(t)] \approx \lambda(t) = Y(t)h(t)$$

을 얻는다.

4.4 개수과정으로 표현한 추정량

Kaplan–Meier 생존함수추정량과 Nelson–Aalen 누적위험함수추정량은 5장에서 설명한다. 5장에서 두 추정량을 공부한 후 이러한 추정량이 개수과정으로 표현됨을 알아보기 바란다.

우선 개수과정을 이용하여 Nelson–Aalen 추정량을 유도하는 과정을 살펴보고자 한다.

$N(t) = \sum_{i=1}^{n} N_i(t)$는 t 시점까지 발생한 사건의 총 수를 나타내는 개수과정이다.

$Y(t) = \sum_{i=1}^{n} I(T_i \geq t)$는 t 시점에서 위험에 놓인 개체수로 아직 사건이 발생하지 않은 총 개체수를 나타내는 개수과정이다.

위험함수를 다음과 같이

$$\begin{aligned} H(s+u) - H(s) &\approx h(s)u \\ &= P(\text{event in}(s, s+u] \mid \text{at risk at } s) \end{aligned}$$

쓰고, 이에 대한 추정량으로

$$\frac{N(s+u) - N(s)}{Y(s)}$$

를 고려할 수 있다. $(0, t]$ 구간의 부구간(subinterval)에 대해 합하면 Nelson–Aalen 추정량을 다음과 같이 얻는다.

$$\hat{H}(t) = \int_0^t \frac{N(s+u) - N(s)}{Y(s)} ds = \int_0^t \frac{dN(s)}{Y(s)}. \tag{4.18}$$

마찬가지로 $t_1 < t_2 < \cdots < t_n$에 대해

$$\hat{H}(t) = \sum_{i:\ t_i \leq t} \frac{dN(t_i)}{Y(t_i)} \tag{4.19}$$

로 표현할 수 있다.

이번에는 개수과정을 이용하여 Kaplan–Meier 추정량을 표현해 보고자 한다. Kaplan–Meier 추정량은 개수과정을 이용해 다음과 같이

$$\hat{S}(t) = \prod_{s=0}^{t} [1 - d\hat{H}(t)] = \prod_{s=0}^{t} \left[1 - \frac{dN(s)}{Y(s)}\right] \tag{4.20}$$

표현할 수 있다. 즉, $[1 - d\hat{H}(t)]$의 곱적분(product integral)으로 쓸 수 있다. 이 함수는 $dN(t) > 0$인 시점에서 점프하는 계단함수를 형성한다.

$[\hat{S}(t)/S(t)] - 1$은 마팅게일 M에 의한 확률적분으로 표현되며 또한 마팅게일이 된다. 그러므로 생존함수에 대한 신뢰구간 추론에 사용할 수 있으며 마팅게일 중심극한 정리(martingale central limit theorem)를 이용할 수 있다.

개수과정 기법은 중도절단을 포함한 데이터에 대한 통계적 추론에 널리 활용되며 특히 비모수적 방법을 유도하는 데 매우 유용하다.

4.5 동점 데이터

연속분포를 가정할 경우 각 사건 시간은 정확히 한 개의 사건에 해당한다고 가정한다. 그러나 실제 데이터셋은 동점 시간을 포함하게 된다.

동점 데이터(tied data)를 다루는 두 가지 개념적인 접근이 있다. 첫 번째는 그룹화하는 것으로 동점 데이터를 예를 들어, 기계의 부정확 등으로 인해 발생된 것으로 간주한다. 두 번째는 동점은 측정간격 중간에 발생하거나 측정값의 반올림 등으로 인해 발생된 것으로 실제는 동점이 아니라고 본다. 이러한 경우 동점을 랜덤하게 분리해서 다시 데이터를 얻는 것이다. 이러한 개념에 기반한 방법으로 Breslow 추정방법이 있다. 동점처리 방법은 7.4절에서 다룬다.

연습문제

01 생존데이터를 (T,δ)로 표현할 때 1번 개체는 우중도절단$(\delta=0)$이며 $(1.5,0)$이고 2번 개체는 관측값$(\delta=1)$을 가지며 $(2,1)$이다. $(t,N_i(t))$와 $(t,\ Y_i(t))$ 그래프를 그리시오.

02 다음의 데이터를 사용하여

번호	이름	생존시간
1	나일등	$t=2$
2	기세등	$t>8$ (우중도절단)
3	김꽃봉	$t=6$

(1) 각 개인에 대한 개수과정 $N_i(t)$, $Y_i(t)$를 구하고 $(t,N_i(t))$ 그래프와 $(t,\ Y_i(t))$ 그래프를 그리시오.

(2) $(t,N(t))$ 그래프와 $(t,\ Y(t))$ 그래프를 그리시오.

03 개수과정의 예로 포아송 과정이 있다. 발생비율 λ를 갖는 포아송 과정 $N(t)$는 다음의 성질을 만족한다.

(i) $N(0)=0$ with probability 1

(ii) $0\le s\le t$ 에서 $N(t)-N(s)$는 모수 $\lambda(t-s)$를 갖는 포아송분포를 따른다.

(iii) $N(t)$는 서로 독립적인 증분(independent increment)을 갖는다. 즉, $0\le t_1<t_2<t_3<t_4$에 대해 $N(t_2)-N(t_1)$은 $N(t_4)-N(t_3)$와 서로 독립이다.

F_s는 $N(s)$에 의해 정의되는 σ-algebra로 정의한다. 확률과정 $M(t)=N(t)-\lambda t$를 정의한다. 다음에 답하시오.

(1) $E|M(t)|=0$을 보이시오.

(2) $s<t$에 대해 $E[M(t)|N(s)]=M(s)$를 보이시오.

(3) $M(t)$가 $N(t)$의 보상자로 λt를 갖는 마팅게일이 됨을 보이시오.

[참고] $M(t)=M(t)-M(s)+M(s)$

5장

비모수 방법에 의한 생존함수추정

생존분석에서는 중도절단자료로 인해 평균, 분산 등이 추정되지 못할 수 있다. 주요 관심문제는 각 시점에서 생존함수를 추정하는 것이며 이러한 생존함수를 통해 생존율과 위험률에 대한 정보를 얻을 수 있다.

생존시간에 대해 모수적 분포를 가정할 수 있다면 이미 알고 있는 모수적 분포를 적용하여 모수추정을 통해 생존함수를 추정하면 된다. 그러나 실제 데이터에 대해 모수적 가정을 할 수 없는 경우가 많으며 이러한 경우 비모수적 방법을 고려하게 된다.

Kaplan–Meier 누적한계추정량은 연속형 생존함수추정에 가장 널리 사용되는 비모수적 생존함수추정량이다. Nelson–Aalen 누적위험함수추정량도 개수과정에 근거한 비모수적 기법으로 널리 활용되는 추정량이다.

생존데이터에 대한 가정은 다음과 같다. 개개의 생존시간들은 서로 독립이며 중도절단은 생존시간과 서로 독립이다.

5.1 생명표

생존데이터를 그룹지어 얻는 경우가 있다. 즉 어떤 구간 내에 발생한 사건의 개수를 기록하는 경우를 생각할 수 있다. 생존데이터를 구간별로 얻은 경우에는 편의(bias)를 줄이기 위해 생명표(life table) 방법을 활용한다.

<표 5.1>은 1년 단위로 조사된 심근경색증(myocardial infarction) 환자 146명에 대한 데이터이다. 이 데이터로 생명표를 구하는 방법을 설명하고자 한다.

표 5.1 심근경색증 데이터

연 단위 구간 year of entry	구간초기 위험집합 number of alive	사건 발생수 (사망 환자수) number of dying during interval	중도절단된 수 number of censored during interval
[0,1)	146	27	3
[1,2)	116	18	10
[2,3)	88	21	10
[3,4)	57	9	3
[4,5)	45	1	3
[5,6)	41	2	11
[6,7)	28	3	5
[7,8)	20	1	8
[8,9)	11	2	1
[9,10)	8	2	6
합		86	60

예제 5.1 심근경색증 데이터 <표 5.1>로부터 5년 이상 생존확률 $P(T \geq 5)$을 구하는 방법을 생각해 보자.

(1) 가장 간단한 추정량을 생각해 보자.

$T < 5$에서 사망 환자 수는 76이다.

$\hat{P}(T < 5) = \dfrac{76\ events}{146} = 52.1\%$, $\hat{S}(5) = 1 - \hat{F}(5) = 47.9\%$(생존율 과대추정 경향)

(2) 해당 구간에서만 중도절단된 경우를 제외하는 방법을 생각해 보자.

$T < 5$에서 중도절단수는 29이다.

$\hat{P}(T < 5) = \dfrac{76\ events}{146 - 29(censored)} = 65\%$, $\hat{S}(5) = 1 - \hat{F}(5) = 35\%$(생존율 과소추정 경향)

(3) 중도절단된 모든 경우를 제외하는 방법을 생각해 보자.

전체 데이터에 포함된 중도절단수는 60이다.

$\hat{P}(T < 5) = \dfrac{76\ events}{146 - 60(censored)} = 88.4\%$, $\hat{S}(5) = 1 - \hat{F}(5) = 11.6\%$(생존율 과소추정 경향)

[예제 5.1]에서 볼 수 있듯이 위험집합(number at risk)을 정하는 바에 따라 추정량이 달라짐을 알 수 있으며 적절한 추정량이 필요하다. 이와 같이 구간별로 데이터가 주어진 경우 생명표 방법이 제안되었으며 이러한 방법에 대해 설명하고자 한다. [예제 5.1]에서 간과한 것은 매 구간에서 발생한 중도절단이다. 중도절단은 각 일 년 구간마다 발생했으므로 이러한 사실을 추정량에 반영해야 편의(bias)를 줄일 수 있을 것이다.

5년 이상 생존확률을 구해 보자.

$$
\begin{aligned}
S(5) = P(T \geq 5) = P[(T \geq 5) \cap (T \geq 4)] &= P[T \geq 4] \cdot P[T \geq 5 | T \geq 4] \\
&= P[T \geq 4] \cdot \{1 - P[4 \leq T < 5 | T \geq 4]\} \\
&= P[T \geq 4] \cdot q_5 \\
&= P[T \geq 3] \cdot P[T \geq 4 | T \geq 3] \cdot q_5 \\
&= P[T \geq 3] \cdot \{1 - P[3 \leq T < 4 | T \geq 3]\} \cdot q_5 \\
&= P[T \geq 3] \cdot q_4 \cdot q_5 \\
&= P[T \geq 2] \cdot q_3 \cdot q_4 \cdot q_5 \\
&= P[T \geq 1] \cdot q_2 \cdot q_3 \cdot q_4 \cdot q_5 \\
&= q_1 \cdot q_2 \cdot q_3 \cdot q_4 \cdot q_5
\end{aligned}
$$

여기서 $q_i = 1 - P[(i-1) \leq T < i \mid T \geq i-1]$, $i = 1,2,\dots,5$. 적절한 추정량을 얻기 위해서는 q_i를 잘 추정해야 한다. $1 - q_i$는 $t = i-1$ 시점에서의 치사율(mortality rate)이 된다.

표 5.2 중도절단이 구간 끝에서 일어났다고 가정한 생명표

year of entry $[t_{i-1}, t_i)$	구간초기 위험집합 Y_i	사건발생 건수 d_i	중도절단 건수 c_i	치사율 $\widehat{m}_i = \frac{d_i}{Y_i}$	생존율 $1-\widehat{m}_i$	생존함수 $\hat{S}(t_i) = \prod(1-\widehat{m}_i)$
[0,1)	146	27	3	$\frac{27}{146} = 0.185$	0.815	0.815
[1,2)	116	18	10	$\frac{18}{116} = 0.155$	0.845	$.815 \times .845 = 0.689$
[2,3)	88	21	10	$\frac{21}{88} = 0.239$	0.761	$.689 \times .761 = 0.524$
[3,4)	57	9	3	$\frac{9}{57} = 0.158$	0.842	$.524 \times .842 = 0.441$
[4,5)	45	1	3	$\frac{1}{45} = 0.022$	0.972	$.441 \times .972 = 0.432$

표 5.3 (a) 중도절단이 구간 초기에 일어났다고 가정한 생명표

year of entry $[t_{i-1}, t_i)$	구간초기 위험집합 Y_i	사건발생 건수 d_i	중도절단 건수 c_i	치사율 $\widehat{m}_i = \frac{d_i}{Y_i - c_i}$	구간내 생존율 $1-\widehat{m}_i$	구간내 생존함수 $\hat{S}(t_i) = \prod(1-\widehat{m}_i)$
초기점	146	0	0	0	1	1
[0,1)	146	27	3	$\frac{27}{146-3} = 0.189$	0.811	0.811
[1,2)	116	18	10	$\frac{18}{116-10} = 0.170$	0.830	0.673
[2,3)	88	21	10	$\frac{21}{88-10} = 0.269$	0.731	0.492
[3,4)	57	9	3	$\frac{9}{57-3} = 0.167$	0.833	0.410
[4,5)	45	1	3	$\frac{1}{45-3} = 0.024$	0.976	0.400

표 5.3 (b) 생명표에 의한 생존함수

year of entry $[t_{i-1}, t_i)$	생존함수 $\hat{S}(t_i) = \prod(1-\widehat{m}_i)$
[0,1)	1
[1,2)	0.811
[2,3)	0.673
[3,4)	0.492
[4,5)	0.410
≥ 5	0.400

초기 구간에서의 생존함수는 1로 놓는다. 구간이 지난 후 생존함수추정이 가능하고 추정된 생존함수는 <표 5.3>(b)에서 보여준다.

생명표 방법에 의하면 5년 생존율은 43.2% 또는 40%로 추정된다. 또한 중도적인 방법으로 중도절단개수의 반만 고려한 $\widehat{m}_i = \dfrac{d_i}{Y_i - c_i/2}$를 사용하여 계산하기도 한다. 여기서 $Y_i - c_i/2$를 효과적인 표본크기(effective sample size)라고 한다.

5.2 R을 이용한 생명표

R에서는 KMsurv 패키지에서 lifetab() 함수를 사용하여 생명표 추정량을 얻을 수 있으며 중도적인 방법으로 생명표 추정 결과를 출력한다.

예제 5.2 R을 이용하여 <표 5.1> 심근경색증 데이터에 대해 생명표를 작성하여 생존함수를 구하고 생존함수 그림을 그리고자 한다.

프로그램 5.1 심근경색증 데이터에 대한 생명표

```
library(KMsurv)
 tis <- 0:10
 ninit <- 146                          # number of initial risk set
 ncen <- c(3,10,10,3,3,11,5,8,1,6)        # censored
 nevent <- c(27,18,21,9,1,2,3,1,2,2)     # observed
a<-lifetab(tis, ninit, ncen, nevent)
a
plot(a$surv, type="b", xlab="time (year)", ylab="survival prob")   #그림 5.1(a)
plot(a$hazard, type="s", xlab="time (year)", ylab="hazard rate")   #그림 5.1(b)
```

결과 5.1 심근경색증 데이터에 대한 생명표 방법에 의한 생존함수와 위험률 추정 결과

```
> a
      nsubs nlost nrisk nevent      surv         pdf     hazard    se.surv      se.pdf  se.hazard
0-1     146     3 144.5     27 1.0000000 0.186851211 0.20610687 0.00000000 0.032426423 0.03945410
1-2     116    10 111.0     18 0.8131488 0.131861966 0.17647059 0.03242642 0.028930638 0.04143228
2-3      88    10  83.0     21 0.6812868 0.172373775 0.28965517 0.03933747 0.033999501 0.06254153
3-4      57     3  55.5      9 0.5089130 0.082526440 0.17647059 0.04382194 0.026163333 0.05859410
4-5      45     3  43.5      1 0.4263866 0.009801991 0.02325581 0.04452036 0.009742575 0.02325424
5-6      41    11  35.5      2 0.4165846 0.023469556 0.05797101 0.04456288 0.016315545 0.04097447
6-7      28     5  25.5      3 0.3931151 0.046248831 0.12500000 0.04503654 0.025635472 0.07202769
7-8      20     8  16.0      1 0.3468662 0.021679139 0.06451613 0.04699173 0.021195209 0.06448255
8-9      11     1  10.5      2 0.3251871 0.061940398 0.21052632 0.04879991 0.040488466 0.14803755
9-10      8     6   5.0      2 0.2632467          NA         NA 0.05579906          NA         NA
```

➡ 구간 시작점에서의 생존함수(surv), 구간 중간점에서의 확률밀도함수(pdf)와 위험함수(hazard) 추정량을 보여준다. 각 시점에서 추정된 생존함수의 표준오차(추정량에 대한 표준편차)는 se.surv 열, 확률밀도함수의 표준오차는 se.pdf 열에서 그리고 위험함수의 표준오차는 se.hazard 열에서 보여준다.

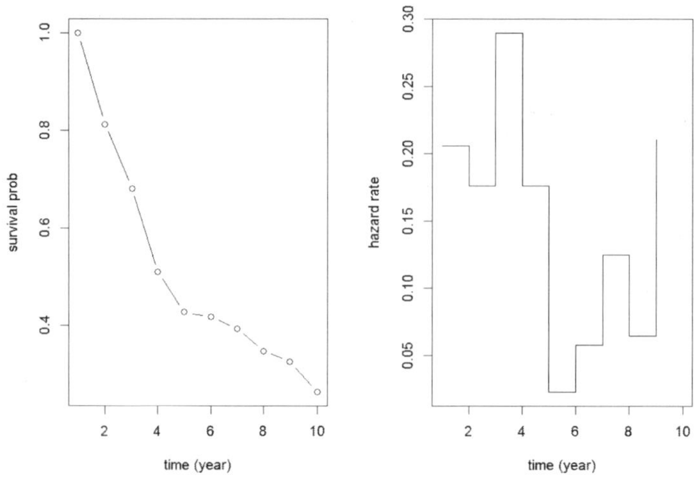

(a) 생존함수 (b) 위험함수

그림 5.1 생명표에 의한 생존함수와 위험함수

예제 5.3 R을 이용하여 다음의 위암환자 데이터에 대해 생명표 방법으로 생존함수를 구하고자 한다. <프로그램 5.2>를 참고하기 바란다.

표 5.4 위암 환자의 사망건수 데이터

단위구간	구간초기 위험집합	사건발생수	중도절단수
[0,2)	927	77	2
[2,3)	848	71	3
[3,5)	774	119	6
[5,7)	649	75	9
[7,11)	565	109	7
[11,17]	449	148	5
[17,25)	296	107	3
[25,37)	186	74	0
[37,53)	112	85	0
〉53	27	27	0
합			

프로그램 5.2 위암환자 생명표를 구하기 위한 프로그램

```
tis <- c(0, 2, 3, 5, 7, 11, 17, 25, 37, 53, NA)
nsubs <- c(927, 848, 774, 649, 565, 449, 296, 186, 112, 27)
nlost <- c(2, 3, 6, 9, 7, 5, 3, rep(0, 3))
nevent <- c(77, 71, 119, 75, 109, 148, 107, 74, 85, 27)
b<-lifetab(tis, nsubs[1], nlost, nevent)  ; b
plot(b$surv, type="s", xlab="time",ylab="survival prob" )  #생존함수그림
```

결과 5.2 위암환자 생명표에 의한 생존함수와 위험률 추정 결과

```
> b<-lifetab(tis, nsubs[1], nlost, nevent)
> b
      nsubs nlost nrisk nevent       surv         pdf     hazard     se.surv        se.pdf   se.hazard
0-2     927     2 926.0     77 1.00000000 0.041576674 0.04338028 0.000000000 0.0045368324 0.004938988
2-3     848     3 846.5     71 0.91684665 0.076900310 0.08754624 0.009073665 0.0087683603 0.010379868
3-5     774     6 771.0    119 0.83994634 0.064820762 0.08362614 0.012058378 0.0055430063 0.007639143
5-7     649     9 644.5     75 0.71030482 0.041328830 0.06177924 0.014947215 0.0045695123 0.007120026
7-11    565     7 561.5    109 0.62764716 0.030460169 0.05374753 0.015966927 0.0027313326 0.005118250
11-17   449     5 446.5    148 0.50580648 0.027943023 0.06621924 0.016592925 0.0020898086 0.005334699
17-25   296     3 294.5    107 0.33814834 0.015357331 0.05549793 0.015812197 0.0013852970 0.005231318
25-37   186     0 186.0     74 0.21528969 0.007137741 0.04138702 0.013826142 0.0007903745 0.004660447
37-53   112     0 112.0     85 0.12963680 0.006149067 0.07643885 0.011358269 0.0006304732 0.006560105
53-NA    27     0  27.0     27 0.03125173          NA         NA 0.005911869           NA          NA
plot(b$surv, type="s", xlab="time",ylab="survival prob" )  #생존함수그림
```

5.3 Kaplan-Meier 누적한계추정량

5.3.1 중도절단 자료가 없는 경우

생존데이터에 대한 확률표본은 i번째 개체에 대한 생존시간 $\{T_i,\ i=1,\ldots,n\}$로 표기한다. 동점이 없는 경우는 관측값의 순서통계량 $t_1 < t_2 < \cdots < t_n$으로 표기하기로 한다. 동점이 발생하는 경우가 있으므로 $T_i = t_i$는 D개의 구별되는 값을 갖는다. 즉,

$$t_1 < t_2 < \cdots < t_D$$

이며 사건발생시점 t_i에서 d_i개 사건이 발생한다.

생존함수는 $S(t) = P(T > t)$이므로 경험적 분포함수(empirical distribution function)를 이용하여 다음과 같이

$$\widehat{S}_n(t) = \widehat{P}(T > t) = 1 - F_n(t) = \frac{\text{number of } (t_i > t)}{n}$$

추정된다. 여기서 $\widehat{S}_n(t)$은 우연속 계단함수(right continuous step function)가 된다.

5.3.2 중도절단 자료가 있는 경우

생존데이터에 대한 랜덤표본은 i번째 개체에 대한 생존시간 T_i와 중도절단여부 δ_i를 포함하여 $\{(T_i,\delta_i),\ i=1,...,n\}$로 표기한다. 중도절단된 대상자에 대한 관측중단시점은 C_i로 표기한다. 데이터 값에 '+' 표시는 중도절단을 나타낸다.

$\widetilde{T}_1,...,\widetilde{T}_n$은 서로 독립이고 동일한 분포 F를 따른다.

$C_1,...,C_n$은 서로 독립이고 동일한 분포 F_C를 따른다.

만약 $\widetilde{T}_i \le C_i$라면, T_i를 관측할 수 있지만 그렇지 못한 경우 C_i가 관측된다.

$$T_i = \min(\widetilde{T}_i,\ C_i),\ \ \delta_i = I(\widetilde{T}_i < C_i)$$

$$T_i = \begin{cases} \widetilde{T}_i, & \widetilde{T}_i < C_i, \quad \delta_i = 1 \quad observed(uncensored) \\ C_i, & \widetilde{T}_i \ge C_i, \quad \delta_i = 0 \quad censored. \end{cases}$$

$T_i = t_i$는 D개의 구별되는 값을 갖는다. 즉,

$$t_1 < t_2 < \cdots < t_D$$

이며 사건발생시점 t_i에서 d_i개 사건이 발생한다.

Kaplan–Meier 누적한계추정량(product limit estimator)을 구하는 방법을 설명하고자 한다. Kaplan–Meier 누적한계추정량을 위해 다음과 같은 표기를 사용한다.

d_i는 t_i 시점에서 발생 사건수이고 동점이 없다면 $d_i = 1$이다.

Y_i는 t_i 시점에서 위험에 놓인(사건발생 가능성 있는) 개체수, 즉 위험개체수(risk number)이다.

$\dfrac{d_i}{Y_i}$는 t_i 시점 바로 전까지 생존한 경우 사건발생을 경험할 수 있는 조건부확률이다. 즉, t_i 시점까지 살아남지 않을 조건부확률이다.

$1-\dfrac{d_i}{Y_i}$는 t_i 시점 이후 살아남을 확률이 된다.

시점 $t_i \le t$에서 생존함수 $S(t_i)$를 구해 보자. t_{i-1} 시점에서 생존하므로 $S(t_{i-1})$와 t_i 시점에서 조건부생존율 p_i의 곱으로 생각할 수 있다. 데이터 구간을 $I_i = (t_{i-1}, t_i]$로 놓자.

$$p_i = P\{\text{surviving through } \mathrm{I_i} \mid \text{alive at beginning of } \mathrm{I_i}\}$$

는 t_i 시점에서 조건부생존율이다. 여기서 $p_i = 1-\dfrac{d_i}{Y_i} = \dfrac{Y_i - d_i}{Y_i},\ i=1,...,D.$

생존확률을 구해 보면

$$\begin{aligned} S(t_i) &= P(T > t_i) \\ &= P(T > t_i | T > t_{i-1}) \times \cdots \times P(T > t_1) \\ &= S(t_{i-1}) \times p_i \\ &= p_1 \times p_2 \times \cdots \times p_{i-1} \times p_i \end{aligned}$$

이고 다시 표현하면

$$\begin{aligned} S(t_i) &= S(t_{i-1}) \times (1 - \frac{d_i}{Y_i}) \\ &= S(t_{i-2}) \times (1 - \frac{d_{i-1}}{Y_{i-1}}) \times (1 - \frac{d_i}{Y_i}) \\ &= \prod_{j=1}^{[t_j \le t_i]} \left(1 - \frac{d_j}{Y_j}\right) \end{aligned}$$

으로 쓸 수 있다.

Kaplan−Meier(1958) 추정량은 데이터의 범위 내 모든 t 값에서 계산이 가능하며 다음과 같다.

$$\hat{S}(t) = \begin{cases} 1 & \text{if} \quad t < t_1, \\ \prod_{t_i \le t} \left[1 - \frac{d_i}{Y_i}\right], & \text{if} \quad t \ge t_1. \end{cases} \tag{5.1}$$

(1) Kaplan−Meier 추정량(K−M 추정량)의 특징

t_n 이후 시점에 대해서는 Kaplan−Meier(1958) 추정량은 잘 정의되지 않는다.

누적한계추정량은 관측값에서만 점프(jump)가 일어나는 계단함수이다.

점프 크기(jump size)는 사건발생수뿐만 아니라 중도절단 개수에도 의존한다.

(2) K−M 추정량의 분산

Greenwood 공식(Greenwood's formula)에 의해

$$\widehat{Var}[\hat{S}(t)] = \hat{S}(t)^2 \sum_{t_i \le t} \frac{d_i}{Y_i(Y_i - d_i)} \tag{5.2}$$

으로 구한다.

(3) K−M 생존함수를 이용하여 누적위험함수

$$\hat{H}(t) = -\ln[\hat{S}(t)] \tag{5.3}$$

를 얻는다.

(4) t_0 시점에서 생존함수에 대한 근사적인 $100\times(1-\alpha)\%$ 신뢰구간

$$\left(\hat{S}(t_o) - z_{\alpha/2}\sqrt{\widehat{Var}[\hat{S}(t_0)]},\ \ \hat{S}(t_o) + z_{\alpha/2}\sqrt{\widehat{Var}[\hat{S}(t_0)]} \right). \tag{5.4}$$

여기서 $Z\sim N(0,1)$일 때 $z_{\alpha/2}$는 표준정규분포에서 오른쪽 꼬리부분의 확률이 $\alpha/2$, 즉 $P(Z\geq z_{\alpha/2})=\alpha/2$를 만족하는 값이다. $\alpha=0.5$일 경우 $z_{0.025}=1.96$이다.

참고 5.1 〉 생존함수에 대한 근사 신뢰구간

t_0 시점에서 K-M 생존함수추정량은 근사적으로 정규분포를 따른다. 즉,

$$\hat{S}(t_0) \sim N\big(S(t_0),\ \ \hat{S}(t_0)^2\sigma_s^2(t_0)\big) \tag{5.5}$$

여기서

$$\sigma_s^2(t_0) = \sum_{t_i\leq t_0}\frac{d_i}{Y_i(Y_i-d_i)}. \tag{5.6}$$

신뢰구간을 구하기 위해 다음의 확률식

$$P\left(\left|\frac{\hat{S}(t_0)-S(t_0)}{\sqrt{\widehat{Var}[\hat{S}(t_0)]}}\right| < z_{\alpha/2}\right) = 1-\alpha$$

을 정리한다.

참고 5.2 〉 델타방법(Delta method)

확률변수 Y는 평균 μ, 분산 σ^2을 갖는다고 하자.

평균 μ에서 연속함수 $g(Y)$를 테일러 전개(Taylor expansion)하면

$$g(Y) = g(\mu) + (Y-\mu)g'(\mu) + \frac{1}{2!}(Y-\mu)^2 g''(\mu) + \cdots$$

이다. 이 식에서 고차항을 무시하면

$$g(Y) \approx g(\mu) + (Y-\mu)g'(\mu)$$

으로 근사할 수 있다.

$g(Y)$의 기댓값은 근사적으로 $E[g(Y)]=g(\mu)$이고

분산은 $Var[g(Y)] = \sigma^2\times g'(\mu)^2$이다.

참고 5.3 델타방법을 이용한 분산추정

$Y_i \hat{p_i}$은 이항분포 $B(Y_i, p_i)$를 따른다. 즉, $Y_i\hat{p_i} \sim B(Y_i, p_i)$.

그러므로 $Y_i \hat{p_i}$의 분산은

$$Var(Y_i \hat{p_i}) = Y_i^2 Var(\hat{p_i}) = Y_i p_i (1-p_i).$$

생존함수는

$$\hat{S}(t_k) = \hat{p}_1 \times \hat{p}_2 \times \cdots \times \hat{p}_{k-1} \times \hat{p}_k$$

이므로

$$\log \hat{S}(t_k) = \sum_{i=1}^{k} \log \hat{p_i}$$

이다.

$E[\hat{p_i}] = p_i$이고 $Var[\hat{p_i}] = \dfrac{p_i(1-p_i)}{Y_i}$이다.

p에서 $g(t) = \log\ t$를 전개하면 $g'(t) = 1/t$이다.

$$Var(\log \hat{p_i}) = Var(\hat{p_i})\left(\frac{d}{dp_i}\log p_i\right)^2 = \frac{p_i(1-p_i)}{Y_i}\frac{1}{p_i^2} = \frac{1-p_i}{Y_i p_i}$$

를 얻는다. $p_i = 1 - d_i / Y_i$이므로

$$Var[\log \hat{S}(t_k)] \approx \sum_{i=1}^{k} Var[\log \hat{p_i}] = \sum_{i=1}^{k} \frac{1-p_i}{Y_i p_i} = \sum_{i=1}^{k} \frac{d_i}{Y_i(Y_i - d_i)}.$$

다시 델타방법을 적용하고자 한다.

$Y = \log \hat{S}(t)$로 놓으면 $\hat{S}(t) = e^Y$이므로 함수는 $g(t) = e^t$로 지수함수이고 미분하면 $g'(t) = e^t = g(t)$이다.

$g(Y)$의 기댓값은 $E[g(Y)] = g(\log S(t)) = S(t)$이고

$g(Y)$의 분산은 $Var[g(Y)] = \sigma^2 \times g'(\mu)^2 = Var[\log \hat{S}(t)] \cdot S(t)^2$이다. 그러므로

$$Var[\hat{S}(t)] \approx Var[\log \hat{S}(t)] \times S(t)^2$$

이다. 분산 추정량으로

$$\widehat{Var}[\hat{S}(t_k)] = \hat{S}(t)^2 \sum_{i=1}^{k} \frac{d_i}{Y_i(Y_i - d_i)}$$

을 얻으며 이 식은 그린우드 공식(Greenwood's formula)이라고 한다.

5.4 Nelson-Aalen 누적위험함수추정량

개수과정을 활용한 Nelson−Aalen(1969) 추정량은 다음과 같다.

$$\widehat{H}(t) = \int_0^t \frac{N(s+u) - N(s)}{Y(s)} ds = \int_0^t \frac{dN(s)}{Y(s)}. \tag{5.7}$$

마찬가지로 $t_1 < t_2 < \cdots < t_D$에 대해

$$\widetilde{H}(t) = \begin{cases} 0, & \text{if} \quad t < t_1, \\ \sum_{t_i \le t} \frac{d_i}{Y_i}, & \text{if} \quad t \ge t_1. \end{cases} \tag{5.8}$$

(1) Nelson−Aalen 추정량의 특징

Nelson−Aalen 추정량은 관측된 최댓값까지 범위 내에서 정의된다.

$\widetilde{H}(t) - H(t)$는 거의 마팅게일이 된다.

(2) Nelson−Aalen 추정량의 분산

$$Var[\widetilde{H}(t)] = \sigma_H^2(t) = \sum_{t_i \le t} \frac{d_i}{Y_i^2}. \tag{5.9}$$

(3) Nelson−Aalen 추정량을 이용하여 누적위험함수로부터 생존함수

$$\widetilde{S}(t) = \exp\{-\widetilde{H}(t)\} \tag{5.10}$$

를 얻는다.

(4) t_0 시점에서 누적위험함수 $H(t)$에 대한 근사적인 $100 \times (1-\alpha)\%$ 신뢰구간

$$\left(\widetilde{H}(t_0) - z_{\alpha/2} \cdot \widehat{\sigma_H}(t_0),\ \widetilde{H}(t_0) + z_{\alpha/2} \cdot \widehat{\sigma_H}(t_0) \right). \tag{5.11}$$

여기서 $Z \sim N(0,1)$ 일 때 오른쪽 꼬리부분의 확률이 $\alpha/2$ 즉 $P(Z \ge z_{\alpha/2}) = \alpha/2$를 만족하는 값이다.

참고 5.4 **위험함수에 대한 근사 신뢰구간**

t_0 시점에서 N-A 위험함수 추정량은 근사적으로 정규분포를 따른다. 즉,

$$\widetilde{H}(t_0) \sim N\left(H(t_0), \sigma_H^2(t_0)\right)$$

여기서

$$\sigma_H^2(t) = \sum_{t_i \le t} \frac{d_i}{Y_i^2}.$$

신뢰구간을 구하기 위해 다음의 확률식

$$P\left(\left|\frac{\widetilde{H}(t_0) - H(t_0)}{\sqrt{\widehat{Var}[\widetilde{H}(t_0)]}}\right| < z_{\alpha/2}\right) = P\left(\left|\frac{\widetilde{H}(t_0) - H(t_0)}{\widehat{\sigma_H}(t_0)}\right| < z_{\alpha/2}\right) = 1 - \alpha$$

을 정리한다.

참고 5.5

Nelson-Aalen 추정량과 Kaplan-Meier 추정량은 근사적으로 동등하며 일치성을 갖는다.

예제 5.4 다음은 백혈병 처치(treatment) 그룹과 위약(placebo) 그룹에 따른 재발(remission)까지의 시간 데이터이다. 각 그룹별 생존함수와 누적위험함수를 구하고자 한다.

표 5.5 백혈병 데이터

그룹		재발까지 걸린 시간(단위: 주)
그룹1(처치)	21명	6 6 6 6+ 7 9+ 10 10+ 11+ 13 16 17+ 19+ 20+ 22 23 25+ 25+ 32+ 32+ 34+
그룹2(위약)	21명	1 1 2 2 3 4 4 5 5 8 8 8 8 11 11 12 12 15 17 22 23

표 5.6 백혈병 환자 수

	관측값 개수	중도절단 개수	합
그룹1	9	12	21
그룹2	21	0	21

표 5.7 백혈병 데이터 그룹1에 대한 Kaplan-Meier 생존함수추정

ordered time	# of obs at risk	# of observed	no. of censored $[t_i, t_{i+1})$	$\prod_{t_j \le t} P(T > t_i \mid T \ge t_i) = \prod_{t_i \le t}\left[1 - \frac{d_i}{Y_i}\right]$	standard error $se[\hat{S}(t)]$	lower 95% CI	upper 95% CI
t_i	Y_i	d_i	c_i	$\hat{S}(t_i)$			
0	21	0	0	1			
6	21	3	1	$1 \times (18/21) = 0.857$	0.076	0.720	1.000
7	17	1	1	$.857 \times (16/17) = 0.807$	0.087	0.653	0.996
10	15	1	2	$.807 \times (14/15) = 0.753$	0.096	0.586	0.968
13	12	1	0	$.753 \times (11/12) = 0.690$	0.107	0.510	0.935
16	11	1	3	$.690 \times (10/11) = 0.627$	0.114	0.439	0.896
22	7	1	0	$.627 \times (6/7) = 0.537$	0.128	0.337	0.858
23	6	1	5	$.537 \times (5/6) = 0.448$	0.135	0.249	0.807
〉23							

표 5.8 백혈병 데이터 그룹1에 대한 Nelson-Aalen 누적위험함수추정

ordered time	# of obs at risk	# of obs	# of censored $[t_i, t_{i+1})$	N-A 누적위험함수 $\sum_{t_i \le t} \frac{d_i}{Y_i}$	standard error $se[\tilde{H}(t_i)]$
t_i	Y_i	d_i	c_i	$\tilde{H}(t_i)$	
$0 \le t < 6$	21	0	0	0	
6	21	3	1	$\frac{3}{21} = 0.143$	0.082
7	17	1	1	$.143 + \frac{1}{17} = 0.202$	0.101
10	15	1	2	$.202 + \frac{1}{15} = 0.268$	0.121
13	12	1	0	$.268 + \frac{1}{12} = 0.352$	0.147
16	11	1	3	$.352 + \frac{1}{11} = 0.443$	0.173
22	7	1	0	$.443 + \frac{1}{7} = 0.585$	0.224
23	6	1	5	$.585 + \frac{1}{6} = 0.752$	0.279
〉23					

표 5.9 백혈병 데이터 그룹1에 대한 Nelson-Aalen 누적위험함수추정

time t_i	Kaplan-Meier 생존함수 $\hat{S}(t)$	K-M 추정량 기반 누적위험함수 $\hat{H}(t)=-\ln\hat{S}(t)$	Nelson-Aalen 누적위험함수 $\tilde{H}(t)=\sum_{t_j \le t}\frac{d_j}{Y_j}$	N-A 추정량 기반 생존함수 $\tilde{S}(t)=\exp(-\tilde{H}(t))$
0	1.000	0	0	1.000
6	0.857	0.154	0.143	0.867
7	0.807	0.214	0.202	0.817
10	0.753	0.284	0.268	0.765
13	0.690	0.371	0.352	0.703
16	0.627	0.467	0.443	0.642
22	0.537	0.622	0.585	0.557
23	0.448	0.803	0.752	0.471

<표 5.7>에서 필요한 계산을 위해 주어진 추정식을 기반으로 하는 계산 프로그램은 <프로그램 5.3>에서 보여준다. <결과 5.3>을 바탕으로 <표 5.7>의 칸을 채울 수 있다. <프로그램 5.4>는 <표 5.8>에서 필요한 계산 코드를 보여준다. <결과 5.4>를 보고 <표 5.8>의 칸을 채우면 된다. <표 5.9>에서는 Kaplan-Meier 생존함수추정 후 Kaplan-Meier 생존함수 기반 누적위험함수 추정방법을 보여준다. 또한 Nelson-Aalen 누적위험함수추정 후 Nelson-Aalen 누적위험함수 기반 생존함수 추정방법을 보여준다.

<프로그램 5.3>은 Kaplan-Meier 생존함수의 정의식으로부터 계산하는 R 코드이다. 관측값 시점에서만 생존함수를 추정하므로 데이터셋 생성 시 중도절단변수를 만들지 않았다. <프로그램 5.4>는 Nelson-Aalen 누적위험함수의 정의식으로부터 계산하는 R 코드이다.

프로그램 5.3 백혈병 그룹1에 대한 생존함수와 분산, 표준편차, 95% 신뢰구간 계산

```
# 그룹1
t<-c(6,7,10,13,16,22,23)
Y<-c(21,17,15,12,11,7,6)
d<-c(3,1,1,1,1,1,1)
D<-length(t)

surv<-rep(NA, D)
temp<-1
for( i in 1:D){
    surv[i]<-temp*(1- d[i]/Y[i])
    temp<-surv[i]
```

```
}
surv    # 생존함수

v.surv<-rep(NA, D)
for( i in 1:D){
   v.surv[i]<-surv[i]^2 *  sum( d[1:i]/(Y[1:i]* (Y[1:i]-d[1:i])) )
}
se.surv<-sqrt(v.surv)      # 생존함수의 표준편차
se.surv<-round(se.surv, digits=4)

lower<-rep(NA, D) ;  lo<-rep(NA, D)
upper<-rep(NA, D) ;  up<-rep(NA, D)

for( i in 1:D){
lower[i]<-surv[i]-1.96* se.surv[i]
upper[i]<-surv[i]+1.96* se.surv[i]
lo[i]<-round(max(0, lower[i]), digits=3)  # 생존함수의 95% 신뢰구간 하한
up[i]<-round(min(1, upper[i]), digits=3)  # 생존함수의 95% 신뢰구간 상한
}
cbind(surv, se.surv, lo, up)     # 표 5.7

# 그룹2
t<-c(0,1,2,3,4,5,8,11,12,15,17,22,23)
Y<-c(21,21,19,17,16,14,12,8,6,4,3,2,1)
d<-c(0,2,2,1,2,2,4,2,2,1,1,1,1)
```

결과 5.3 생존함수와 생존함수의 분산, 표준편차, 95% 신뢰구간 계산

```
> cbind(surv, se.surv, lo, up)
          surv  se.surv    lo    up
[1,] 0.8571429  0.0764 0.707 1.000
[2,] 0.8067227  0.0869 0.636 0.977
[3,] 0.7529412  0.0963 0.564 0.942
[4,] 0.6901961  0.1068 0.481 0.900
[5,] 0.6274510  0.1141 0.404 0.851
[6,] 0.5378151  0.1282 0.287 0.789
[7,] 0.4481793  0.1346 0.184 0.712
```

프로그램 5.4 생존함수와 누적위험함수 계산

```
H<-rep(NA, D)
for( i in 1:D){
   H[i]<- -log(surv[i])
}
Htil<-rep(NA, D)
for( i in 1:D){
   Htil[i]<- sum( d[1:i]/Y[1:i])
}
Stil<-exp(-Htil)
a<-cbind(surv, H, Htil, Stil)  ;   a<-round(a, digits=4)        # 표 5.9
a

v.Htil<-rep(NA, D)    # Nelson-Aalen estimator의 분산
for( i in 1:D){
   v.Htil[i]<- sum( d[1:i]/(Y[1:i])^2)
}

s.Htil=sqrt(v.Htil)   # Nelson-Aalen estimator의 표준편차
s.Htil         # 표 5.8
```

결과 5.4 생존함수와 누적위험함수 계산

```
> a
       surv      H   Htil   Stil
[1,] 0.8571 0.1542 0.1429 0.8669
[2,] 0.8067 0.2148 0.2017 0.8174
[3,] 0.7529 0.2838 0.2683 0.7646
[4,] 0.6902 0.3708 0.3517 0.7035
[5,] 0.6275 0.4661 0.4426 0.6424
[6,] 0.5378 0.6202 0.5854 0.5569
[7,] 0.4482 0.8026 0.7521 0.4714
```

표 5.10 백혈병 데이터 그룹2(중도절단 없음)에 대한 Kaplan-Meier 생존함수추정

ordered time	# of observed at risk	# of observed	no. of censored $[t_i, t_{i+1})$	$\hat{S}(t_i) = \frac{\#\text{ of surviving past}}{21}$
t_i	Y_i	d_i	c_i	$\hat{S}(t_i)$
0	21	0	0	1
1	21	2	0	19/21 = 0.905
2	19	2	0	17/21 = 0.810

ordered time	# of observed at risk	# of observed	no. of censored $[t_i, t_{i+1})$	$\hat{S}(t_i) = \frac{\text{\# of surviving past}}{21}$
3	17	1	0	16/21 = 0.762
4	16	2	0	14/21 = 0.667
5	14	2	0	12/21 = 0.571
8	12	4	0	8/21 = 0.381
11	8	2	0	6/21 = 0.289
12	6	2	0	4/21 = 0.190
15	4	1	0	3/21 = 0.143
17	3	1	0	2/21 = 0.100
22	2	1	0	1/21 = 0.048
23	1	1	0	0/21 = 0

표 5.11 백혈병 데이터 그룹2에 대한 생존함수와 누적위험함수추정

	Kaplan-Meier 생존함수	K-M추정량 기반 누적위험함수	Nelson-Aalen 누적위험함수	N-A 추정량 기반 생존함수
time t_i	$\hat{S}(t)$	$\hat{H}(t) = -\log \hat{S}(t)$	$\widetilde{H}(t) = \sum_{t_i \le t} \frac{d_i}{Y_i}$	$\widetilde{S}(t) = \exp[-\widetilde{H}(t)]$
0	1.000	0	0	1.000
1	0.905	0.100	0.095	0.909
2	0.810	0.211	0.201	0.818
3	0.762	0.272	0.259	0.772
4	0.667	0.405	0.384	0.681
5	0.571	0.560	0.527	0.590
8	0.381	0.965	0.861	0.423
11	0.289	1.241	1.111	0.329
12	0.190	1.661	1.444	0.236
15	0.143	1.945	1.694	0.184
17	0.100	2.303	2.027	0.132
22	0.048	3.037	2.527	0.080
23	0		3.527	0.029

5.5 R을 이용한 비모수적 생존함수추정

예제 5.5 <표 5.5> 백혈병 데이터에 대해 그룹별 생존함수를 추정하고 생존함수 그래프를 그리고자 한다.

<그림 5.2>에서는 백혈병 처치그룹과 위약그룹에 대한 K-M 생존함수를 보여준다. <그림 5.3>에서는 각 그룹에 대한 K-M 생존함수와 95% 신뢰구간을 보여준다. <그림 5.4>에서는 백혈병 처치그룹과 위약그룹에 대한 K-M 생존함수와 95% 신뢰구간을 같은 좌표평면에서 보여준다. 백혈병 처치그룹이 위약그룹에 비해 생존함수값이 큰 것을 볼 수 있다.

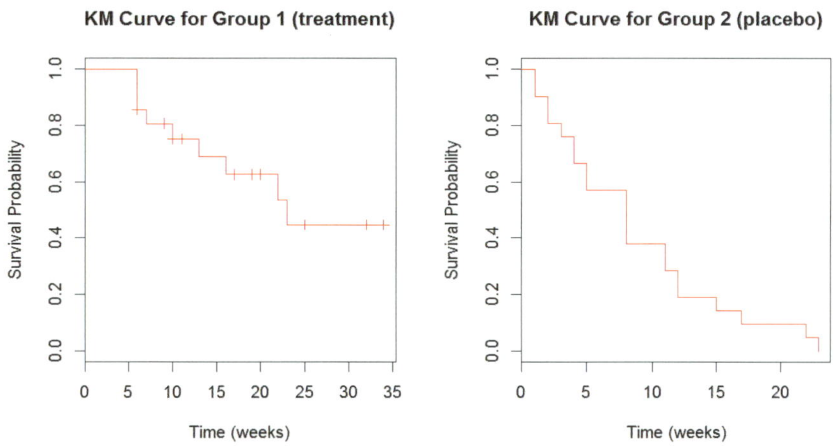

그림 5.2 백혈병 처치그룹과 위약그룹에 대한 Kaplan-Meier 생존함수 그림

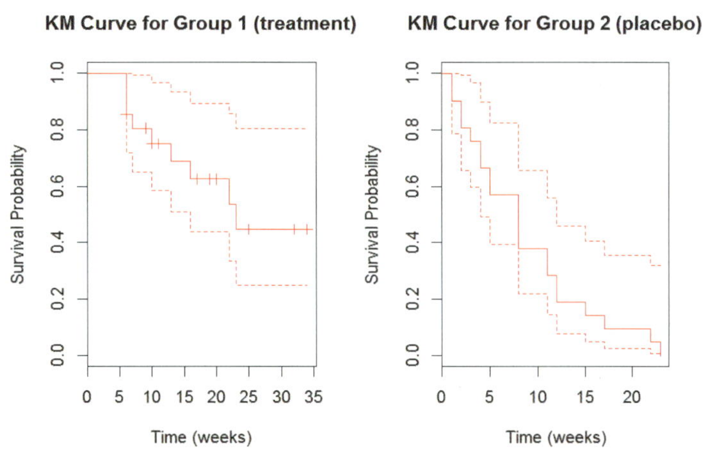

그림 5.3 백혈병 각 그룹에 대한 Kaplan-Meier 생존함수와 신뢰구간 그림

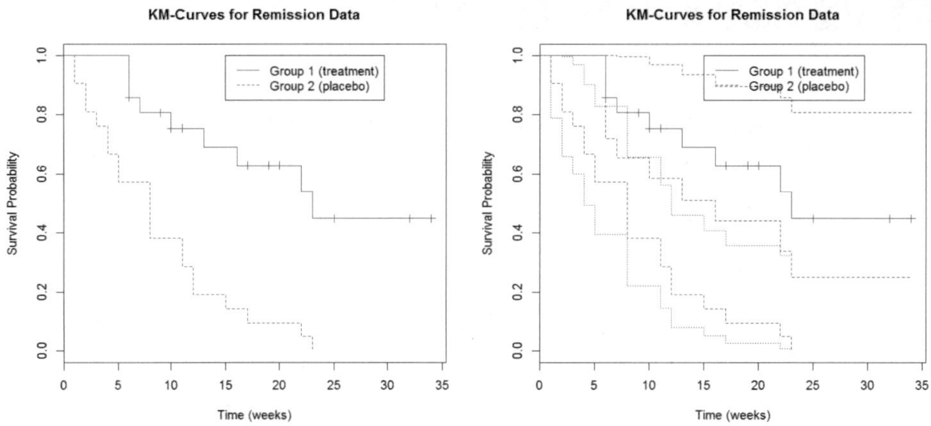

(a) 그룹별 K-M 생존함수 (b) 그룹별 K-M 생존함수와 95% 신뢰구간

그림 5.4 백혈병 두 그룹에 대한 Kaplan-Meier 생존함수 비교

프로그램 5.5 백혈병 처치그룹과 위약그룹에 대한 Kaplan-Meier 생존함수 및 그래프

```
library(survival)
time1 <- c(6,6,6,6,7,9,10,10,11,13,16,17,19,20,22,23,25,25,32,32,34)
 status1 <- c(1,1,1,0,1,0,1,0,0,1, 1,0,0,0,1,1,0,0,0,0,0)
time2 <- c(1,1,2,2,3,4,4,5,5,8,8,8,8,11,11,12,12,15,17,22,23)
 status2 <- c(1,1,1,1,1,1,1,1,1,1,1,1,1,1,1,1,1,1,1,1,1)

fit1 <- survfit(Surv(time1, status1) ~ 1)
  summary(fit1)
  print(fit1, print.rmean=TRUE) #the mean survival time and its standard error
fit2 <- survfit(Surv(time2, status2) ~ 1)
  summary(fit2)
  print(fit2, print.rmean=TRUE) #the mean survival time and its standard error
par(mfrow=c(1,2))    #그림 5.2
plot(fit1,conf.int='none', col = 'red', xlab = 'Time (weeks)',
     ylab = 'Survival Probability')
 title(main='KM Curve for Group 1 (treatment)')
plot(fit2,conf.int='none', col = 'red', xlab = 'Time (weeks)', ylab = 'Survival Probability')
 title(main='KM Curve for Group 2 (placebo)')

par(mfrow=c(1,2))    # 그림 5.3
 plot(fit1,conf.int='both', col = 'red',
     xlab = 'Time (weeks)', ylab = 'Survival Probability')
 title(main='KM Curve for Group 1 (treatment)')
 plot(fit2,conf.int='both', col = 'red',
     xlab = 'Time (weeks)', ylab = 'Survival Probability')
 title(main='KM Curve for Group 2 (placebo)')
```

```
par(mfrow=c(1,2))    # 그림 5.4
plot(fit1,conf.int='none', col = 'blue', xlab = 'Time (weeks)',
   ylab = 'Survival Probability')
 lines(fit2, lty=2, conf.int='none',col = 'red')
 legend(15,1,c('Group 1 (treatment)', 'Group 2 (placebo)'), lty=c(1,2),
    col = c('blue','red'))
 title(main='KM-Curves for Remission Data')

plot(fit1,conf.int='both', col = 'blue', xlab = 'Time (weeks)',
    ylab = 'Survival Probability')
 lines(fit2, lty=2, conf.int='both',col = 'red')
 legend(15,1,c('Group 1 (treatment)', 'Group 2 (placebo)'), lty=c(1,2),
        col = c('blue','red'))
 title(main='KM-Curves for Remission Data')
```

결과 5.5(a) 백혈병 처치그룹에 대한 Kaplan-Meier 생존함수추정 결과

```
> summary(fit1)    # 그룹1
Call: survfit(formula = Surv(time1, status1) ~ 1)
 time n.risk n.event survival  std.err lower 95% CI upper 95% CI
    6     21       3    0.857   0.0764        0.720        1.000
    7     17       1    0.807   0.0869        0.653        0.996
   10     15       1    0.753   0.0963        0.586        0.968
   13     12       1    0.690   0.1068        0.510        0.935
   16     11       1    0.627   0.1141        0.439        0.896
   22      7       1    0.538   0.1282        0.337        0.858
   23      6       1    0.448   0.1346        0.249        0.807
> print(fit1, print.rmean=TRUE)
Call: survfit(formula = Surv(time1, status1) ~ 1)
   records     n.max   n.start    events   *rmean *se(rmean)    median
     21.00     21.00     21.00      9.00    22.84      2.71     23.00
   0.95LCL   0.95UCL
     16.00        NA
```

➡ 백혈병 처치그룹에 대한 Kaplan-Meier 생존함수추정 결과로 각 시점에서 위험집합, 관측사건 수, 생존함수, 생존함수추정에 대한 표준오차 그리고 95% 신뢰구간의 하한과 상한을 보여준다.

결과 5.5(b) 백혈병 위약그룹에 대한 Kaplan-Meier 생존함수추정 결과

```
> summary(fit2)     # 그룹2
Call: survfit(formula = Surv(time2, status2) ~ 1)
 time  n.risk n.event  survival    std.err lower 95% CI upper 95% CI
   1     21       2   0.9048  0.0641       0.78754          1.000
   2     19       2   0.8095  0.0857       0.65785          0.996
   3     17       1   0.7619  0.0929       0.59988          0.968
   4     16       2   0.6667  0.1029       0.49268          0.902
   5     14       2   0.5714  0.1080       0.39455          0.828
   8     12       4   0.3810  0.1060       0.22085          0.657
  11      8       2   0.2857  0.0986       0.14529          0.562
  12      6       2   0.1905  0.0857       0.07887          0.460
  15      4       1   0.1429  0.0764       0.05011          0.407
  17      3       1   0.0952  0.0641       0.02549          0.356
  22      2       1   0.0476  0.0465       0.00703          0.322
  23      1       1   0.0000     NaN            NA             NA
> print(fit2, print.rmean=TRUE)
Call: survfit(formula = Surv(time2, status2) ~ 1)
   records      n.max    n.start      events     *rmean  *se(rmean)      median
     21.00      21.00      21.00       21.00       8.67        1.38        8.00
   0.95LCL    0.95UCL
      4.00      12.00
```

예제 5.6 <표 5.5> 백혈병 데이터에 대해 그룹별 누적위험함수를 추정하고 그래프를 그리고자 한다.

<프로그램 5.6>(a)에서는 백혈병 처치그룹에 대한 Nelson-Aalen 누적위험함수를 구하는 R 코드를 보여주고 <프로그램 5.6>(b)에서는 백혈병 위약 그룹에 대한 R 코드를 보여준다.

<프로그램 5.8>에서 두 그룹의 누적위험함수를 구하고 누적위험함수 그래프를 그릴 수 있는 R 코드를 보여준다. 결과로 <그림 5.8>을 보면 처치그룹에 비해 위약그룹의 누적위험함수가 크고 시간이 지남에 따라 더욱 큰 차이가 남을 알 수 있다.

프로그램 5.6 (a) 백혈병 처치그룹(그룹1)에 대한 Nelson-Aalen 누적위험함수

```
par(mfrow=c(1,2))     ## 누적위험함수 그림 5.5
S.FH<-survfit( Surv(time1, status1)~1 , type="fleming")
summary(S.FH)
plot(S.FH$time, -log(S.FH$surv), xlab="Follow-Up Time",
  ylab="Fraction Surviving",  ylim=c(0,1.4), type="b",
  main="Nelson-Aalen Estimate of Cumulative Hazard")
```

```
lines(S.FH$time, -log(S.FH$upper), lty=3)
lines(S.FH$time, -log(S.FH$lower), lty=3)

S.FH<-survfit( Surv(time1, status1)~1 , type="fleming")
plot(S.FH$time, -log(S.FH$surv), xlab="Follow-Up Time",
    ylab="Fraction Surviving", ylim=c(0,1.4), type="s",
  main="Nelson-Aalen Estimate of Cumulative Hazard")
lines(S.FH$time, -log(S.FH$upper), type="s", lty=3)
lines(S.FH$time, -log(S.FH$lower), type="s", lty=3)
```

결과 5.6 (a) 백혈병 처치그룹(그룹1)에 대한 Nelson-Aalen 생존함수

```
> summary(S.FH)
Call: survfit(formula = Surv(time1, status1) ~ 1, type = "fleming")

 time n.risk n.event survival std.err lower 95% CI upper 95% CI
    6     21       3    0.867  0.0772        0.728        1.000
    7     17       1    0.817  0.0881        0.662        1.000
   10     15       1    0.765  0.0978        0.595        0.983
   13     12       1    0.704  0.1089        0.519        0.953
   16     11       1    0.642  0.1168        0.450        0.917
   22      7       1    0.557  0.1328        0.349        0.889
   23      6       1    0.471  0.1416        0.262        0.849
```

프로그램 5.6 (b) 백혈병 위약그룹(그룹2)에 대한 Nelson-Aalen 누적위험함수

```
par(mfrow=c(1,2))    ## 누적위험함수 그림 5.6
S.FH<-survfit( Surv(time2, status2)~1 , type="fleming")
summary(S.FH)
plot(S.FH$time, -log(S.FH$surv), xlab="Follow-Up Time",
  ylab="Fraction Surviving",  ylim=c(0,5), type="b",
  main="Nelson-Aalen Estimate of Cumulative Hazard")
lines(S.FH$time, -log(S.FH$upper), lty=3)
lines(S.FH$time, -log(S.FH$lower), lty=3)

S.FH<-survfit( Surv(time2, status2)~1 , type="fleming")
plot(S.FH$time, -log(S.FH$surv), xlab="Follow-Up Time",
    ylab="Fraction Surviving", ylim=c(0,5), type="s",
  main="Nelson-Aalen Estimate of Cumulative Hazard")
lines(S.FH$time, -log(S.FH$upper), type="s", lty=3)
lines(S.FH$time, -log(S.FH$lower), type="s", lty=3)
```

결과 5.6 (b) 백혈병 위약그룹(그룹2)에 대한 Nelson-Aalen 누적위험함수

```
> summary(S.FH)
Call: survfit(formula = Surv(time2, status2) ~ 1, type = "fleming")

 time n.risk n.event survival std.err lower 95% CI upper 95% CI
    1     21       2   0.9092  0.0644       0.7914        1.000
    2     19       2   0.8183  0.0866       0.6650        1.000
    3     17       1   0.7716  0.0941       0.6075        0.980
    4     16       2   0.6809  0.1051       0.5032        0.921
    5     14       2   0.5903  0.1115       0.4076        0.855
    8     12       4   0.4229  0.1177       0.2452        0.730
   11      8       2   0.3294  0.1137       0.1675        0.648
   12      6       2   0.2360  0.1062       0.0977        0.570
   15      4       1   0.1838  0.0983       0.0645        0.524
   17      3       1   0.1317  0.0886       0.0352        0.492
   22      2       1   0.0799  0.0780       0.0118        0.541
   23      1       1   0.0294     Inf       0.0000        1.000
```

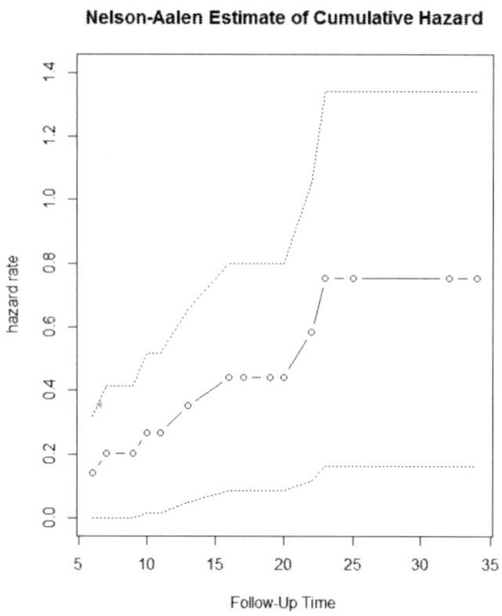

(a) 연속함수로 표현

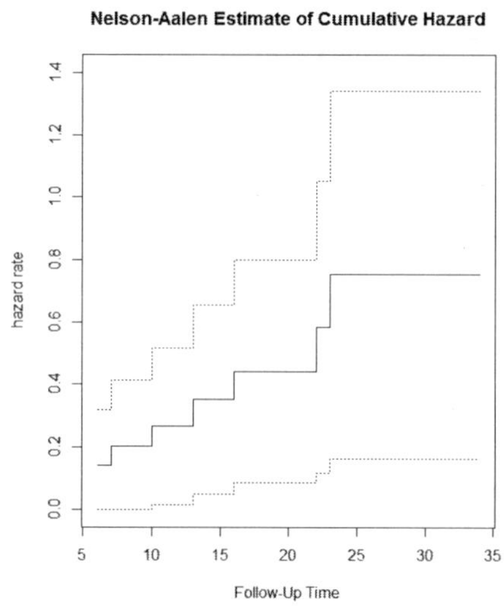

(b) 계단함수로 표현

그림 5.5 백혈병 처치그룹에 대한 Nelson-Aalen 누적위험함수와 95% 신뢰구간그림

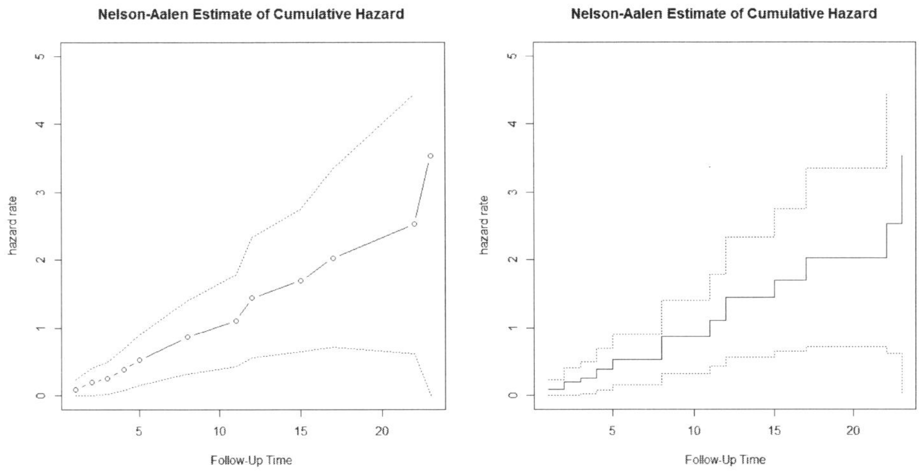

(a) 연속함수로 표현　　　　　(b) 계단함수로 표현

그림 5.6 백혈병 위약그룹에 대한 Nelson–Aalen 누적위험함수와 95% 신뢰구간그림

프로그램 5.7 백혈병 처치그룹에서 누적위험함수 비교

```
## 누적위험함수 비교   그림 5.7
S.KM<-survfit( Surv(time1, status1)~1 , type="kaplan")
S.FH<-survfit( Surv(time1, status1)~1 , type="fleming")
  summary(S.KM)
  summary(S.FH)
    cbind(S.KM$time, S.KM$surv, S.FH$surv)
plot(S.KM$time, -log(S.KM$surv),
      xlab="Follow-Up Time", ylab="Fraction Surviving",
     main="Nelson-Aalen Estimate of Cumulative Hazard",
     ylim=c(0,1), type="s")
lines(S.FH$time, -log(S.FH$surv), type="s", lty=2)
legend("topleft", legend=c("H.hat(K-M)","H.tilde(N-A)"), lty=c(1,2) )
```

결과 5.7 백혈병 처치그룹에서 누적위험함수 비교

```
> summary(S.KM)
Call: survfit(formula = Surv(time1, status1) ~ 1, type = "kaplan")
 time n.risk n.event survival std.err lower 95% CI upper 95% CI
    6     21       3    0.857  0.0764        0.720        1.000
    7     17       1    0.807  0.0869        0.653        0.996
   10     15       1    0.753  0.0963        0.586        0.968
   13     12       1    0.690  0.1068        0.510        0.935
   16     11       1    0.627  0.1141        0.439        0.896
   22      7       1    0.538  0.1282        0.337        0.858
   23      6       1    0.448  0.1346        0.249        0.807
```

```
> summary(S.FH)
Call: survfit(formula = Surv(time1, status1) ~ 1, type = "fleming")
 time n.risk n.event survival std.err lower 95% CI upper 95% CI
    6     21       3    0.867  0.0772        0.728        1.000
    7     17       1    0.817  0.0881        0.662        1.000
   10     15       1    0.765  0.0978        0.595        0.983
   13     12       1    0.704  0.1089        0.519        0.953
   16     11       1    0.642  0.1168        0.450        0.917
   22      7       1    0.557  0.1328        0.349        0.889
   23      6       1    0.471  0.1416        0.262        0.849
> cbind(S.KM$time, S.KM$surv, S.FH$surv)
      [,1]      [,2]      [,3]
 [1,]    6 0.8571429 0.8668779
 [2,]    7 0.8067227 0.8173559
 [3,]    9 0.8067227 0.8173559
 [4,]   10 0.7529412 0.7646421
 [5,]   11 0.7529412 0.7646421
 [6,]   13 0.6901961 0.7035047
 [7,]   16 0.6274510 0.6423707
 [8,]   17 0.6274510 0.6423707
 [9,]   19 0.6274510 0.6423707
[10,]   20 0.6274510 0.6423707
[11,]   22 0.5378151 0.5568569
[12,]   23 0.4481793 0.4713692
[13,]   25 0.4481793 0.4713692
[14,]   32 0.4481793 0.4713692
[15,]   34 0.4481793 0.4713692
```

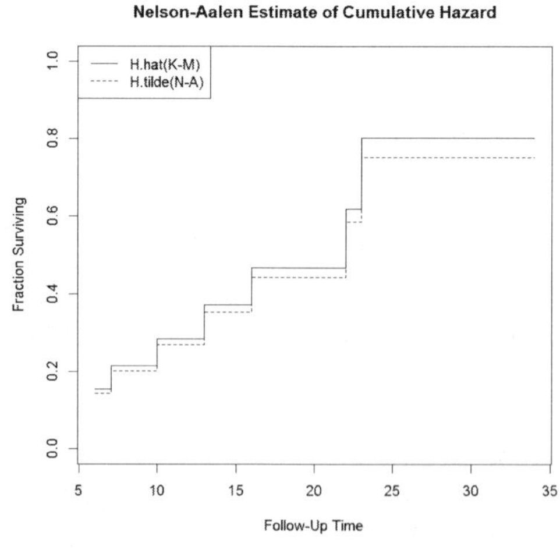

그림 5.7 백혈병 처치그룹에 대한 Kaplan-Meier 기반 누적위험함수와 Nelson-Aalen 누적위험함수 비교

프로그램 5.8 백혈병 처치그룹과 위약그룹에 대한 누적위험함수추정 및 그래프

```
# 누적위험함수 그룹 비교
S.FH1<-survfit( Surv(time1, status1)~1 , type="fleming")
S.FH2<-survfit( Surv(time2, status2)~1 , type="fleming")
  summary(S.FH1)
  summary(S.FH2)
plot(S.FH1$time, -log(S.FH1$surv),
      xlab="Follow-Up Time", ylab="Fraction Surviving",
     main="Nelson-Aalen Estimate of Cumulative Hazard",
     ylim=c(0,5), type="s")
lines(S.FH2$time, -log(S.FH2$surv), type="s", lty=2)
legend("topleft",lty=c(1,2), col=c( "blue" ,  "red" )
       legend=c("group1 H.tilde(N-A)","group2 H.tilde(N-A)") )
```

결과 5.8 백혈병 처치그룹과 위약그룹에 대한 누적위험함수추정

```
>    summary(S.FH1)
Call: survfit(formula = Surv(time1, status1) ~ 1, type = "fleming")
 time n.risk n.event survival  std.err lower 95% CI upper 95% CI
    6     21       3    0.867  0.0772        0.728        1.000
    7     17       1    0.817  0.0881        0.662        1.000
   10     15       1    0.765  0.0978        0.595        0.983
   13     12       1    0.704  0.1089        0.519        0.953
   16     11       1    0.642  0.1168        0.450        0.917
   22      7       1    0.557  0.1328        0.349        0.889
   23      6       1    0.471  0.1416        0.262        0.849
>    summary(S.FH2)
Call: survfit(formula = Surv(time2, status2) ~ 1, type = "fleming")
 time n.risk n.event survival  std.err lower 95% CI upper 95% CI
    1     21       2   0.9092  0.0644       0.7914        1.000
    2     19       2   0.8183  0.0866       0.6650        1.000
    3     17       1   0.7716  0.0941       0.6075        0.980
    4     16       2   0.6809  0.1051       0.5032        0.921
    5     14       2   0.5903  0.1115       0.4076        0.855
    8     12       4   0.4229  0.1177       0.2452        0.730
   11      8       2   0.3294  0.1137       0.1675        0.648
   12      6       2   0.2360  0.1062       0.0977        0.570
   15      4       1   0.1838  0.0983       0.0645        0.524
   17      3       1   0.1317  0.0886       0.0352        0.492
   22      2       1   0.0799  0.0780       0.0118        0.541
   23      1       1   0.0294     Inf       0.0000        1.000
```

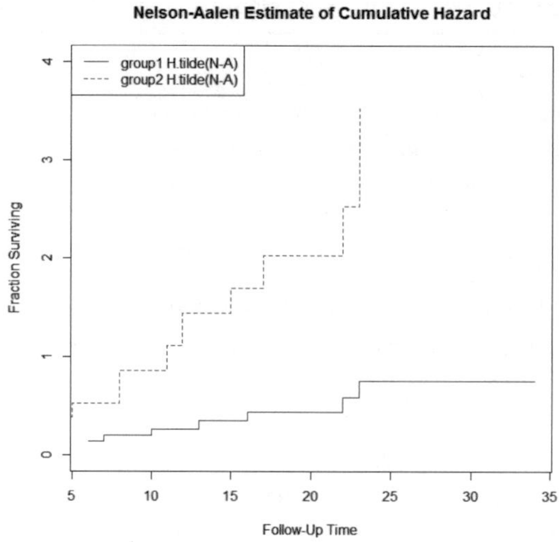

그림 5.8 백혈병 처치그룹과 위약그룹에 대한 Nelson–Aalen 누적위험함수 비교

연습문제

01 〈표 5.2〉에서 이어진 표로 중도절단이 구간 끝에서 일어났다고 가정하고 다음의 빈칸을 채워 나머지 구간에 대한 추정량을 구해 생명표를 완성하시오.

표 5.12 〈표 5.2 (연속)〉 중도절단이 구간 끝에서 일어났다고 가정한 생명표

year of entry $[t_{i-1}, t_i)$	구간초기 위험집합 Y_i	사건발생 건수 d_i	중도절단 건수 c_i	치사율 $\widehat{m}_i = \frac{d_i}{Y_i}$	생존율 $1-\widehat{m}_i$	생존함수 $\hat{S}(t_i) = \prod(1-\widehat{m}_i)$ $[t_i, t_{i+1})$
[0,1)	146	27	3	0.185	0.815	0.815
[1,2)	116	18	10	0.155	0.845	.815 · .845 = 0.689
[2,3)	88	21	10	0.239	0.761	.689 · .761 = 0.524
[3,4)	57	9	3	0.158	0.842	.524 · .842 = 0.441
[4,5)	45	1	3	0.022	0.972	.441 · .972 = 0.432
[5,6)						
[6,7)						
[7,8)						
[8,9)						
[9,10)						

02 〈표 5.3〉(a)에서 이어진 표로 중도절단이 구간 초기에 일어났다고 가정하고 다음의 빈칸을 채워 나머지 구간에 대한 추정량을 구해 생명표를 완성하시오.

표 5.13 〈표 5.3(a)(연속)〉 중도절단이 구간 초기에 일어났다고 가정한 생명표

year of entry $[t_{i-1}, t_i)$	구간초기 위험집합 Y_i	사건발생 건수 d_i	중도절단 건수 c_i	치사율 $\widehat{m}_i = \frac{d_i}{Y_i - c_i}$	생존율 $1-\widehat{m}_i$	생존함수 $\hat{S}(t_i) = \prod(1-\widehat{m}_i)$
[0,1)	146	27	3	0.189	0.811	0.811
[1,2)	116	18	10	0.170	0.830	0.673
[2,3)	88	21	10	0.269	0.731	0.492
[3,4)	57	9	3	0.167	0.833	0.410
[4,5)	45	1	3	0.024	0.976	0.400
[5,6)						

year of entry $[t_{i-1}, t_i)$	구간초기 위험집합 Y_i	사건발생 건수 d_i	중도절단 건수 c_i	치사율 $\widehat{m_i} = \frac{d_i}{Y_i - c_i}$	생존율 $1-\widehat{m_i}$	생존함수 $\hat{S}(t_i) = \prod(1-\widehat{m_i})$
[6,7)						
[7,8)						
[8,9)						
[9,10)						

03 효과적인 표본크기를 사용하여 다음의 표를 채워 생명표 추정을 하시오.

표 5.14 효과적인 표본크기를 사용한 생명표

year of entry $[t_{i-1}, t_i)$	구간초기 위험집합 Y_i	사건발생 건수 d_i	중도절단 건수 c_i	치사율 $\widehat{m_i} = \frac{d_i}{Y_i - c_i/2}$	생존율 $1-\widehat{m_i}$	생존함수 $\hat{S}(t_i) = \prod(1-\widehat{m_i})$
[0,1)	146	27	3			
[1,2)	116	18	10			
[2,3)	88	21	10			
[3,4)	57	9	3			
[4,5)	45	1	3			
[5,6)						
[6,7)						
[7,8)						
[8,9)						
[9,10)						

04 21명의 백혈병(leukemia) 환자들이 치료를 받은 후 재발까지 걸린 생존시간 데이터를 6개월 구간으로 정리한 표이다. 중도절단이나 중도탈락이 없는 데이터셋이다. R을 이용하여 생명표를 구하고 생존함수 그래프를 그리시오.

표 5.15 백혈병 환자에 대한 구간 데이터

개월 $[t_{i-1},t_i)$	구간초기 위험집합 Y_i	사건발생 건수 d_i
[0,6)	21	0
[6,12)	21	9
[12,18)	12	3
[18,24)	9	4
[24,30)	5	1
[30,36)	4	4

05 50명의 피부 흑색종(skin melanoma) 환자들에 대해 치료 후 사망시간 구간표를 얻었다. 30명의 환자가 중도절단되었다고 한다.

(1) R을 이용하여 생명표를 작성하시오

(2) 생존함수 그래프를 그리시오.

(3) 2년 생존확률과 5년 생존확률을 구하고 비교하시오.

표 5.16 피부 흑색종 환자에 대한 구간 데이터

구간년도 $[t_{i-1},t_i)$	구간초기 위험집합 Y_i	사건발생건수 d_i	중도절단건수 c_i
[0,1)	50	9	0
[1,2)	41	6	1
[2,3)	34	2	4
[3,4)	28	1	5
[4,5)	22	2	3
[5,6)	17	0	17

06 다음은 A 병원 백혈병 환자의 재발시간 데이터이다. '+'는 우중도절단을 표시한다.

	재발까지 걸린 시간 (단위: 주)
골수이식	9 13 13+ 18 23 28+ 31 34 45+ 50+

(1) 다음 표의 빈칸을 채우시오.

time t_i	number at risk Y_i	number of events d_i	number censored c_i	survival $\hat{S}(t)$	standard error $se[\hat{S}(t)]$	lower 95% CI	upper 95% CI
0	10	0	0				
9	10	1	0				
13	9	1	1				
18	7	1	0				
23	6	1	1				
31	4	1	0				
34	3	1	2				
〉34							

(2) 생존함수 그래프를 그리시오.

(3) 다음의 생존함수와 누적위험함수표를 채우시오.

	Kaplan–Meier 생존함수	K–M 추정량 기반 누적위험함수	Nelson–Aalen 누적위험함수	N–A 추정량 기반 생존함수
time t_i	$\hat{S}(t)$	$\hat{H}(t)=-\log\hat{S}(t)$	$\tilde{H}(t)=\sum_{t_i \le t}\frac{d_i}{Y_i}$	$\tilde{S}(t)=\exp[-\tilde{H}(t)]$
0				
9				
13				
18				
23				
31				
34				
〉34				

07 다음의 pbc 데이터(survival 패키지에 내장됨)에 대해 R을 이용하여 다음과 같이 Kaplan–Meier 생존함수를 구하고 물음에 답하시오.

```
library(survival)
fit=survfit(Surv(time, (status==2))~1, data=pbc)
summary(fit)
```

(1) $t = 51$에서의 생존함수 값과 이에 대한 95% 신뢰구간을 구하시오.

(2) 생존시간의 중위수(median survival time)를 구하시오.

(3) 생존함수 그래프를 그리시오.

08 42명 백혈병환자에 대한 gehan 데이터(MASS 패키지에 내장됨)에 대해 R을 이용하여 답하시오.

```
> library(survival)
> library(MASS)
> data(gehan)
> head(gehan)
  pair time cens   treat
1    1    1    1 control
2    1   10    1    6-MP
3    2   22    1 control
```

(1) 환자 전체에 대한 Kaplan-Meier 생존함수를 구하시오.

(2) 환자 전체에 대한 Kaplan-Meier 생존함수 그림을 그리시오.

(3) control 그룹과 6-MP그룹별 Kaplan-Meier 생존함수를 구하시오.

(4) control 그룹과 6-MP그룹별 Kaplan-Meier 생존함수 그림을 한 좌표평면에 그리시오.

09 다음은 환자 10명에 대한 골수이식 후 사망까지 데이터이다. 여기서 +는 우중도절단(right-censored)을 의미한다. (R 이용)

표 5.17 골수이식을 받은 백혈병 환자 데이터

환자 번호	사망시간(개월)
1	11
2	12
3	15
4	44+
5	45
6	28+
7	16+
8	17+
9	19+
10	30+

(1) Kaplan-Meier 생존함수를 구하시오.

(2) Kaplan-Meier 생존함수를 이용하여 누적위험함수를 구하시오.

(3) Nelson-Aalen 누적위험함수를 구하시오.

(4) Nelson-Aalen 누적위험함수를 이용하여 생존함수를 구하시오.

(5) 한 좌표평면에 (1)과 (4) 그래프를 그리시오.

(6) 한 좌표평면에 (2)와 (3) 그래프를 그리시오.

(7) 95% pointwise linear confidence interval을 구하고 confidence band와 함께 생존함수 그래프를 그리시오.

6장

생존함수 동일성 검정

앞서 배운 Kaplan–Meier 생존함수추정량과 Nelson–Aalen 누적위험함수추정량은 모집단의 생존과 위험에 관한 상황을 데이터를 통해 표현한 것이다. 이 장에서는 한 개 그룹에 대한 생존함수 검정과 두 그룹 이상의 생존함수를 비교하기 위한 검정법을 공부한다. 특히 Nelson–Aalen 추정량 기반 검정법을 설명하고자 한다. 그러므로 누적위험함수추정량과 귀무가설하에서의 누적위험함수추정량을 비교하는 검정통계량을 생각할 수 있다. 두 추정량의 차에 가중값을 준 검정통계량도 생각할 수 있다. 이러한 검정법 중 로그–순위 검정법은 가장 널리 쓰이는 검정법이다.

6.1절에서는 해당 범주에 대한 개수를 이용한 직관적인 방법으로서 Mantel–Haenszel 검정법과 여러 개의 층으로 확장한 Cochran–Mantel–Haenszel 검정법에 대해 설명한다. 그러나 이러한 방법으로는 두 개 이상 그룹에 대한 생존함수 비교가 충분하지 않다. 6.2절부터는 Nelson–Aalen 추정량에 기반한 여러 집단의 생존함수 검정법에 대해 설명한다.

6.1 직관적인 방법으로서의 검정

우선 두 그룹을 나타내는 이항변수에 근거한 직관적인 방법으로의 검정을 고려해 보고자 한다. <표 6.1>은 그룹별 사건발생여부를 2×2 표로 정리한 것이다.

주변값이 고정(fixed)이라고 가정하면 d_0는 초기하분포를 따르며 기댓값과 분산은 각각

$$E(d_0) = d\frac{n_0}{n}, \qquad Var(d_0) = d(n-d)\frac{n_0 n_1}{n^2(n-1)} \tag{6.1}$$

이다.

관심 있는 가설은 그룹별 사건발생에 대한 동일성 여부로 다음과 같다.

H_0: 사건발생여부는 그룹과 관련 없다. 에 대해

H_1: 사건발생여부는 그룹과 관련 있다.

표 6.1 그룹별 사건발생여부

	사건		
그룹	yes (사건발생)	no (중도절단)	총합
0	d_0	$n_0 - d_0$	n_0
1	d_1	$n_1 - d_1$	n_1
총합	d	$n-d$	n

Mantel–Haenszel 로그-순위 통계량

$$\chi^2_{MH} = \frac{[d_0 - dn_0/n]^2}{\frac{d(n-d)n_0n_1}{n^2(n-1)}} = \frac{[d_0 - E(d_0)]^2}{Var(d_0)} \tag{6.2}$$

은 귀무가설하에서 자유도가 1인 카이제곱분포를 따른다.

유의수준 α에서 검정법은 검정통계량 χ^2_{MH}을 이용하여 $\chi^2_{MH} > \chi^2_{1,\alpha}$이면 귀무가설을 기각한다. 여기서 자유도 df를 갖고 카이제곱분포를 따르는 확률변수 χ^2_{df}에 대해 $\chi^2_{df,\alpha}$는 $P(\chi^2_{df} > \chi^2_{df,\alpha}) = \alpha$를 만족한다.

Mantel–Haenszel 통계량은 근사적으로 두 그룹의 동일성에 대한 Pearson 카이제곱 통계량

$$\chi^2_P = \sum \frac{(O-E)^2}{E}$$

과 같다. 여기서 O는 관측도수, E는 기대도수를 나타낸다.

이번에는 이러한 2×2 표가 K개 있는 경우 집단 간 사건발생 동일성 여부에 대한 검정 문제를 생각해 보자. 즉, 2×2 표가 K개 있는 경우 공통의 그룹효과에 대해 검정하고자 한다. 예를 들어, K개 병원에서 이와 같이 조사된 표가 K개 있는 경우이다. 여기서 K개 표는 서로 독립이라고 가정한다.

표 6.2 K개 그룹별 사건발생여부

$j=1$	사건		
그룹	yes (사건발생)	no (중도절단)	총합
0	d_{10}	$n_{10} - d_{10}$	n_{10}
1	d_{11}	$n_{11} - d_{11}$	n_{11}
총합	d_1	$n_1 - d_1$	n_1

⋮ ⋮

j	사건		
그룹	yes (사건발생)	no (중도절단)	총합
0	d_{j0}	$n_{j0} - d_{j0}$	n_{j0}
1	d_{j1}	$n_{j1} - d_{j1}$	n_{j1}
총합	d_j	$n_j - d_j$	n_j

⋮ ⋮

$j=K$	사건		
그룹	yes (사건발생)	no (중도절단)	총합
0	d_{K0}	$n_{K0}-d_{K0}$	n_{K0}
1	d_{K1}	$n_{K1}-d_{K1}$	n_{K1}
총합	d_K	n_K-d_K	n_K

관심가설은 K개 층을 모두 포함하며 귀무가설과 대립가설은 다음과 같다.

H_0: 사건발생여부는 그룹과 관련 없다. 에 대해
H_1: 사건발생여부는 그룹과 관련 있다.

Cochran–Mantel–Haenszel 검정통계량

$$\chi^2_{CMH} = \frac{\left[\sum_{j=1}^{K}\left(d_{j0} - d\frac{n_{j0}}{n_j}\right)\right]^2}{\sum_{j=1}^{K}\frac{d_j(n_j-d_j)n_{j0}n_{j1}}{n_j^2(n_j-1)}} \tag{6.3}$$

은 귀무가설하에서 자유도가 1인 카이제곱분포를 따른다.

유의수준 α에서 검정법은 검정통계량 χ^2_{CMH}을 이용하여 $\chi^2_{CMH} > \chi^2_{1,\alpha}$이면 귀무가설을 기각한다.

예제 6.1 두 가지 처리법에 대해 임상시험한 결과 독성발생여부에 대한 빈도표 <표 6.3>을 얻었다. 처리법과 독성발생여부의 관련성에 대해 검정을 하고자 한다.

표 6.3 그룹별 독성 사건발생여부

	독성발생		
처리그룹	yes	no	총합
0	8	42	50
1	2	48	50
총합	10	90	100

(1) 관심 가설

H_0: 독성발생여부는 처리그룹과 관련 없다. 에 대해
H_1: 독성발생여부는 처리그룹과 관련 있다.

(2) 피어슨 검정통계량

$$\begin{aligned}\chi_P^2 &= \sum \frac{(O-E)^2}{E} \\ &= \frac{(8-10\cdot(50/100))^2}{5} + \frac{(2-10\cdot(50/100))^2}{5} \\ &+ \frac{(42-90\cdot(50/100))^2}{45} + \frac{(48-90\cdot(50/100))^2}{45} = 4.00\end{aligned}$$

$$\chi_P^2 = 4.00,\quad p-\text{값} = 0.046 < \alpha = 0.05$$

피어슨 카이제곱검정 결과 유의수준 $\alpha = 0.05$에서 귀무가설을 기각하므로 독성발생여부는 처리그룹과 관련성이 유의하다. 검정통계량에 대한 p-값은 다음의 R 코드를 이용하여 구할 수 있다.

```
> pval= 1-pchisq(4.00, df=1)  # pvalue R code
> pval
[1] 0.04550026
```

(3) Mantel-Haenszel 검정

$$\chi_{MH}^2 = \frac{[d_0 - dn_0/n]^2}{\dfrac{d(n-d)n_0n_1}{n^2(n-1)}} = \frac{[8-10\cdot 50/100]^2}{\dfrac{10\cdot 90\cdot 50\cdot 50}{100^2\cdot 99}} = 3.96$$

$$\chi_{MH}^2 = 3.96,\quad p-\text{값} = 0.047 < \alpha = 0.05$$

Mantel-Haenszel 카이제곱검정 결과 유의수준 $\alpha = 0.05$에서 귀무가설을 기각하므로 독성발생여부는 처리그룹과 관련성이 유의하다. 검정통계량에 대한 p-값은 다음의 R 코드를 쓴다.

```
> pval= 1-pchisq(3.96, df=1)  # pvalue R code
> pval
[1] 0.0465937
```

예제 6.2 (Cochran-Mantel-Haenszel 검정) 다음은 심장병(heart disease)에 대해 나이아신(niacin) 효과에 대한 5개 병원($j = 1, 2, 3, 4, 5$)에서의 임상시험 결과이다. 심장질환 환자에게 나이아신 투약 후 관상동맥 혈관재생(coronary artery revascularization)에 대한 결과로 데이터를 얻었다.

표 6.4 나이아신 혈관재생 데이터

		사건			
j	그룹	Revascularzation	No Revascularzation	총합	percent of Revascularzation
1	Niacin	2	46	48	4.2%
	placebo	11	41	53	21.2%
2	Niacin	4	67	71	5.6%
	placebo	12	60	72	16.7%
3	Niacin	1	86	90	1.1%
	placebo	4	76	80	5.0%
4	Niacin	1	37	38	2.6%
	placebo	6	32	38	15.8%
5	Niacin	2	92	94	2.1%
	placebo	1	93	94	1.1%

(1) 관심 가설

H_0: 나이아신 그룹과 위약 그룹에서 혈관재생비율이 같다.
(즉, 혈관재생비율은 처리 그룹과 관련 없다.)

에 대해

H_1: 나이아신 그룹과 위약 그룹에서 혈관재생비율이 같지 않다.
(즉, 혈관재생비율은 처리 그룹과 관련 있다.)

(2) Cochran–Mantel–Haenszel 검정

$$\chi^2_{CMH} = 12.75,\ \ p-\text{값} = 0.00036 < \alpha = 0.05$$

Cochran–Mantel–Haenszel 카이제곱검정 결과 유의수준 $\alpha = 0.05$에서 귀무가설을 기각하므로 혈관재생비율은 처리 그룹과의 관련성이 유의하다. 즉, 처리 그룹에 따라 혈관재생비율이 같다고 할 수 없다. <프로그램 6.1>을 참조하기 바란다.

예제 6.3 42명의 백혈병 환자들을 대상으로 재발시간을 기록한 후 <표 6.5>로 정리하였다. 처리여부와 재발시간이 같다고 할 수 있는지 알아보고자 한다.

표 6.5 백혈병 재발사건 정리표

	백혈병 수술 후 재발사건		
처리	yes (재발)	no (중도절단)	총합
0	21	0	21
1	9	12	21
총합	30	12	42

Mantel–Haenszel 검정을 적용하여 통계량을 구하면

$$\chi^2_{MH} = 16.4,\ p-\text{값} = 0.001 < \alpha = 0.05$$

이므로 H_0를 기각한다. 그러나 Mantel–Haenszel 검정은 연구가 끝난 후 사건발생 건수에 대해서만 다룬 것으로 각 사건의 발생시간에 따른 고려와 그 시점에서의 위험집합에 대한 고려는 전혀 없다. 그러므로 개념적으로는 그룹 간 생존함수 비교에 Kaplan–Meier 생존함수를 비교하고 싶다.

이러한 방법을 생존시간 데이터에 어떻게 적용하는가? 로그–순위 검정은 이러한 표를 사건이 발생한 각 시점에서 모두 구해야 한다. 로그–순위 검정은 사건발생 시점마다 그룹에 남아 있는 위험군을 고려한 조건부로 2×2 표를 작성하여 그룹과 사건발생과의 관련성을 구하여 전체적으로 통합한다. 이 장에서는 생존함수 비교를 위한 비모수적 방법에 대해 설명한다. 직접적 추정값 비교보다 가중 추정값 비교를 하면 생존함수의 어떤 부분에 대해 강조하여 검정을 할 수 있다.

6.2 일집단에 대한 로그–순위 검정

그룹 간 생존함수 비교 검정에 로그–순위 검정(log-rank test)은 가장 널리 쓰이는 검정법으로 Nelson–Aalen 추정량에 기반하여 귀무가설하에서 기댓값을 구하여 비교한다. 검정통계량은 관측값과 기댓값의 차이에 가중값을 주는 방식으로 계산한다.

(1) 관심 가설

H_0: 모집단 위험함수는 $h_0(t),\ t \le \tau$ 이다. 에 대해

H_1 : 적어도 $t \le \tau$의 일부분에서 모집단 위험함수는 $h_0(t)$가 아니다.

여기서 $h_0(t)$는 미리 정해진 또는 알려진 위험함수이다. τ는 관측값이 있는 연구기간의 최댓값이다.

마찬가지로 가설을 다음과 같이 생존함수로 표현할 수 있다.

H_0: 모집단 생존함수는 $S_0(t)$, $t \le \tau$이다. 에 대해
H_1: 적어도 $t \le \tau$의 일부분에서 모집단 생존함수는 $S_0(t)$가 아니다.

여기서 $S_0(t)$는 미리 정해진 또는 알려진 생존함수이다.
또한 $S(t) = 1 - F(t)$이므로 분포함수에 대한 가설로 표현할 수도 있다.

H_0: 모집단 생존시간에 대한 분포 함수는 $F_0(t)$, $t \le \tau$이다. 에 대해
H_1: 적어도 $t \le \tau$의 일부분에서 모집단 생존시간에 대한 분포함수는 $F_0(t)$가 아니다.

여기서 $F_0(t)$는 미리 정해진 또는 알려진 분포함수이다.

(2) 검정법에 대한 아이디어

관측값이 일어난 개수가 D라고 할 때 $t_1 < t_2 < \cdots < t_D$이다.

Nelson-Aalen 누적위험함수추정량은

$$H(t) = \sum_{t_i \le t} \frac{d_i}{Y_i}$$

이다. 여기서

d_i는 관측값에서 사건발생수이다.
Y_i는 t_i 시점에서 위험개체수이다. 즉, 아직 사건이 발생하지 않은 개체수가 된다.
$\frac{d_i}{Y_i}$는 t_i 시점 바로 전까지 생존한 경우 사건발생을 경험할 수 있는 조건부확률이다. 즉, t_i 시점까지 살아남지 않을 조건부확률로 계산되므로 위험률에 대한 대략적인 추정값으로 볼 수 있다. 그러므로 $1 - \frac{d_i}{Y_i}$는 t_i 시점 이후 살아남을 확률이 된다.

귀무가설 H_0하에서 t_i 시점에서의 기댓값은 $h_0(t_i)$이다. 그러므로 t_i 시점에서 관측값과 기댓값의 차이를 구하고 적절한 가중값을 줄 수 있다.

$$\sum_{t_i} \frac{(O-E)^2}{E} \sim \chi^2_{df}$$

를 이용해 카이제곱검정을 할 수 있다.

(3) 일집단 로그-순위 검정

가장 널리 쓰이는 가중함수는 $W(t) = Y(t)$이며 이러한 가중함수를 사용할 경우 일집단 로그-순위 검정(one-sample log-rank test)이라고 한다. $Y(t_i) = Y_i$로 놓자. 여기서 가장 널리 쓰이는 가중함수 $W(t_i) = Y_i$를 사용한다.

가중함수를 적용하여 검정통계량을 정리해 보면, $t \le \tau$일 때,

$$\begin{aligned} Z(\tau) &= O(\tau) - E(\tau) \\ &= \sum_{i=1}^{D} W(t_i)\frac{d_i}{Y_i} - \int_0^{\tau} W(s)h_0(s)ds \\ &= \sum_{i=1}^{D} d_i - \sum_{i=1}^{D} Y_i h_0(t_i) \\ &= \sum_{i=1}^{D} d_i - \sum_{i=1}^{D} Y_i[H_0(t_{i+1}) - H_0(t_i)] \end{aligned} \tag{6.4}$$

이다. 여기서

$O(\tau)$는 관측값 사건수,
$E(\tau)$는 기대 사건수,
$H_0(t)$는 귀무가설하에서 누적위험함수.

귀무가설하에서 검정통계량 $Z(\tau)$의 분산을 구하면 다음과 같다.

$$\begin{aligned} Var[Z(\tau)] &= \int_0^{\tau} W(s)^2 \frac{h_0(s)}{Y(s)} ds \\ &= \sum_{j=1}^{n} [H_0(t_{j+1}) - H_0(t_j)]. \end{aligned}$$

귀무가설하에서 표본의 크기가 충분히 크면

$$\chi^2 = \frac{Z(\tau)^2}{Var[Z(\tau)]} \dot{\sim} \chi_1^2$$

은 근사적으로 자유도가 1인 카이제곱분포를 따른다. 유의수준 α에서 검정법은 검정통계량 χ^2을 이용하여 $\chi^2 > \chi^2_{1,\alpha}$이면 귀무가설을 기각한다.

예제 6.4 자가골수이식을 받은 백혈병 환자의 위험률이 알려진 위험률 $\lambda = 0.045$과 차이가 있는지 검정하고자 한다. 관심 있는 가설은 다음과 같다.

$$H_0: \lambda = 0.045 \quad \text{에 대해} \quad H_1 : \lambda \neq 0.045.$$

<표 1.4>의 골수이식을 받은 백혈병 환자의 생존시간 데이터에 대해 위 가설에 대한 검정을 하고자 한다. [예제 6.8]의 R 프로그램을 참조하기 바란다.

6.3 이집단에 대한 로그-순위 검정

6.2절에서는 추정된 위험함수와 귀무가설에서 가정된 위험함수의 가중비교를 통해 일집단에 대한 검정을 하였다. 이 절에서는 2개 모집단에 대한 생존함수의 동일성 검정을 설명하고자 한다. 두 그룹의 생존함수의 관계에 대해 여러 가지 예를 <그림 6.1>에서 보여준다.

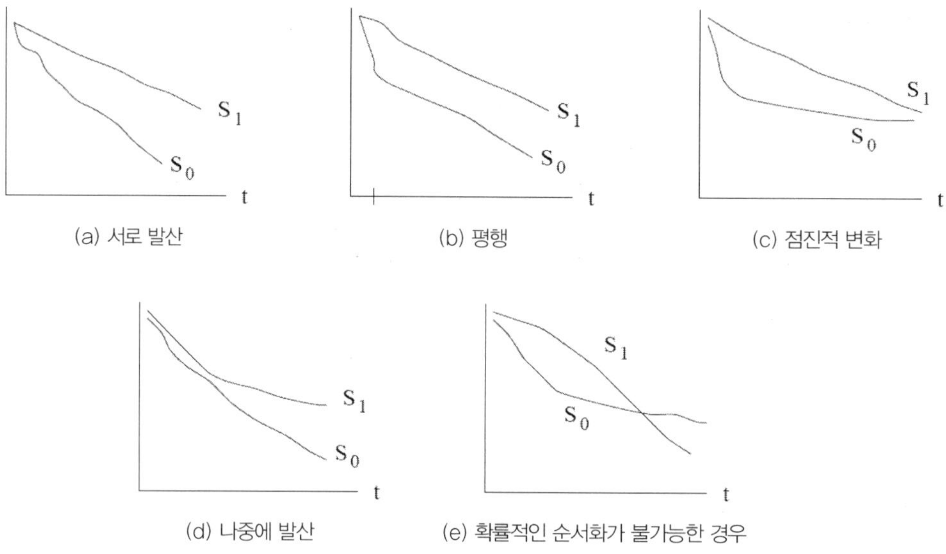

그림 6.1 두 생존함수의 관계

(1) 관심 가설

H_0 : $h_1(t) = h_2(t)$, $t \le \tau$. 에 대해

H_1 : 적어도 $t \le \tau$의 일부분에서 $h_1(t) \ne h_2(t)$.

여기서 τ는 적어도 한 명은 위험집합에 존재하는, 가장 큰 생존시간이다.
또한 생존함수에 대한 가설로 표현할 수 있다.

H_0 : $S_1(t) = S_2(t)$, $t \le \tau$. 에 대해

H_1 : 적어도 $t \le \tau$의 일부분에서 $S_1(t) \ne S_2(t)$.

마찬가지로 누적분포함수에 대한 가설로 바꾸어 표현할 수 있다. $S(t) = 1 - F(t)$ 이므로 누적분포함수 F를 이용해 다음과 같이 쓸 수 있다.

H_0 : $F_1(t) = F_2(t),\ t \le \tau.$ 에 대해

H_1 : 적어도 $t \le \tau$의 일부분에서 $F_1(t) \ne F_2(t)$.

(2) 데이터 구조

$K = 2$개 모집단에서 발생된 데이터는 우중도절단을 포함할 수 있으며 생존시간 데이터를 통합한 전체 데이터 중에서 순서대로 정렬한다.

$t_1 < t_2 < \cdots < t_D$개의 구별되는 관측값을 갖는다.

두 그룹의 데이터가 다음과 같을 때.

그룹 1: $(t_{11}, \delta_{11}), (t_{12}, \delta_{12}), \ldots, (t_{1n_1}, \delta_{1n_1})$

그룹 2: $(t_{21}, \delta_{21}), (t_{22}, \delta_{22}), \ldots, (t_{2n_2}, \delta_{2n_2})$

두 그룹에 속한 관측값을 모두 합친다(pooled). 크기순으로 나열하여, $\delta_{ij} = 1$인 값들, 즉 관측값들에 대해 $t_1 < \cdots < t_D$을 생성한다.

각 t_i 시점에서

d_{1i}는 그룹1로부터 관찰된 사건수,

$Y_{1i} = \sum_{k=1}^{n_1} I(t_{1k} \ge t_i)$는 그룹1로부터 위험그룹에 속한 건수,

d_{2i}는 그룹2로부터 관찰된 사건수,

$Y_{2i} = \sum_{k=1}^{n_2} I(t_{2k} \ge t_i)$는 그룹2로부터 위험그룹에 속한 건수이다.

그러므로 $Y_i = Y_{1i} + Y_{2i}$는 t_i 시점에서 위험그룹에 속한 개체의 총합이다.

각 t_i 시점에서 $i = 1, \cdots, D$에 대해 다음의 표기를 사용한다.

$d_i = \sum_{g=1}^{2} d_{gi}$는 t_i 시점에서 관측된 사건발생수,

$Y_i = \sum_{g=1}^{2} Y_{gi}$는 t_i 시점에서 통합한 데이터에서 위험개체수,

$\frac{d_i}{Y_i}$는 t_i 시점에서 관측된 위험률,

$\frac{d_{1i}}{Y_{1i}}$는 t_i 시점에 그룹1에서 관측된 위험률,

$\frac{d_{2i}}{Y_{2i}}$는 t_i 시점에 그룹2에서 관측된 위험률이 된다.

만약 귀무가설이 완벽히 참이라면 t_i 시점에서 $\frac{d_i}{Y_i}=\frac{d_{1i}}{Y_{1i}}=\frac{d_{2i}}{Y_{2i}}$이 된다.

(3) 검정통계량

$$Z(\tau)=\sum_{i=1}^{D}\left[\frac{d_{1i}}{Y_{1i}}-\frac{d_i}{Y_i}\right] \tag{6.5}$$

검정통계량 $Z(\tau)$를 다시 표현하면

$$Z(\tau)=\sum_{i=1}^{D}\frac{1}{Y_{1i}}\left[d_{1i}-Y_{1i}\frac{d_i}{Y_i}\right]=\sum_{i=1}^{D}\frac{1}{Y_{1i}}\left[O_{1i}-E_{1i}\right]$$

이다. 여기서 $O_{1i}=d_{1i}$, $E_{1i}=Y_{1i}\frac{d_i}{Y_i}$로 범주형 카이제곱 적합도검정과 매우 유사한 형태를 보인다. 또한

$$\left[d_{2i}-Y_{2i}\frac{d_i}{Y_i}\right]=\left[d_i-d_{1i}-(Y_i-Y_{1i})\frac{d_i}{Y_i}\right]=-\left[d_{1i}-Y_{1i}\frac{d_i}{Y_i}\right]$$

이므로 $(O_{1i}-E_{1i})=-(O_{2i}-E_{2i})$이다.

(4) 가중함수를 이용한 검정통계량

$$Z^*=\sum_{i=1}^{D}W(t_i)\left[\frac{d_{1i}}{Y_{1i}}-\frac{d_i}{Y_i}\right] \tag{6.6}$$

여기서 $W(t_i)$는 양의 값을 갖는 가중함수이다.

귀무가설하에서 표본의 크기가 충분히 크면, 근사적으로

$$Z=\frac{\sum_{i=1}^{D}W(t_i)\left[\frac{d_{1i}}{Y_{1i}}-\frac{d_i}{Y_i}\right]}{\sqrt{\sum_{i=1}^{D}W(t_i)^2\frac{Y_{1i}}{Y_i}\left(1-\frac{Y_{1i}}{Y_i}\right)\left(\frac{Y_i-d_i}{Y_i-1}\right)d_i}} \tag{6.7}$$

는 표준정규분포를 따른다.

유의수준 α에서 검정법은 검정통계량 Z을 이용하여 $|Z|>z_{\alpha/2}$이면 귀무가설을 기각한다.

연구자들은 여러 형태의 가중함수를 제안하였으며 그 중 몇 가지를 살펴보자.

(i) $W(t) = 1$, 모든 t에 대해: 로그-순위 검정이라 하고 모집단의 위험률이 서로 비례관계에 있을 때 최적의 검정력을 갖는다.

(ii) $W(t_i) = Y_i$: Gehan(1965)이 제안한 가중함수로 이집단 Mann-Whitney-Wilcoxon 검정의 일반화로 유도되었다.

(iii) $W(t_i) = \tilde{S}(t_i)$: Peto and Peto(1972)가 제안한 가중함수로 생존함수를 이용한다.

여기서

$$\tilde{S}(t_i) = \prod_{t_i \le t}\left(1 - \frac{d_i}{Y_i + 1}\right). \tag{6.8}$$

(iv) $W(t_i) = \hat{S}(t_i)^p[1 - \hat{S}(t_i)]^q,\ \ p \ge 0,\ q \ge 0$: Fleming and Harrington(1981)의 가중함수로 적절한 p, q에 대한 선택으로 검정력을 높일 수 있다.

참고 6.1

i 시점에서 Y_i명이 위험그룹에 있고 그중 그룹1에 속한 위험그룹은 Y_{1i}일 경우, N_{1i}만큼 그룹1에서 사건이 발생할 확률은 다음과 같다.

$$P(D_{1i} = d_{1i}) = \frac{\binom{Y_{1i}}{d_{1i}}\binom{Y_i - Y_{1i}}{N_i - d_{1i}}}{\binom{Y_i}{d_i}}$$

귀무가설하에서 d_{1i}의 조건부분포는 초기하분포를 따르므로

$$E(d_{1i}) = d_i\left(\frac{Y_{1i}}{Y_i}\right) = Y_{1i}\frac{d_i}{Y_i}, \quad V_{1i} = Var(d_{1i}) = \frac{Y_{1i}Y_{2i}}{Y_i - 1}\frac{d_i}{Y_i}\left(1 - \frac{d_i}{Y_i}\right).$$

귀무가설하에서 로그-순위 검정통계량은

$$Z = \frac{Z^*}{\sqrt{V_1}} \sim N(0,1), \quad \chi^2 = \frac{Z^{*2}}{V_1} \sim \chi_1^2$$

여기서 $V_1 = \sum_{i=1}^{D} V_{1i}$이다.

예제 6.5 [예제 5.4] 백혈병 데이터의 두 그룹에 대한 생존함수가 같다고 할 수 있는지 로그-순위 검정을 하고자 한다.

표 6.6 백혈병 데이터에 대한 각 시점에서 기댓값 계산

ordered time	# of observed		# of observed at risk		Expected		Obs-Expected	
t_i	d_{1i}	d_{2i}	Y_{1i}	Y_{2i}	E_{1i}	E_{2i}	$d_{1i}-E_{1i}$	$d_{2i}-E_{2i}$
1	0	2	21	21	$(21/42)\times 2$	$(21/42)\times 2$	−1.00	1.00
2	0	2	21	19	$(21/40)\times 2$	$(19/40)\times 2$	−1.05	1.05
3	0	1	21	17	$(21/38)\times 1$	$(17/38)\times 1$	−0.55	0.55
4	0	2	21	16	$(21/37)\times 2$	$(16/37)\times 2$	−1.14	1.14
5	0	2	21	14	$(21/35)\times 2$	$(14/35)\times 2$	−1.20	1.20
6	3	0	21	12	$(21/33)\times 3$	$(12/33)\times 3$	1.09	−1.09
7	1	0	17	12	$(17/29)\times 1$	$(12/29)\times 1$	0.41	−0.41
8	0	4	16	12	$(16/28)\times 4$	$(12/28)\times 4$	−2.29	2.29
10	1	0	15	8	$(15/23)\times 1$	$(8/23)\times 1$	0.35	−0.35
11	0	2	13	8	$(12/21)\times 2$	$(8/21)\times 2$	−1.24	1.24
12	0	2	12	6	$(12/18)\times 2$	$(6/18)\times 2$	−1.33	1.33
13	1	0	12	4	$(12/16)\times 1$	$(4/16)\times 1$	0.25	0.25
15	0	1	11	4	$(11/15)\times 1$	$(4/15)\times 1$	−0.73	0.73
16	1	0	11	3	$(11/14)\times 1$	$(3/14)\times 1$	0.21	−0.21
17	0	1	10	3	$(10/13)\times 1$	$(3/13)\times 1$	−0.77	0.77
22	1	1	7	2	$(7/9)\times 2$	$(2/9)\times 2$	−0.56	0.56
23	1	1	6	1	$(6/7)\times 2$	$(1/7)\times 2$	−0.71	0.71
total	9	21			19.26	10.74	−10.26	+10.26

각 셀에서의 기댓값은 다음과 같이 구한다.

그룹1의 i번째 셀의 기댓값 = 위험집합에서 그룹1 사건비율 × 두 그룹에서의 사건 발생수

$$E_{1i} = \left(\frac{Y_{1i}}{Y_{1i} + Y_{2i}}\right) \times (d_{1i} + d_{2i}) = Y_{1i}\frac{d_i}{Y_i}. \tag{6.9}$$

그룹2의 j번째 셀의 기댓값 = 위험집합에서 그룹2 사건비율 × 두 그룹에서의 사건 발생수

$$E_{2j} = \left(\frac{Y_{2j}}{Y_{1j} + Y_{2j}}\right) \times (d_{1j} + d_{2j}) = Y_{2j}\frac{d_j}{Y_j}.$$

관측값이 발생한 매 시점 t_i에서 <표 6.7>과 같이 정리하여 표를 만들 수 있다.

표 6.7 백혈병 데이터에 대한 각 시점에서 관측도수

	사건		
그룹	yes (사건발생)	no (중도절단)	총합
1	d_{1i}	$Y_{1i} - d_{1i}$	Y_{1i}
2	d_{2i}	$Y_{2i} - d_{2i}$	Y_{2i}
총합	d_i	$Y_i - d_i$	Y_i

동점이 없을 경우 로그-순위 검정통계량은

$$\chi^2_{LR} = \frac{\left[\sum_{i=1}^{D}(d_{1i} - Y_{1i}\frac{d_i}{Y_i})\right]^2}{\sum_{i=1}^{D}\frac{Y_{1i}Y_{2i}}{Y_i - 1}\frac{d_i}{Y_i}\left(1 - \frac{d_i}{Y_i}\right)} \tag{6.10}$$

이다. 분자는 $\sum(O - E)$ 형태를 가지며 여기서 O는 그룹1에서의 관측값, E는 위험집합에서의 기댓값이다. 여기서 기댓값은

$$\text{기댓값} = \text{사건발생수} \times \text{그룹1에서의 위험비율}$$

이다.

로그-순위 검정은 그룹 간 위험률이 비례할 때 검정력이 좋다. 시간의 구간에 따라 그룹 간 위험률이 서로 교차하는 경우에는 검정력이 낮아지게 된다. 비례위험률이 아닐 경우에는 어떤 검정을 해야 하는지 생각해 보아야 한다.

로그-순위 검정통계량은 사건발생시간의 순위에 점수를 주어 계산한다. 그러므로 점수 대신 가중함수를 주어 일반적인 로그-순위 검정통계량을 만들 수 있으며 선형순위검정(linear rank test)이라고 한다.

왜 로그-순위 검정이라고 하는가? 생존함수 $S(t) = \exp(-H(t))$이고 생존함수추정량은

$$\hat{S}(t) = \exp(-\hat{H}(t)) = \exp\left(-\sum_{i:t_i<t}\frac{d_i}{Y_i}\right) \tag{6.11}$$

이다. $\hat{H}(t) = -\log\hat{S}(t)$는 로그 생존함수 형태이다. 즉, 순위를 이용한 통계량에 로그

표 6.8 검정법과 가중함수

검정법	가중함수 $w_i = W(t_i)$
Log-rank	$w_i = 1$
Gehan's Wilcoxon	$w_i = Y_i$
Peto/Prentice	$w_i = n\hat{S}(t_i)$
Fleming-Harrington	$w_i = [\hat{S}(t_{i-1})]^{\alpha}[1-\hat{S}(t_{i-1})]^{1-\alpha}$
Tarone-Ware	$w_i = \sqrt{Y_i}$
Peto와 Peto	$w_i = 1-\hat{H}(t_i)$: t_i 시점에서 사건발생 $w_i = -\hat{H}(t_i)$: t_i 시점에서 중도절단

를 취한 형태를 사용하는 것이므로 '로그-순위'라고 한다.

로그-순위 검정의 일반적인 형태는 다음과 같이 가중함수 $w_i = W(t_i)$를 추가한 것이다.

$$\chi^2_{GLR} = \frac{\left[\sum_{i=1}^{D} w_i(d_{1i} - Y_{1i}\frac{d_i}{Y_i})\right]^2}{\sum_{i=1}^{D} \frac{w_i^2 Y_{1i} Y_{2i}}{Y_i - 1}\frac{d_i}{Y_i}\left(1-\frac{d_i}{Y_i}\right)} \tag{6.12}$$

가중함수에 따른 검정법 이름이 <표 6.8>에 정리되어 있다.

6.4 여러 집단에 대한 로그-순위 검정

이 절에서는 일반적인 $K(\geq 2)$개 모집단에 대한 생존함수의 동일성 검정으로 확장하여 설명하고자 한다. 한 개 모집단의 경우 추정된 위험률과 가정된 위험률에 대해 가중값을 주어 비교한다. 이러한 방법을 K개 모집단을 비교하는 방법으로 확장한다.

(1) 관심 가설

$H_0 : h_1(t) = h_2(t) = \cdots = h_K(t),\ t \leq \tau.$ 에 대해

H_1 : 적어도 $t \leq \tau$의 일부분에서 한 개의 $h_g(t)$는 나머지와 다르다.

$g = 1, \ldots, K.$

여기서 τ는 적어도 한 개체가 위험에 있는 가장 큰 값이다.

(2) 데이터 구조

$K(\geq 2)$개 모집단에서 발생된 데이터는 우중도절단을 포함할 수 있으며 $t_1 < t_2 < \cdots < t_D$개의 구별되는 관측값을 갖는다. 즉, D개 위험집합을 갖는다.

시점 t_i일 때 g번째 모집단에서 d_{gi}개 사건이 발생하고 위험집합에 Y_{gi} 개체가 있다.

시점 t_i, $i = 1, \cdots, D$에서 다음과 같은 기호로 표시한다.

$d_i = \sum_{g=1}^{K} d_{gi}$는 t_i 시점에서 관측된 사건발생수,

$Y_i = \sum_{g=1}^{K} Y_{gi}$는 t_i 시점에서 통합한 데이터에서 위험개체수,

$\frac{d_i}{Y_i}$는 t_i 시점에서 관측된 위험률,

$\frac{d_{gi}}{Y_{gi}}$는 t_i 시점에서 그룹 g에서 관측된 위험률 $g = 1, 2, \ldots, K$

이다. 만약 귀무가설이 완벽히 참이라면 t_i 시점에서 $\frac{d_i}{Y_i} = \frac{d_{1i}}{Y_{1i}} = \cdots = \frac{d_{Ki}}{Y_{Ki}}$이 된다.

(3) 로그-순위 검정통계량

$$\sum_{g=1}^{K} (\widehat{h_g} - \bar{h}) = \sum_{g=1}^{K} \left\{ \left(\sum_{i=1}^{D} W_g(t_i) \frac{d_{gi}}{Y_{gi}} \right) - \left(\sum_{i=1}^{D} W_g(t_i) \frac{d_i}{Y_i} \right) \right\} \tag{6.13}$$

귀무가설하에서 t_i 시점에서 g번째 모집단의 위험률 추정량 $\frac{d_{gi}}{Y_{gi}}$과 모집단 전체에서 통합된 위험률 추정량 $\frac{d_i}{Y_i}$의 차이에 기반한 검정통계량으로

$$Z_g(\tau) = \sum_{i=1}^{D} W_g(t_i) \left(\frac{d_{gi}}{Y_{gi}} - \frac{d_i}{Y_i} \right), \quad g = 1, \cdots, K \tag{6.14}$$

를 고려한다. 가중함수 $W_g(t_i) = Y_{gi} W(t_i) = Y_{gi} W_i$를 사용하면

$$Z_g(\tau) = \sum_{i=1}^{D} W_i \left\{ d_{gi} - Y_{gi} \left(\frac{d_i}{Y_i} \right) \right\}, \quad g = 1, \cdots, K \tag{6.15}$$

이다. $Z_g(\tau)$ 값이 0에 가까울수록 귀무가설을 뒷받침하게 된다.

(4) 귀무가설하에서 $Z_g(\tau)$, $g=1,\ldots,K$에 대한 분산과 공분산

$Z_g(\tau)$의 분산은

$$\hat{\sigma}_{gg} = \sum_{i=1}^{D} W(t_i)^2 \frac{Y_{gi}}{Y_i}\left(1-\frac{Y_{gi}}{Y_i}\right)\left(\frac{Y_i-d_i}{Y_i-1}\right)d_i, \quad g=1,\cdots,K, \tag{6.16}$$

$Z_j(\tau)$와 $Z_g(\tau)$의 공분산은

$$\hat{\sigma}_{jg} = -\sum_{i=1}^{D} W(t_i)^2 \frac{Y_{ji}}{Y_i}\frac{Y_{gi}}{Y_i}\left(\frac{Y_i-d_i}{Y_i-1}\right)d_i, \quad g \neq j \tag{6.17}$$

이다.

벡터 $(Z_1(\tau),\ldots,Z_K(\tau))'$는 $\sum_{j=1}^{K} Z_j(\tau)=0$을 만족하므로 선형 종속이다. 그러므로 검정통계량은 $(K-1)$개의 $Z_g(\tau)$들로 구성하면 된다. $(K-1)$개 $Z_g(\tau)$들에 대한 $(K-1)\times(K-1)$ 공분산행렬 $\boldsymbol{\Sigma}$에 대해 다음과 같은 카이제곱 검정통계량을 사용한다. 검정통계량

$$\chi^2 = (Z_1(\tau),\ldots,Z_{K-1}(\tau))\boldsymbol{\Sigma}^{-1}(Z_1(\tau),\ldots,Z_{K-1}(\tau))' \tag{6.18}$$

은 귀무가설 H_0하에서 카이제곱통계량 χ^2은 자유도 $(K-1)$인 카이제곱분포를 따른다. 즉, $\chi^2 \sim \chi^2_{K-1}$이므로 유의수준 α에서 검정법은 검정통계량 χ^2을 이용하여 만약 $\chi^2 > \chi^2_{K-1,\alpha}$이면 귀무가설을 기각한다.

(5) $K=2$인 경우 Z 검정

그룹이 2개인 경우 검정통계량은 다음과 같고

$$Z = \frac{\sum_{i=1}^{D} W(t_i)\left[d_{i1} - Y_{i1}\left(\frac{d_i}{Y_i}\right)\right]}{\sqrt{\sum_{i=1}^{D} W(t_i)^2 \frac{Y_{i1}}{Y_i}\left(1-\frac{Y_{i1}}{Y_i}\right)\left(\frac{Y_i-d_i}{Y_i-1}\right)d_i}} \tag{6.19}$$

Z는 H_0하에서 $n\to\infty$이면 $Z\sim N(0,1)$이다. 가중함수 $W(t)=1$, $t\leq\tau$이면 로그-순위 검정이 된다.

다음의 각 가설에 대해 정규통계량에 의한 검정법은 다음과 같다.

(i) $H_0 : h_1(t) = h_2(t)$ 에 대해 $H_1 : h_1(t) \neq h_2(t)$

유의수준 α에서 검정법은 만약 $|Z| \geq z_{\alpha/2}$이면 H_0를 기각한다.

(ii) $H_0 : h_1(t) \geq h_2(t)$ 에 대해 $H_1 : h_1(t) < h_2(t)$

유의수준 α에서 검정법은 만약 $Z \leq -z_\alpha$이면 H_0를 기각한다.

(iii) $H_0 : h_1(t) \leq h_2(t)$ 에 대해 $H_1 : h_1(t) > h_2(t)$

유의수준 α에서 검정법은 만약 $Z \geq z_\alpha$이면 H_0를 기각한다.

6.5 층화 로그-순위 검정

두 개 그룹이 있고 각 그룹은 성별로 층화되어 있다고 하자. 그런데 우리는 그룹별 생존함수 비교에 관심이 있다. 그렇다면 성별 층을 보정한 생존함수를 추정해 비교해야 한다. 이러한 경우 층화 로그-순위 검정(stratified log-rank test)을 해야 한다.

K개 그룹이 있고 각 집단은 S개의 층으로 층화되었다고 하자. 각 층별로 로그-순위 검정통계량을 구한 후 통합하여 검정통계량을 구한다. 층화 상황의 예로 <그림 6.2>를 참조한다.

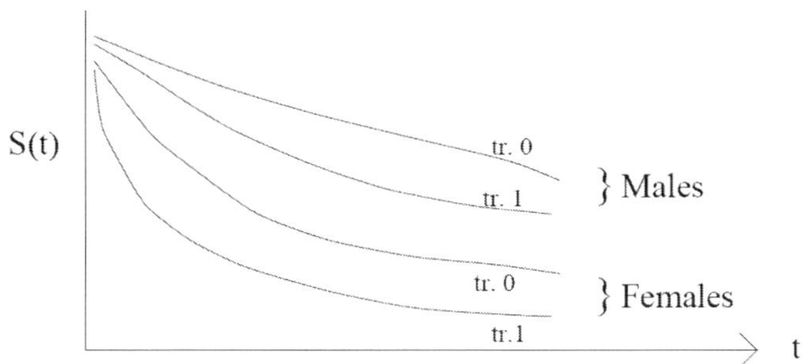

그림 6.2 성별(male/female)로 층화된 두 그룹(tr0/tr1) 생존함수의 관계

(1) 관심 가설

H_0 : $h_{1s}(t) = h_{2s}(t) = \cdots = h_{Ks}(t)$, $s = 1, \ldots, S$, $t < \tau$. 에 대해

H_1 : 적어도 $t \leq \tau$의 일부분에서 한 개의 $h_{gs}(t)$는 나머지와 다르다.

$g = 1, 2, \ldots, K$.

여기서 τ는 적어도 한 개체가 위험에 있는 가장 큰 값이다.

(2) 데이터 구조

$K(\geq 2)$개 모집단에서 발생된 데이터는 각 집단에서 S개의 층을 갖는다. 여기서 층은 공변량의 범위에 따른 층화로 S개의 층을 고려할 경우도 있다.

(3) 로그-순위 검정통계량

각 층을 포함한 다음의 통계량을 이용한다.

$$Z_{j\cdot}(\tau)=\sum_{s=1}^{S} Z_{js}(\tau), \quad \hat{\sigma}_{jg\cdot}=\sum_{s=1}^{S}\hat{\sigma}_{jgs}. \tag{6.20}$$

$(K-1)$개의 $Z_{j\cdot}(\tau)$들에 대한 $(K-1)\times(K-1)$ 공분산행렬 $\Sigma_{\cdot}$에 대해 다음과 같은 카이제곱통계량을 사용한다. 검정통계량

$$\chi^2=[Z_{1\cdot}(\tau),\ldots,Z_{K-1\cdot}(\tau)]\,\Sigma_{\cdot}^{-1}\,[Z_{1\cdot}(\tau),\ldots,Z_{K-1\cdot}(\tau)]'. \tag{6.21}$$

은 귀무가설 H_0하에서 χ^2은 자유도 $(K-1)$인 카이제곱분포를 따른다. 즉, $\chi^2 \sim \chi^2_{K-1}$이므로 유의수준 α에서 검정법은 검정통계량 χ^2을 이용하여 만약 $\chi^2>\chi^2_{K-1,\alpha}$이면 귀무가설을 기각한다.

각 그룹에서 다음의 로그-순위 검정통계량

$$Z=\frac{\sum_{s=1}^{S}(O^{(s)}-E^{(s)})}{\sqrt{\sum_{s=1}^{S}V^{(s)}}}$$

는 귀무가설하에서 근사적으로 표준정규분포를 따른다.

(4) $K=2$인 경우

검정통계량

$$Z=\frac{\sum_{s=1}^{S}Z_{1s}(\tau)}{\sqrt{\sum_{s=1}^{S}\hat{\sigma}_{11s}}}$$

는 귀무가설하에서 근사적으로 표준정규분포를 따른다. 유의수준 α에서 검정법은 검정통계량 Z을 이용하여 만약 $|Z|\geq z_{\alpha/2}$이면 H_0를 기각한다.

예제 6.6 층화 예를 들어보고자 한다.

(a) 폐암(lung cancer) 데이터를 여러 기관에서 수집하였으며 각 기관을 층으로 하여 층화에 따라 생존함수가 같다고 할 수 있는지 검정하고자 한다.
survival 패키지에 내장된 폐암(lung cancer) 데이터 data(lung)을 이용하여 층화 로그-순위 검정을 한다. [예제 6.12]를 참조한다.

(b) 폐암 데이터에 대해 성별을 층으로 하여 층화에 따라 생존함수가 같다고 할 수 있는지 검정하고자 한다. <프로그램 6.7>을 참조하여 구하면 된다.

6.6 R을 이용한 로그-순위 검정

예제 6.7 [예제 6.2] 심장병 환자 데이터에 대해 Cochran–Mantel–Haenszel 검정을 하고자 한다. R에서는 mantelhaen.test() 함수를 이용한다.

프로그램 6.1 심장병 환자 데이터에 대한 Cochran–Mantel–Haenszel 검정

```
heart.dis <-
array(c(2, 11, 46, 41,
        4, 12, 67, 60,
        1, 4, 86,  76,
        1, 6, 37,  32,
        2, 1, 92, 93),
     dim = c(2, 2, 5),
     dimnames = list(
         treatment= c("Niacin", "placebo"),
         Response = c("revas", "norevas"),
         Hospital = c("1", "2", "3", "4", "5")) )
heart.dis
mantelhaen.test(heart.dis)       ## Classical Mantel–Haenszel test
```

결과 6.1 심장병 환자 데이터에 대한 Cochran–Mantel–Haenszel 검정 결과

```
> heart.dis
, , Hospital = 1
          Response
treatment revas norevas
  Niacin      2      46
  placebo    11      41

, , Hospital = 2
          Response
treatment revas norevas
  Niacin      4      67
  placebo    12      60

, , Hospital = 3
          Response
treatment revas norevas
  Niacin      1      86
  placebo     4      76
```

```
. . Hospital = 4
          Response
treatment revas norevas
  Niacin          1     37
  placebo         6     32

. . Hospital = 5
          Response
treatment revas norevas
  Niacin          2     92
  placebo         1     93

> mantelhaen.test(heart.dis)  ## Classical Mantel-Haenszel test
         Mantel-Haenszel chi-squared test with continuity correction
data:  heart.dis
Mantel-Haenszel X-squared = 12.746, df = 1, p-value = 0.0003568
alternative hypothesis: true common odds ratio is not equal to 1
95 percent confidence interval:
 0.1307105 0.5583872
sample estimates:
common odds ratio
        0.2701612
```

예제 6.8 자가골수이식을 받은 백혈병 환자의 위험률이 알려진 위험률과 차이가 있는지 검정하고자 한다. KMsurv 패키지에 내장된 데이터셋 data(alloauto)을 사용한다.

$$H_0: \lambda = 0.045 \quad \text{에 대해} \quad H_1 : \lambda \neq 0.045$$

프로그램 6.2 백혈병 자가골수이식 그룹에 대한 일표본 로그-순위 검정(지수분포가정)

```
library(survival)
library(KMsurv)
data(alloauto)
# time:  Time to death or relapse, months
# type: Type of transplant (1=allogeneic, 2=autologous)
# delta: Leukemia-free survival indicator
#        (0=alive without relapse, 1=dead or relapse)

auto=alloauto[which(alloauto[,2]==2),];
auto

# (a) One-sample Log-rank test with exp fit
```

```
lambda.test=0.045;                # One-sample test - fit to exp(lambda=0.045)
hazard.test=exp(-lambda.test*auto[,1])      # This is h_0(t)
log.rank=survdiff(Surv(time,delta)~offset(hazard.test),data=auto)
                                  # Carry out the test
log.rank
log.rank$chisq                 # Get value of Chi-square statistic
1-pchisq(log.rank$chisq,1) # p-value
```

결과 6.2 백혈병 자가골수이식 그룹에 대한 일표본 로그-순위 검정 결과(지수분포가정)

```
> log.rank
Call:
survdiff(formula = Surv(time, delta) ~ offset(hazard.test), data = auto)
Observed Expected          Z          p
 28.0000   38.3992    1.6782    0.0933
> log.rank$chisq # Get value of Chi-square statistic
[1] 2.816301
> 1-pchisq(log.rank$chisq,1) # p-value
[1] 0.09331119
```

➡ 카이제곱통계량은 2.8163이고 $p-$값 $=0.0933>\alpha=0.05$이므로 귀무가설을 기각하지 못한다. 그러므로 유의수준 5%에서 주어진 생존함수와 다르다고 할 수 없다.

프로그램 6.3 백혈병 자가골수이식 그룹에 대한 일표본 로그-순위 검정(비모수적)

```
# (b) Fleming and Harrington test (one sample test)
log.rank=survdiff(Surv(time,delta)~offset(hazard.test),data=auto,rho=2)
                              # rho=0:default, rho=1:Peto-Peto,
# rho=2:weight earlier heavier(F-H weight)
log.rank
log.rank$chisq # Get value of Chi-square statistic
1-pchisq(log.rank$chisq,1) # p-value
z=-sqrt(log.rank$chisq) # Get value of z statistic
z
```

결과 6.3 백혈병 자가골수이식 그룹에 대한 일표본 로그-순위 검정 결과(비모수적)

```
> log.rank
Call:
survdiff(formula = Surv(time, delta) ~ offset(hazard.test), data = auto,
    rho = 2)
```

```
Observed Expected          Z          p
  28.000   38.399     0.841      0.400
> log.rank$chisq # Get value of Chi-square statistic
[1] 0.7071952
> 1-pchisq(log.rank$chisq,1) # p-value
[1] 0.4003765
> z=-sqrt(log.rank$chisq) # Get value of z statistic
> z
[1] -0.840949
```

➡ 카이제곱통계량은 0.707이고 $p-$값 $=0.40037>\alpha=0.05$이므로 귀무가설을 기각하지 못한다. 그러므로 유의수준 5%에서 주어진 생존함수와 다르다고 할 수 없다.

예제 6.9 [예제 5.4]의 백혈병 두 그룹 데이터에 대해 그룹별 생존함수가 동일하다고 할 수 있는지 로그-순위 검정을 하고자 한다.

프로그램 6.4 백혈병 두 그룹에 대한 로그-순위 검정

```
library(survival)
time1 <- c(6,6,6,6,7,9,10,10,11,13,16,17,19,20,22,23,25,25,32,32,34)
 status1 <- c(1,1,1,0,1,0,1,0,0,1, 1,0,0,0,1,1,0,0,0,0,0)
time2 <- c(1,1,2,2,3,4,4,5,5,8,8,8,8,11,11,12,12,15,17,22,23)
 status2 <- c(1,1,1,1,1,1,1,1,1,1,1,1,1,1,1,1,1,1,1,1,1)
time<-c(time1, time2)
status<-c(status1, status2)
group<-c(rep(1,21), rep(2,21) )   # 1:trt 2:placebo => group 변수 생성
fit <- survdiff(Surv(time, status) ~ group)      #default: rho=0
fit
plot(survfit(Surv(time,status)~group),lty=1:2,xlab="time",ylab="surv prob")
legend(20,0.8, c('group 1', 'group 2'), lty=c(1,2) )     #그림 6.3
```

결과 6.4 백혈병 두 그룹에 대한 로그-순위 검정 결과

```
> fit
         N Observed Expected (O-E)^2/E (O-E)^2/V
group=1 21        9     19.3      5.46      16.8
group=2 21       21     10.7      9.77      16.8
 Chisq= 16.8  on 1 degrees of freedom, p= 4.17e-05
```

➡ 카이제곱통계량은 16.8이고 $p-$값 $=4.17\times10^{-5}<\alpha=0.05$이므로 귀무가설을 기각한다. 그러므로 유의수준 5%에서 처리집단 간 생존함수가 다르다고 할 수 있다.

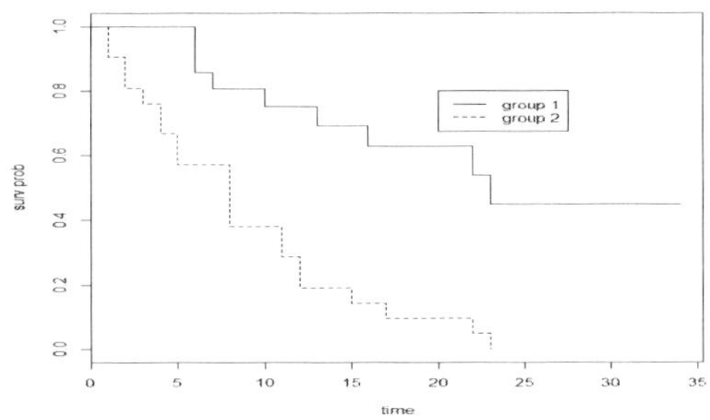

그림 6.3 백혈병 두 그룹별 생존함수

예제 6.10 [예제 5.4]의 백혈병 두 그룹 데이터에 대해 그룹별 생존함수가 동일하다고 할 수 있는지 Peto 검정을 하고자 한다.

프로그램 6.5 백혈병 두 그룹에 대한 Peto 검정

```
# Peto & Peto modication of the Gehan-Wilcoxon test with rho=1
# smaller rho => more weight for latter
fit.p <- survdiff(Surv(time, status) ~ group, rho=1)  #rho=1 : weight for former
fit.p
```

결과 6.5 백혈병 두 그룹에 대한 Peto 검정 결과

```
> fit.p
survdiff(formula = Surv(time, status) ~ group, rho = 1)
           N Observed Expected (O-E)^2/E (O-E)^2/V
group=1 21      5.12    12.00      3.94      14.5
group=2 21     14.55     7.68      6.16      14.5
 Chisq= 14.5  on 1 degrees of freedom, p= 0.000143
```

➡ 카이제곱통계량은 14.50이고 $p-$값 $=0.000143<\alpha=0.05$이므로 귀무가설을 기각한다. 그러므로 유의수준 5%에서 처리집단 간 생존함수가 다르다고 할 수 있다.

예제 6.11 survival 패키지에 내장된 난소암(ovarian cancer) ovarian 데이터를 이용하여 처리그룹에 따라 생존함수가 같다고 할 수 있는지 검정하고자 한다. ovarian 데이터에 포함된 변수는 다음과 같다.

- futime: survival or censoring time
- fustat: censoring status
- age: in years
- resid.ds: residual disease present (1=no,2=yes)
- rx: treatment group
- ecog.ps: ECOG performance status (1 is better)

프로그램 6.6 ovarian 데이터에 대한 처리그룹에 대한 로그-순위 검정

```
library(survival)
 data(ovarian)
 head(ovarian)
attach(ovarian)
S1<- Surv(futime, fustat)
S1
## Two-sample log-rank test
survdiff(Surv(futime, fustat) ~ rx, data=ovarian)
```

```
> S1
 [1]   59   115   156   421+   431   448+  464   475   477+  563   638   744+
[13]  769+  770+  803+  855+ 1040+ 1106+ 1129+ 1206+ 1227+  268   329   353  365   377+
```

➡ 데이터에 대해 관측값과 중도절단 여부를 보여준다. +가 붙은 값은 중도절단된 경우이다.

결과 6.6 ovarian 데이터에 대한 처리그룹에 대한 로그-순위 검정 결과

```
> ## Two-sample test
> survdiff(Surv(futime, fustat) ~ rx,data=ovarian)
Call:
survdiff(formula = Surv(futime, fustat) ~ rx, data = ovarian)
        N Observed Expected (O-E)^2/E (O-E)^2/V
rx=1 13        7     5.23     0.596      1.06
rx=2 13        5     6.77     0.461      1.06
 Chisq= 1.1  on 1 degrees of freedom, p= 0.303
```

➡ 카이제곱통계량은 1.10이고 $p-\text{값}=0.303>\alpha=0.05$이므로 귀무가설을 기각하지 못한다. 그러므로 유의수준 5%에서 처리집단 간 생존함수가 다르다고 할 수 없다.

6.7 R을 이용한 층화 로그-순위 검정

예제 6.12 패키지 survival에 내장된 폐암 데이터 data(lung)을 이용하여 기관을 층으로 하여 층화에 따라 생존함수가 같다고 할 수 있는지 검정하고자 한다. Mayo Clinic에서 폐암환자들을 대상으로 생존시간과 일상적인 활동에 대한 점수를 준 데이터이다. lung 데이터셋에 포함된 변수는 다음과 같다.

- inst: Institution code
- time: Survival time in days
- status: censoring status 1=censored, 2=dead

- age: Age in years
- sex: Male=1 Female=2
- ph.ecog: ECOG performance score (0=good 5=dead)
- ph.karno: Karnofsky performance score (bad=0-good=100) rated by physician
- pat.karno: Karnofsky performance score rated by patient
- meal.cal: Calories consumed at meals
- wt.loss: Weight loss in last six months

프로그램 6.7 lung 데이터에 대한 층화 로그-순위 검정

```
## Stratified 7-sample test
lung
head(lung)
attach(lung)
 table(inst)       # 기관별 분포와 환자수에 대한 표
survdiff(Surv(time, status==2) ~ pat.karno + strata(inst), data=lung)
```

```
> table(inst)
inst
 1  2  3  4  5  6  7 10 11 12 13 15 16 21 22 26 32 33
36  5 19  4  9 14  8  4 18 23 20  6 16 13 17  6  7  2
```

➡ 18개 기관의 환자수를 보여준다.

결과 6.7 lung 데이터에 대한 층화 로그-순위 검정 결과

```
> survdiff(Surv(time, status) ~ pat.karno + strata(inst), data=lung)
Call:
survdiff(formula = Surv(time, status) ~ pat.karno + strata(inst),  data = lung)
n=224, 4 observations deleted due to missingness.
               N Observed Expected (O-E)^2/E (O-E)^2/V
pat.karno=30   2        1    0.692   0.13720   0.15752
pat.karno=40   2        1    1.099   0.00889   0.00973
pat.karno=50   4        4    1.166   6.88314   7.45359
pat.karno=60  30       27   16.298   7.02790   9.57333
pat.karno=70  41       31   26.358   0.81742   1.14774
pat.karno=80  50       38   41.938   0.36978   0.60032
pat.karno=90  60       38   47.242   1.80800   3.23078
pat.karno=100 35       21   26.207   1.03451   1.44067
 Chisq= 21.4  on 7 degrees of freedom, p= 0.00326
```

➡ 카이제곱통계량은 21.4이고 $p-$값 $= 0.00326 < \alpha = 0.05$이므로 귀무가설을 기각한다. 그러므로 유의수준 5%에서 처리집단 간 생존함수가 다르다고 할 수 있다.

연습문제

01 다음의 두 그룹 생존데이터에 대해 표를 만들어 로그-순위 검정을 R을 사용하지 않고 계산하시오. 어느 그룹의 생존시간이 더 길다고 할 수 있는가?

그룹 1	1	1+	2	2+
그룹 2	2	3	3+	4

여기서 +는 우중도절단을 나타낸다.

02 PBC 데이터에 대해 처리그룹(1,2)별 생존함수가 동일하다고 할 수 있는지 로그-순위 검정을 하고자 한다. 귀무가설, 대립가설, 검정통계량, p-값을 구하고 유의수준 $\alpha = 0.05$에서 검정하시오.

```
library(survival)
data(pbc)
survdiff(Surv(time, (status==2))~trt, data=pbc)    # default: rho=0
```

03 만약 두 그룹의 생존시간이 같은 모양모수를 갖고 서로 다른 척도모수를 갖는 와이블분포를 따른다면 R 시스템에서 survdiff() 함수 적용 시 어떤 rho 값을 사용하는 것이 좋을지 제안하시오.

```
rho = 0 :  log-rank or Mantel-Haenszel test.
rho = 1 :  Peto & Peto test.
```

04 발암물질 DMBA(dimethylbenzanthracene: 실험용 발암물질)를 사전처리에 따른 두 그룹의 실험쥐(rat)에게 투여 후 암진단까지 걸린 시간을 측정한 데이터이다. +가 표시된 데이터는 연구기간 내에 암이 발생하지 않아 암진단을 받지 않은 경우와 실험 중 소실 등의 경우를 포함한다.

표 6.9 DMBA 데이터

처리그룹	암진단까지 걸린 시간(일)
1	143 164 188 188 190 192 206 209 213 216 220 227 230 246 265 304 216+ 244+
2	142 156 173 198 205 232 232 233 233 233 239 240 261 280 280 296 296 323 204+ 344+

[참고] 방향족 탄화수소:

DMBA(7, 12-dimethylbenz[α]anthracene, 9, 10-dimethyl-1, 2-benzanthracene)와 벤조[α]피렌 등이 대표적인 것으로, 벤조[α]피렌은 실험동물 투여 시 강력한 발암물질로, 배기가스·공장매연·담배연기 등에서 검출된다.

(1) 그룹별 Kaplan-Meier 생존함수를 구하시오.

(2) 그룹별 Kaplan-Meier 생존함수 그림을 한 평면에 그리시오.

(3) 그룹별 생존함수가 같다고 할 수 있는지 유의수준 $\alpha = 0.05$에서 로그-순위 검정하시오. (귀무가설, 대립가설, 검정통계량값, p-값, 결론을 쓰시오.)

05 다음은 F98 glioma(신경교종: 중추신경의 신경교조직에서 발생하는 종양) 치료에 boron neutron capture therapy(BNCT: 붕소 중성자 치료)의 효과를 알아보기 위한 연구 결과이다. 실험쥐를 세 그룹으로 랜덤하게 배정한 후 각 실험쥐의 뇌에 F98 glioma cell을 이식한 후 사망까지의 시간 데이터이다. 처리하지 않은 대조 그룹, 방사선을 쪼인 그룹, 방사선요법과 boronophenylalanine(BPA)를 같이 처리한 그룹에 대해 실험한 결과는 다음과 같다.

표 6.10 BPA 데이터

untreated	radiated	radiated+BPA
20	26	31
21	28	32
23	29	34
24	30	35
24	30	36
26	31	38
26	31	38
27	32	42+
28	29	39
30	35+	42

(1) 그룹별 Kaplan-Meier 생존함수 그림을 한 평면에 그리시오.

(2) 그룹별 생존함수가 같다고 할 수 있는지 유의수준 $\alpha = 0.05$에서 로그-순위 검정하시오. (귀무가설, 대립가설, 검정통계량값, p-값, 결론을 쓰시오.)

06 Coronary heart disease(CHD, 관상심장병: 지방의 과다섭취 등의 원인으로 혈관이 막혀 유발되는 심장병)는 여성보다는 남성에게 더 위험하다고 알려져 있다. 다음은 유전학적 요인을 조절한 상황에서 CHD 환자들을 대상으로 성별에 따른 연구 결과 생존데이터이다.

표 6.11 CHD 데이터

남자	여자
50	63+
49+	52
56	70+
68	75
74+	72
69+	69+
70+	70+
67	70
74+	74+
81+	81+
61	58
75+	73+

(1) 성별 Kaplan-Meier 생존함수 그림을 한 평면에 그리시오.

(2) 성별 생존함수가 같다고 할 수 있는지 유의수준 $\alpha = 0.05$에서 로그-순위 검정하시오. (귀무가설, 대립가설, 검정통계량값, p-값, 결론을 쓰시오.)

07 90마리의 실험쥐(종, 나이, 신체조건이 비슷)에 대해 식이요법과 종양과의 관계를 알아보고자 한다. 다음은 종양세포(tumor cell) 주입 후 저지방(low-fat), 포화지방(saturated), 불포화지방(unsaturated) 식이요법을 한 후 200일 실험기간동안 조사한 데이터이다. 식이요법에 따라 생존시간이 다르다고 할 수 있는지 검정하시오.

표 6.12 식이요법과 종양 데이터

Rat	low-fat	Rat	saturated	Rat	unsaturated
1	140	1	124	1	112
2	177	2	58	2	68
3	50	3	56	3	84
4	65	4	68	4	109
5	86	5	79	5	153
6	153	6	89	6	143
7	181	7	107	7	60
8	191	8	86	8	70
9	77	9	142	9	98
10	84	10	110	10	164
11	87	11	96	11	63
12	56	12	142	12	63
13	66	13	86	13	77
14	73	14	75	14	91
15	119	15	117	15	91
16	140+	16	98	16	66
17	200+	17	105	17	70
18	201+	18	126	18	77
19	202+	19	43	19	63
20	203+	20	46	20	66
21	204+	21	81	21	66
22	205+	22	133	22	94
23	206+	23	165	23	101
24	207+	24	170+	24	105
25	208+	25	200+	25	108
26	209+	26	201+	26	112
27	210+	27	202+	27	115
28	211+	28	203+	28	126
29	212+	29	204+	29	161
30	213+	30	205+	30	178

08 남성 후두암 환자를 연령대로 층화하여 병의 단계(stage)별로 암 생존시간이 다르다고 할 수 있는지 검정하고자 한다. 연령대는 40대(50 미만), 50대(50 이상 60 미만), 60대(60 이상 70 미만), 70대(70 이상 80 미만), 80 이후 그룹으로 층화하고자 한다. [표 1.3](b) 데이터를 이용하여 층화 로그-순위 검정을 하시오.

```
# 프로그램 참조
larynx<-read.csv("C:/data/table1.3b_laryngealcancer.csv", header=T)
attach(larynx)
n<- nrow(larynx)
age_gp<-trunc(age/10)
table(age_gp)
```

7장

Cox 비례위험모형

만약 생존시간 데이터의 분포에 대한 정보가 있다면 9장에서 다루는 모수회귀모형을 이용하면 된다. 그러나 이러한 분포에 대한 가정이 적절하지 못할 경우에 모수회귀모형을 사용하게 되면 추정된 회귀계수의 정확성에 대해 신뢰성을 잃게 된다. 그러므로 모수모형의 가정에 영향을 받지 않는 방법이 필요하다.

비례위험모형(proportional hazard model, PH model)은 위험함수에 공변량에 대한 회귀식을 포함하는 모형으로 다음과 같은 특징이 있어 널리 사용된다.

- 기저분포에 대한 가정이 필요없다.
- 시간 가변 공변량(time-varying covariate)을 회귀모형에 포함시킬 수 있다.
- 추정된 회귀계수는 공변량과 위험함수의 관계를 나타낸다.

7.1 Cox 비례위험모형

개체에 대한 위험함수가 설명변수인 공변량에 의해 영향을 받는다면 위험률모형에 포함시켜야 한다. 비례위험모형의 가장 큰 특징은 반응변수인 생존시간과 공변량의 관계가 위험함수를 통해서 표현된다는 것이다. <그림 7.1>에서는 처리/위약그룹 공변량과 성별 공변량이 포함된 비례위험모형의 백혈병 처치 후 생존함수 그래프를 보여준다.

예를 들어, 공변량으로 사용될 수 있는 변수는 다음과 같다.

- 인구특성적 공변량: 나이, 성별, 사회경제적 상태, 교육정도
- 행동특성적: 식습관, 흡연여부, 운동정도, 음주정도
- 생리특성적: 혈압, 혈중 글루코오즈 수준, 헤모글로빈 수치, 심장박동
- 위험인자(risk factor): 치매의 위험을 증가시키는 APP(Amyloid beta-protein precursor) 유전인자 여부, 호르몬 수치, 가족병력 등

예제 7.1 모수회귀모형과 비례위험모형의 차이점을 알아보자.

한 개 공변량 Z가 있는 경우를 고려한다.

(a) 모수회귀모형: $\log T_i = Z_i\beta + \epsilon_i$

공변량 Z_i가 반응변수 $\log T_i$와 선형관계로 표현된다.

회귀계수 β는 공변량 변화에 따른 log(생존시간)의 관계를 나타낸다.

(b) 비례위험모형: $h(t|Z_i) = h_0(t)\exp(Z_i\beta)$

회귀계수 β는 공변량 변화에 따른 위험률의 관계를 나타낸다.

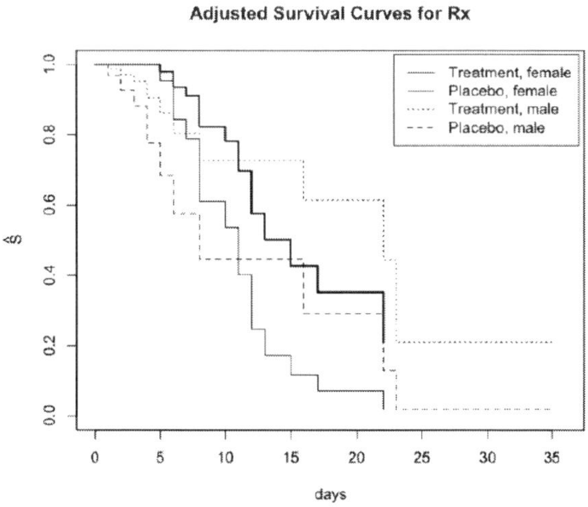

그림 7.1 처리/위약 그룹 공변량과 성별 공변량이 포함된 비례위험모형의 생존함수 그래프

7.2 공변량이 한 개인 경우 비례위험모형

7.2.1 데이터 구조—공변량이 한 개인 경우

공변량 한 개를 포함하므로 생존데이터는 $(T_i,\ \delta_i,\ Z_i(t)),\ \ i=1,...,n$으로 표기한다. 여기서

> T_i는 i번째 개체(또는 개인)가 연구에 있는 시간,
>
> δ_i는 i번째 개체에 대한 사건발생/중도절단 지시변수,
>
> $$\delta_i = \begin{cases} 1 & \text{관측된(observed) 경우} \\ 0 & \text{중도절단(censored) 경우,} \end{cases}$$
>
> $Z_i(t)$는 t 시점에서 i번째 개체에 대한 위험인자 또는 공변량이다.
>
> $t_{(1)} < \cdots < t_{(n)}$는 순서대로 정렬한 순서통계량이다.
>
> 표기 편의상 순서통계량을 $t_1 < t_2 < \cdots < t_n$로 놓는다.

예제 7.2 (a) 대장암환자 대상으로 수술 후 생존시간 데이터를 분석하고자 한다. 남녀 성별에 따라 생존율의 차이가 있을 수 있어 성별변수를 공변량으로 고려해 생존시간과 같이 분석한다.

(b) 폐암환자 대상으로 수술 후 생존시간 데이터를 분석하고자 한다. 흡연여부가 생존율에 영향을 미칠 수 있으므로 흡연여부변수를 공변량으로 고려해 생존시간과 같이 비례위험모형을 적합한다.

7.2.2 준모수적 Cox 비례위험모형

Cox(1972) 비례위험모형(proportional hazard model)은 공변량에게는 모수적 함수형태를 가정하고 기저함수에는 모수적 가정을 하지 않으므로 준모수적(semiparametric) 방법으로 불린다.

정의 7.1

$h(t|Z)$는 t 시점에서 위험인자 또는 공변량 Z를 가진 개체에 대한 위험률로 Cox 비례위험함수는

$$h(t|Z) = h_0(t)\psi(Z;\beta) = h_0(t)\exp(Z\beta) \tag{7.1}$$

이다. 여기서 $h_0(t)$는 분포 가정이 주어져있지 않은 기저위험함수(baseline hazard function)이다.

t 시점에서 위험인자 Z를 가진 i번째 개체에 대한 위험함수는

$$h(t|Z_i) = h_0(t)\psi(Z;\beta) = h_0(t)\exp(Z_i\beta)$$

이다. 여기서 $h_0(t)$는 분포 가정이 주어져 있지 않은 기저위험함수이다.

일반적으로 $\psi(Z;\beta) = \exp(Z\beta)$로 지수함수를 고려한다. β는 공변량의 효과를 추정하는 회귀계수로 구성된다. 공변량 Z_i가 한 단위 증가할 때마다 $\exp(\beta)$만큼 위험률이 증가한다.

위험률은 음수가 될 수 없으므로 지수함수(음수를 갖지 않는)가 음이 아닌 함수값을 보장해 주는 중요한 역할을 하며 가장 널리 이용된다. 그 외의 함수로 선형함수 $\psi(Z) = 1 + Z\beta$, 로지스틱 함수 $\psi(Z) = \log(1+e^{Z\beta})$ 등이 있다.

예제 7.3 $p=1$ 인 경우, 즉 한 개의 공변량을 고려한 경우, 두 개체 간 사건발생 위험비를 비교해 보자.

개체 i와 개체 j의 사건발생 위험비는

$$\frac{h(t|Z_i)}{h(t|Z_j)} = \frac{h_0(t)\exp(Z_i\beta)}{h_0(t)\exp(Z_j\beta)} = \exp[(Z_i - Z_j)\beta]$$

이다. 즉, 이러한 위험비는 시간에 의존하지 않고 회귀계수 β와 공변량값의 차 $(Z_i - Z_j)$에 의존함을 알 수 있다.

예제 7.4 공변량이 치료방법으로 $Z=1$ 또는 0인 이항을 갖는 경우를 고려한다.

두 개체 i와 j에 대해 공변량이 $Z_i = 1$, $Z_j = 0$인 경우, 즉 서로 다른 치료법을 처

치받은 환자에 대한 사건발생 위험비는

$$\frac{h(t|Z_i)}{h(t|Z_j)}=\frac{h_0(t)\exp(Z_i\beta)}{h_0(t)\exp(Z_j\beta)}=\exp[(Z_i-Z_j)\beta]=\exp(\beta) \tag{7.2}$$

이다. 이러한 위험비 $\exp(\beta)$는 시간이 변하더라도 불변으로 시점에 의존하지 않는다. 그러므로 Cox는 "비례위험(proportional hazard)"이라고 하였다.

7.2.3 회귀계수에 대한 추론

회귀계수 β를 추정하기 위해서는 Cox가 소개한 부분우도함수(partial likelihood function)를 이용한다. 우도함수는 관측 데이터셋의 확률에 비례하지만, 반면 부분우도함수는 그렇지 않다. 그럼에도 불구하고 부분우도함수는 근사적인 추론에서 우도함수와 마찬가지로 다룰 수 있어 유용하다.

동점이 없는 생존시간 데이터에 대한 부분우도함수는

$$PL(\beta)=\prod_{i=1}^{n}\left[\frac{Y_i\exp(Z_i\beta)}{\sum_{l\in R_i}Y_l\exp(Z_l\beta)}\right]^{\delta_i}=\prod_{i=1}^{n}\left[\frac{Y_ir_i(\beta,t)}{\sum_{l\in R_i}Y_lr_l(\beta,t)}\right]^{\delta_i} \tag{7.3}$$

이다. 여기서 $r_i(\beta,t)=\exp[Z_i\beta]\equiv r_i(t)$는 i번째 개체에 대한 위험점수(risk score)이다. $Y_i=Y_i(t)$는 i번째 개체가 t 시점에서 위험집합에 속하면 1, 아니면 0이다.

로그 부분우도함수 $l(\beta)$는 다음과 같다.

$$l(\beta)=\log PL(\beta)=\sum_{i=1}^{n}\delta_i\left[\log[Y_i\exp(Z_i\beta)]-\log\sum_{l\in R_i}Y_l\exp(Z_l\beta)\right]. \tag{7.4}$$

로그 부분우도함수 $l(\beta)$를 β에 대해 미분하면 점수함수(score function) $U(\beta)$를 얻는다.

$$\begin{aligned}U(\beta)&=\frac{\partial l(\beta)}{\partial\beta} \qquad (7.5)\\&=\sum_{i=1}^{n}\delta_i\left[\frac{Z_iY_i\exp(Z_i\beta)}{Y_i\exp(Z_i\beta)}-\frac{\sum_{l\in R_i}Z_lY_l\exp(Z_l\beta)}{\sum_{l\in R_i}Y_l\exp(Z_l\beta)}\right]\\&=\sum_{i=1}^{n}\delta_i\left[Z_i-\frac{\sum_{l\in R_i}Z_lY_l\exp(Z_l\beta)}{\sum_{l\in R_i}Y_l\exp(Z_l\beta)}\right].\end{aligned}$$

최대부분우도추정량 $\hat{\beta}$은 다음의 부분우도방정식

$$U(\hat{\beta})=0 \tag{7.6}$$

을 풀어 구한다. 이렇게 구한 해 $\hat{\beta}$은 β에 대한 일치추정량이 되며 근사적으로 정규분포 $N(\beta, E[I(\beta)]^{-1})$를 따른다. 여기서 정보행렬 $I(\beta)$는 다음과 같다.

$$I(\beta) = -\frac{\partial^2 l(\beta)}{\partial \beta^2} \tag{7.7}$$
$$= \sum_{i=1}^{n} \delta_i \left[\frac{\sum_{l \in R_i} Z_l^2 Y_l \exp(Z_l \beta)}{\sum_{l \in R_i} Y_l \exp(Z_l \beta)} - \frac{\left\{ \sum_{l \in R_i} Z_l Y_l \exp(Z_l \beta) \right\}^2}{\left\{ \sum_{l \in R_i} Y_l \exp(Z_l \beta) \right\}^2} \right].$$

함수 $U(\beta) = \frac{\partial l(\beta)}{\partial \beta}$에 대해 테일러 공식을 적용하면 근사적으로

$$0 = U(\hat{\beta}) \approx U(\beta) + U'(\beta)(\hat{\beta} - \beta) \tag{7.8}$$

이다. $U'(\beta) = \frac{\partial^2 l(\beta)}{\partial \beta^2}$이고 $-U'(\beta) = I(\beta)$이므로

$$\hat{\beta} \approx \beta - [U'(\beta)]^{-1} \cdot U(\beta) \approx \beta + I^{-1}(\beta) \cdot U(\beta) \tag{7.9}$$

를 얻는다.

적절한 초깃값 $\hat{\beta}^{(0)}$를 이용하여 다음과 같이 Newton–Raphson 알고리즘

$$\hat{\beta}^{(k+1)} = \hat{\beta}^{(k)} + I^{-1}(\hat{\beta}^{(k)}) U(\hat{\beta}^{(k)}) \tag{7.10}$$

을 사용하여 반복적인 계산을 통해 $\hat{\beta}$을 구한다. 로그 부분우도함수가 수렴할 때까지 (until convergence), 즉 $l(\hat{\beta}^{(k+1)}) \approx l(\hat{\beta}^{(k)})$일 때까지 반복적인 계산을 한 후 해를 구한다.

이렇게 구한 최대부분우도추정량 $\hat{\beta}$을 기반으로 누적위험함수를 구하기 위해 Breslow 추정량

$$\hat{H}(t|Z) = \sum_{t_{(i)} \le t} \frac{d_i}{\sum_{l \in R_i} \exp(Z_l \hat{\beta})} \tag{7.11}$$

을 이용한다. 여기서 $d_i = \sum_{l=1}^{n} \delta_l I(t_l = t_i)$이다.

회귀계수추정량 $\hat{\beta}$의 분포를 알아보자. 마팅게일 중심극한정리를 이용하여

$$\hat{\beta} - \beta \ \dot{\sim} \ N(0, I^{-1}(\beta)) \tag{7.12}$$

을 얻는다. 회귀계수추정량 $\hat{\beta}$은 근사적으로 정규분포를 따른다.

회귀계수 β에 대한 근사적인 $(1-\alpha)\times 100\%$ 신뢰구간은

$$\hat{\beta}\pm z_{\alpha/2}\,[\widehat{I^{-1}}(\beta)]^{1/2} \tag{7.13}$$

이다.

참고 7.1 개수과정을 이용한 표현

개수과정을 이용해 부분우도함수를 표현하면

$$PL(\beta)=\prod_{i=1}^{n}\prod_{t\geq 0}\left[\frac{Y_i(t)r_i(\beta,t)}{\sum_{l\in R_i}Y_l(t)r_l(\beta,t)}\right]^{dN_i(t)}$$

이다. 로그 부분우도함수는 개수과정을 이용해 다음과 같이

$$l(\beta)=\sum_{i=1}^{n}\int_0^{\infty}\left[Y_i(t)Z_i(t)\beta-\log\left\{\sum_j Y_j(t)r_j(t)\right\}\right]dN_i(t)$$

표현할 수 있다.

개수과정을 이용해 표현하면

$$U(\beta)=\sum_{i=1}^{n}\int_0^{\infty}[Z_i(s)-\overline{Z}(\beta,s)]dN_i(s)$$

이다. 여기서

$$\overline{Z}(\beta,s)=\frac{\sum_i Y_i(s)r_i(s)Z_i(s)}{\sum_i Y_i(s)r_i(s)}$$

으로 $Y_i(s)r_i(s)$을 $Z_i(s)$에 대한 가중값으로 볼 수 있다.

7.3 공변량이 여러 개인 경우 비례위험모형

7.3.1 데이터 구조─공변량이 여러 개인 경우

공변량벡터를 포함하므로 생존데이터는 $(T_i,\ \delta_i,\ \boldsymbol{Z}_i(t)),\ \ i=1,\ldots,n$으로 표기한다.

여기서

T_i는 i번째 개체(또는 개인)가 연구에 있는 시간,

δ_i는 i번째 개체에 대한 사건발생/중도절단 지시변수,

$$\delta_i = \begin{cases} 1 & \text{관측된 경우,} \\ 0 & \text{중도절단 경우.} \end{cases}$$

$\boldsymbol{Z}_i(t) = (Z_{i1}(t), \ldots, Z_{ip}(t))'$는 t 시점에서 i번째 개체에 대한 위험인자 또는 공변량 벡터이다. $Z_{ij}(t)$는 t 시점에서 i번째 개체의 j번째 위험인자 또는 공변량이다. 공변량이 시간 t에 의존하지 않을 경우에는 $Z_{ij}(t) = Z_{ij}$로 표기하기도 한다.

예제 7.5 (a) 대장암환자를 대상으로 수술 후 재발까지의 시간 데이터를 분석하고자 한다. 성별변수와 림프절 전이여부를 공변량으로 고려해 생존시간과 같이 분석한다.

(b) 폐암환자를 대상으로 수술 후 생존시간 데이터를 분석하고자 한다. 흡연여부와 혈액내 종양표시자 NSE(Neuron-specific enolase: 신경특이에놀라제), CEA(Carcinoembryobic abtigen: 태아성 암항원) 수치를 공변량으로 고려해 생존시간과 같이 분석한다.

7.3.2 준모수적 Cox 비례위험모형

Cox(1972) 비례위험모형은 공변량에 대해서는 모수적 함수 형태를 가정하고 기저함수에는 모수적 가정을 하지 않는 준모수적 방법이다.

$h(t|\boldsymbol{Z})$는 t 시점에서 위험인자벡터 $\boldsymbol{Z}$를 가진 개체에 대한 위험률이다. t 시점에서 위험인자벡터 $\boldsymbol{Z}= (Z_{i1}, \cdots, Z_{ip})'$를 가진 i번째 개체에 대한 위험함수는

$$h(t|\, \boldsymbol{Z}_i\,) = h_0(t)\,\exp(\boldsymbol{Z}_i'\boldsymbol{\beta}\,) = h_0(t)\exp(Z_{i1}\beta_1 + \cdots + Z_{ip}\beta_p) \qquad (7.14)$$

이다. 여기서 $h_0(t)$는 분포 가정이 주어져 있지 않는 기저위험함수이고 $\boldsymbol{\beta}= (\beta_1, \ldots, \beta_p)'$는 $p \times 1$ 회귀계수벡터로 공변량의 효과를 추정하는 회귀계수로 구성된다. 공변량 Z_{ik}가 한 단위 증가할 때마다 $\exp(\beta_k)$만큼 위험률이 증가한다.

예제 7.6 공변량이 p개인 경우 두 개체 i와 j의 사건발생 위험비는

$$\frac{h(t|\boldsymbol{Z}_i)}{h(t|\boldsymbol{Z}_j)} = \frac{h_0(t)\exp(Z_{i1}\beta_1 + \cdots + Z_{ip}\beta_p)}{h_0(t)\exp(Z_{j1}\beta_1 + \cdots + Z_{jp}\beta_p)} = \exp\left[\sum_{k=1}^{p}(Z_{ik} - Z_{jk})\beta_k\right] \qquad (7.15)$$

이다. 이러한 위험비는 시간이 변하더라도 불변이며 공변량값에 비례한다.

또한 이 식을 위험인자 $\boldsymbol{Z}_i = (Z_{i1}, \ldots, Z_{ip})'$와 $\boldsymbol{Z}_j = (Z_{j1}, \ldots, Z_{jp})'$를 가진 개체 간의 상대 위험도(relative risk) 또는 위험비(hazard ratio)라고 한다.

비례위험모형에서 위험함수의 중요한 부분은 지수함수 내에서의 회귀모형이므로 회귀계수벡터 $\boldsymbol{\beta}$를 추정하는 것이 문제이다. 다음 절에서 $\boldsymbol{\beta}$의 추정방법에 대해 설명하고자 한다.

7.3.3 회귀계수와 누적위험함수의 추정

공변량이 여러 개인 경우 공변량벡터를 이용해 데이터 구조와 모형을 $(t_i,\ \delta_i,\ \boldsymbol{Z}_i)$, $\boldsymbol{Z}_i = (Z_{i1}, \dots, Z_{ip})'$, $i = 1, \dots, n$로 표현한다.

$$\delta_i = \begin{cases} 1 & \text{관측된 경우} \\ 0 & \text{중도절단 경우} \end{cases}$$

$$\boldsymbol{Z}_i = (Z_{i1}, \dots, Z_{ip})' \text{ 는 } p \times 1 \text{ 공변량벡터}$$

$t_{(1)} < \cdots < t_{(n)}$은 순서대로 정렬한 순서통계량으로 표기 편의상 $t_1 < t_2 < \cdots < t_n$로 놓는다. $t_{(j)}$ 시점에 사건을 가진 개체의 공변량은 $Z_{(j)}$로 표기한다. 여기서 $Z_{(j)}$는 순서통계량이 아니고 해당 개체와 관련된 공변량을 나타낸다. 그러므로 순서통계량을 얻은 후 t_j 시점에 사건을 가진 개체의 공변량은 Z_j로 표기한다.

위험그룹 $R_j = R(t_j)$는 t_j 바로 전 시점까지 사건을 경험하지 않고 살아있는 개체들의 그룹이다. 여기서 동점은 없다고 가정한다.

비례위험모형에서는 회귀계수추정을 통해 모형을 적합하게 된다. 회귀계수추정법에 대해 알아보자.

(1) 비례위험모형

비례위험모형에서 Cox의 비례위험함수는

$$h(t|\boldsymbol{Z}) = h_0(t)\exp(\boldsymbol{Z}'\beta) = h_0(t)\exp(Z_1\beta_1 + \cdots + Z_p\beta_p) \qquad (7.16)$$

이다. 여기서 $\boldsymbol{Z} = (Z_1, \dots, Z_p)'$는 공변량벡터이고 $\beta = (\beta_1, \dots, \beta_p)'$는 회귀계수벡터이다.

$h(t|\boldsymbol{Z})$는 공변량 $\boldsymbol{Z}$를 가진 개체의 t 시점에서의 위험률(the hazard rate at time t for an individual with risk vector $\boldsymbol{Z}$)을 나타낸다.

i번째 개체에 대한 위험함수는

$$h(t|\boldsymbol{Z}_i) = h_0(t)\exp(\boldsymbol{Z}_i'\beta) = h_0(t)\exp(Z_{i1}\beta_1 + \cdots + Z_{ip}\beta_p) \qquad (7.17)$$

이다.

Cox(1975)는 회귀계수추정을 위해 기저분포에 의존하지 않는 방법으로 조건부확률에 근거하여 우도함수를 다음과 같이

$$\begin{aligned} &P[\text{individual die at } t_i \mid \text{one death at } t_i] \\ &= \frac{P[\text{individual die at } t_i \mid \text{survival to } t_i]}{P[\text{one death at } t_i \mid \text{survival to } t_i]} \\ &\approx \frac{[\text{individual die at } t_i \mid \text{survival to } t_i]}{[\text{one death at } t_i \text{ in the risk set} \mid \text{survival to } t_i]} \end{aligned}$$

유도하였다.

(2) 부분우도함수

한 개체에 대한 부분우도함수(partial likelihood)는 다음과 같이 구한다.

$$\begin{aligned} L_j^*(\beta) &= P\{Z_j\text{를 가진 개체가 } t_j\text{에서 사건을 경험할 확률} \mid t_j\text{에서 } R(t_j)\text{에 속할 때}\} \\ &= \frac{h_0(t_j)\exp(Z_j\beta)}{\sum_{l\in R(t_j)} h_0(t_j)\exp(Z_l\beta)} \\ &= \frac{\exp(Z_j\beta)}{\sum_{l\in R(t_j)} \exp(Z_l\beta)}. \end{aligned} \tag{7.18}$$

동점이 없는 생존시간 데이터에 대한 부분우도함수는

$$\begin{aligned} PL(\beta) &= \prod_{i=1}^{n}\left[\frac{Y_i\exp(\boldsymbol{Z}_i'\boldsymbol{\beta})}{\sum_{l\in R_i} Y_l\exp(\boldsymbol{Z}_l'\boldsymbol{\beta})}\right]_i^{\delta} = \prod_{i=1}^{n}\left[\frac{Y_i r_i(\boldsymbol{\beta},t)}{\sum_{l\in R_i} Y_l r_l(\boldsymbol{\beta},t)}\right]_i^{\delta} \\ &= \prod_{i=1}^{n}\left[\frac{Y_i\exp(Z_{i1}\beta_1+\cdots+Z_{ip}\beta_p)}{\sum_{l\in R_i} Y_l\exp(Z_{l1}\beta_1+\cdots+Z_{lp}\beta_p)}\right]_i^{\delta} \\ &= \prod_{i=1}^{n}[L_i^*]_i^{\delta} \end{aligned} \tag{7.19}$$

이다. 여기서 $r_i(\boldsymbol{\beta},t)=\exp[\boldsymbol{Z}_i'\boldsymbol{\beta}]\equiv r_i(t)$는 i번째 개체에 대한 위험점수이다.

$l(\boldsymbol{\beta})=\log PL(\boldsymbol{\beta})$를 이용하여 점수함수(score function) $U(\beta_k)$를 다음과 같이

$$U(\beta_k)=\frac{\partial l(\boldsymbol{\beta})}{\partial\beta_k}=\sum_{i=1}^{n}\delta_i\left\{Z_{ik}-\frac{\sum_{l\in R_i}\exp(\boldsymbol{Z}_l'\boldsymbol{\beta})Z_{lk}}{\sum_{l\in R_i}\exp(\boldsymbol{Z}_l'\boldsymbol{\beta})}\right\} \tag{7.20}$$

구한다. 여기서 $Y_i=1$인 경우만 식에 포함되므로 Y_i 표기를 생략할 수 있다.

(3) 정보행렬(information matrix)

모수에 대한 [−2차 미분]을 구하여 다음의 정보행렬 $I(\beta)$

$$I(\beta)=\left[I_{gh}(\boldsymbol{\beta})\right]_{p\times p}=-\begin{pmatrix} \frac{\partial^2 l(\boldsymbol{\beta})}{\partial\beta_1^2} & \frac{\partial^2 l(\boldsymbol{\beta})}{\partial\beta_1\partial\beta_2} & \cdots & \frac{\partial^2 l(\boldsymbol{\beta})}{\partial\beta_1\partial\beta_p} \\ \vdots & \frac{\partial^2 l(\boldsymbol{\beta})}{\partial\beta_2^2} & \vdots & \vdots \\ \vdots & \vdots & \vdots & \vdots \\ & \cdots & \cdots & \frac{\partial^2 l(\boldsymbol{\beta})}{\partial\beta_p^2} \end{pmatrix} \tag{7.21}$$

을 얻는다. 여기서 $g, h = 1, \ldots, p$에 대해

$$I_{gh}(\beta) = -\frac{\partial^2 l(\beta)}{\partial\beta_g \partial\beta_h} \tag{7.22}$$

$$= \sum_{i=1}^{n} \frac{\sum_{j \in R(t_i)} Z_{jg} z_{jh} \exp\left[\sum_{k=1}^{p} \beta_k Z_{jk}\right]}{\sum_{j \in R(t_i)} \exp\left[\sum_{k=1}^{p} \beta_k Z_{jk}\right]}$$

$$- \sum_{i=1}^{D} \left[\frac{\sum_{j \in R(t_i)} z_{jh} \exp\left(\sum_{k=1}^{p} \beta_k z_{jk}\right)}{\sum_{j \in R(t_i)} \exp\left(\sum_{k=1}^{p} \beta_k z_{jk}\right)}\right]\left[\frac{\sum_{j \in R(t_i)} z_{jh} \exp\left(\sum_{k=1}^{p} \beta_k z_{jk}\right)}{\sum_{j \in R(t_i)} \exp\left(\sum_{k=1}^{p} \beta_k z_{jk}\right)}\right].$$

적절한 초깃값 $\hat{\beta}^{(0)}$를 이용하여 다음과 같이 Newton–Raphson 알고리즘

$$\hat{\beta}^{(k+1)} = \hat{\beta}^{(k)} + I^{-1}(\hat{\beta}^{(k)}) U(\hat{\beta}^{(k)}) \tag{7.23}$$

을 사용하여 반복적인 계산을 통해 $\hat{\beta}$을 구한다. 로그 부분우도함수가 수렴할 때까지(until convergence), 즉 $l(\hat{\beta}^{(k+1)}) \approx l(\hat{\beta}^{(k)})$일 때까지 반복적인 계산 후 해를 구한다.

(4) 누적위험함수와 생존함수

이렇게 구한 $\hat{\beta}$을 이용하여 누적위험함수를 구하기 위해 Breslow 추정량

$$\hat{H}(t|\mathbf{Z}) = \sum_{t_{(i)} \le t} \frac{d_i}{\sum_{l \in R_i} \exp(\mathbf{Z}_l' \hat{\beta})} \tag{7.24}$$

을 이용한다. 여기서 $d_i = \sum_{l=1}^{n} \delta_i I(t_l = t_i)$이다.

누적 기저 위험률은 기저 위험률 $h_0(u)$의 누적량이므로 다음과 같다:

$$H_0(t) = \int_0^t h_0(u) du.$$

기저 생존함수(baseline hazard function)는

$$S_0(t) = \exp[-H_0(t)]$$

이다.

기저 생존함수(baseline hazard function) 추정량은

$$\hat{S}_0(t) = \exp[-\hat{H}_0(t)]$$

이고 생존함수 추정량은

$$\hat{S}(t) = \exp[-\hat{H}(t)]$$

로 구한다.

특정한 공변량 $\boldsymbol{Z}_0$에서의 생존함수를 구하면 다음과 같다:

$$\begin{aligned}\hat{S}(t \mid \boldsymbol{Z}=\boldsymbol{Z}_0) &= \exp[-\hat{H}(t \mid \boldsymbol{Z}=\boldsymbol{Z}_0)] \\ &= \exp[-\hat{H}_0(t)\exp(\boldsymbol{Z}_0\boldsymbol{\beta})] \\ &= \left(\exp[-\hat{H}_0(t)]\right)^{\exp(\boldsymbol{Z}_0\boldsymbol{\beta})} \\ &= [\hat{S}_0(t)]^{\exp(\boldsymbol{Z}_0\boldsymbol{\beta})}.\end{aligned}$$

적당한 조건하에서, 고정된 t 시점에 $\hat{S}(t \mid \boldsymbol{Z}=\boldsymbol{Z}_0)$는 근사적으로 평균 $S(t \mid \boldsymbol{Z}=\boldsymbol{Z}_0)$, 분산 $\hat{V}[\hat{S}(t \mid \boldsymbol{Z}=\boldsymbol{Z}_0)] = \hat{S}(t \mid \boldsymbol{Z}=\boldsymbol{Z}_0)^2 \cdot [Q_1(t) + Q_2(t|\boldsymbol{Z}=\boldsymbol{Z}_0)]$을 갖는 정규분포를 따른다.

여기서

$$Q_1(t) = \sum_{t_i \le t} \frac{d_i}{\left[\sum_{l \in R_i} \exp(\boldsymbol{Z}_l{}'\hat{\beta})\right]^2},$$

$$Q_2(t|\boldsymbol{Z}=\boldsymbol{Z}_0) = Q_3(t|\boldsymbol{Z}_0)'\,\hat{V}(\hat{\beta})Q_3(t|\boldsymbol{Z}_0).$$

$k=1,\dots,p$에 대해 Q_3의 k번째 요소는

$$Q_3(t|\boldsymbol{Z}_0)_k = \sum_{t_i \le t}\left[\frac{W^{(k)}(t_i;\hat{\beta})}{W(t_i;\hat{\beta})} - Z_{0k}\right] \cdot \left[\frac{d_i}{W(t_i;\hat{\beta})}\right].$$

$W(t_i;\hat{\beta}) = \sum_{l \in R_i} \exp(\boldsymbol{Z}_l{}'\hat{\beta})$로 표기한다.

W의 k번째 요소를 나타내는 식은

$$W^{(k)}(t_i;\hat{\beta}) = \sum_{l \in R_i} Z_{lk}\exp(\boldsymbol{Z}_l{}'\hat{\beta})$$

이다.

이와 같은 식으로 시점별 신뢰구간(pointwise confidence interval)을 구한다. Q_2는 β에 대한 추정으로 더해지는 추정 과정에서의 불확실성을 나타낸다. $\boldsymbol{Z}_0$가 위험집합에서 공변량의 평균으로부터 멀어질수록 $Q_3(t|\boldsymbol{Z}_0)$는 커진다.

(5) 회귀계수 추정량 $\hat{\beta}$의 통계적 성질

이러한 회귀계수추정량 $\hat{\beta}$은 다음의 통계적 성질을 만족한다.

(i) 일치성(consistency): 표본의 크기가 클수록 $\hat{\beta}$은 참값 β로 수렴한다.

(ii) 근사적 정규성(asymptotic normality): $\hat{\beta}$은 근사적으로 정규분포를 따른다.

(iii) 효율성(efficiency): β에 대한 추정량들 중 MPLE(maximum partial likelihood estimator)가 최소분산을 갖는다.

예제 7.7 다음의 데이터셋에서 부분우도함수를 계산해 보자.

표 7.1 공변량과 생존시간 데이터

	생존시간	중도절단여부	공변량
ID	t	δ	Z
1	2	1	2
2	2	0	2
3	3	1	1
4	4	1	3

부분우도함수를 구하기 위해 관측된 경우($\delta = 1$)만 계산하여 곱하면 되므로

$$PL(\beta) = \prod_{i=1}^{n}\left[\frac{Y_i \exp(Z_i\beta)}{\sum_{l \in R_i} Y_l \exp(Z_l\beta)}\right]^{\delta_i}$$
$$= \frac{e^{2\beta}}{e^{2\beta}+e^{2\beta}+e^{\beta}+e^{3\beta}} \times \frac{e^{\beta}}{e^{\beta}+e^{3\beta}} \times \frac{e^{3\beta}}{e^{3\beta}}$$

를 얻는다.

β 값에 대해 부분우도함수의 그래프를 그려보면 <그림 7.2>와 같으며 부분우도함수가 최대가 되는 값으로 β를 추정한다.

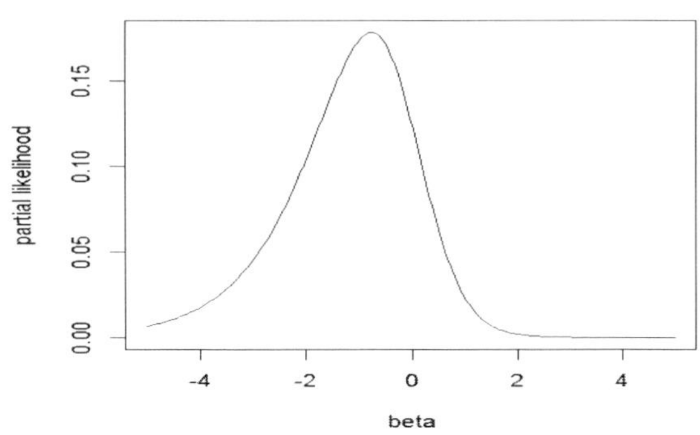

그림 7.2 β 값에 따른 부분우도함수 그림

예제 7.8 다음의 데이터셋에서 관측값에 대해 공변량을 고려해 부분우도함수 기여값을 계산해 보자. 그룹을 공변량으로 갖는다.

표 7.2 (a) 생존시간 데이터와 그룹 공변량

	데이터	공변량
그룹 0	4+ 7 8+ 9 10+	$Z_i = 0$
그룹 1	3 5 5+ 6 8+	$Z_i = 1$

표 7.2 (b) 관측값에 대한 부분우도함수 기여값

l	순서 시간 데이터 (관측된) t_i	위험집합 크기 (number at risk)		부분우도함수 기여값 $\left[\frac{\exp(Z_i\beta)}{\sum_{l \in R_i} \exp(Z_l\beta)}\right]^{\delta_i}$
		그룹 0	그룹 1	
1	3	5	5	$\frac{e^{\beta}}{[5e^{0 \cdot \beta} + 5e^{\beta}]} = \frac{e^{\beta}}{[5 + 5e^{\beta}]}$
2	5	4	4	$\frac{e^{\beta}}{[4 + 4e^{\beta}]}$
3	6	4	2	$\frac{e^{\beta}}{4 + 2e^{\beta}}$
4	7	4	1	$\frac{e^{0}}{4 + e^{\beta}}$
5	9	2	0	$\frac{e^{0}}{2 + 0} = \frac{1}{2}$

7.4 동점 처리

비례위험모형에서 유도된 부분우도함수 식은 모든 시점들이 서로 동일하지 않다는 가정하에서 유도된다. 그러나 실제 데이터에서 생존시간이 동일한 경우는 종종 발생한다. 이러한 동점 생존시간이 존재할 경우 부분우도함수를 생성하는 여러 가지 동점처리방법들이 제안되었다.

예제 7.9 다음의 데이터셋에서 부분우도함수를 계산해 보자. 환자 1과 환자 2의 시간 데이터 값이 동점인 경우이다.

표 7.3 동점 있는 생존시간 데이터

ID	t	δ	Z
1	t_1	1	z_1
2	t_2	1	z_2
3	t_3	0	z_3
4	t_4	1	z_4
5	t_5	1	z_5

여기서 $t_1 = t_2 < t_3 < t_4 < t_5$라고 하자. 환자 1과 환자 2 사이의 순서를 알 수 없으므로 가능한 순서는 2!이다. A_1은 환자 1이 환자 2보다 먼저 사건이 발생하는 사건, A_2는 환자 2가 환자 1보다 먼저 사건이 발생하는 사건이라 놓는다. 그러므로

$$L_1(\beta) = P(A_1 \cup A_2) = P(A_1) + P(A_2)$$

가 된다.

각 관측 개체의 기여 정도는

$$\frac{\exp(z_i\beta)}{\sum_{j \in R_i} \exp(z_i\beta)} = \frac{r_i(t_i)}{\sum Y_j(t_i) r_j(t_i)}$$

이다. 여기서 $r_i(t_i) = \exp(z_i\beta)$는 i번째 개체가 t_i 시점에서 사건을 경험할 위험점수이며 $Y_j(t_i)$는 j번째 개체가 t_i 시점에서 위험그룹에 속했는지를 보여주는 위험지시자(risk indicator)가 된다. 즉 i번째 개체가 t_i 시점에서 사건을 가질 조건부확률로 해석된다.

예제 7.10 (동점처리 데이터) $n = 5$, 생존시간 데이터 $t_1 = t_2 < t_3 < t_4 < t_5$가 관측되었다고 하자. 동점처리 방법으로 정확 방법, Breslow 근사법과 Efron 근사법을 주어진 데이터로 설명하고자 한다.

7.4.1 정확 방법

가능한 위험집합에서 부분우도함수를 계산하여 동점에 대해 처리하는 방법으로 정확방법(exact method)이라고 한다. [예제 7.9]의 문제를 생각해 보자. 동점인 두 관측값 $t_1 = t_2$의 부분우도함수 기여값을 계산해 보자.

A_1: 환자 1이 환자 2보다 먼저 사건이 발생하는 사건,

A_2: 환자 2가 환자 1보다 먼저 사건이 발생하는 사건

일 때

$$P(A_1)=\left(\frac{e^{z_1\beta}}{e^{z_1\beta}+e^{z_2\beta}+e^{z_3\beta}+e^{z_4\beta}+e^{z_5\beta}}\right)\left(\frac{e^{z_2\beta}}{e^{z_2\beta}+e^{z_3\beta}+e^{z_4\beta}+e^{z_5\beta}}\right)$$

$$P(A_2)=\left(\frac{e^{z_2\beta}}{e^{z_2\beta}+e^{z_1\beta}+e^{z_3\beta}+e^{z_4\beta}+e^{z_5\beta}}\right)\left(\frac{e^{z_1\beta}}{e^{z_1\beta}+e^{z_3\beta}+e^{z_4\beta}+e^{z_5\beta}}\right).$$

$L_j(\beta)$를 j번째 서로 다른 값 $\{t_1, t_4, t_5\}$에서의 부분우도함수라고 할 때 (t_3는 중도절단이므로 부분우도함수계산에서 제외됨)

$$L(\beta)=L_1(\beta)L_2(\beta)L_3(\beta)$$

이다. 여기서 $L_1(\beta)=P(A_1)+P(A_2)$로 계산한다. 일단 부분우도함수가 계산된 후에는 모수추정 방법은 동일하다. 그러므로

$$L_2(\beta)=\frac{e^{z_4\beta}}{e^{z_4\beta}+e^{z_5\beta}},\quad L_3(\beta)=\frac{e^{z_5\beta}}{e^{z_5\beta}}=1\,.$$

7.4.2 Breslow 근사법

Breslow(1974)가 제안한 통계량으로 근사 정도가 좋은 경우에 유용하다. 가장 간단한 방법으로 여러 통계 패키지에서 디폴트로 사용되고 있다. 정확 방법에서 사용한 값

$$\left(\frac{e^{z_2\beta}}{e^{z_2\beta}+e^{z_3\beta}+e^{z_4\beta}+e^{z_5\beta}}\right)\approx\left(\frac{e^{z_2\beta}}{e^{z_1\beta}+e^{z_2\beta}+e^{z_3\beta}+e^{z_4\beta}+e^{z_5\beta}}\right)$$

을

$$\left(\frac{e^{z_1\beta}}{e^{z_1\beta}+e^{z_3\beta}+e^{z_4\beta}+e^{z_5\beta}}\right)\approx\left(\frac{e^{z_1\beta}}{e^{z_1\beta}+e^{z_2\beta}+e^{z_3\beta}+e^{z_4\beta}+e^{z_5\beta}}\right)$$

와 같은 근사를 이용하여

$$P(A_1)=\left(\frac{e^{z_1\beta}}{e^{z_1\beta}+e^{z_2\beta}+e^{z_3\beta}+e^{z_4\beta}+e^{z_5\beta}}\right)\left(\frac{e^{z_2\beta}}{e^{z_1\beta}+e^{z_2\beta}+e^{z_3\beta}+e^{z_4\beta}+e^{z_5\beta}}\right)$$

$$=\frac{e^{(z_1+z_2)\beta}}{[e^{z_1\beta}+e^{z_2\beta}+e^{z_3\beta}+e^{z_4\beta}+e^{z_5\beta}]^2}$$

$$P(A_2)=\left(\frac{e^{z_2\beta}}{e^{z_2\beta}+e^{z_1\beta}+e^{z_3\beta}+e^{z_4\beta}+e^{z_5\beta}}\right)\left(\frac{e^{z_1\beta}}{e^{z_2\beta}+e^{z_1\beta}+e^{z_3\beta}+e^{z_4\beta}+e^{z_5\beta}}\right)$$
$$=\frac{e^{(z_1+z_2)\beta}}{[e^{z_1\beta}+e^{z_2\beta}+e^{z_3\beta}+e^{z_4\beta}+e^{z_5\beta}]^2}$$

를 계산한다. 그러므로

$$L_1(\beta)\approx\frac{\exp(\beta\sum_{l\in R_j}z_l)}{\left[\sum_{l\in R_j}\exp(z_l\beta)\right]^{d}_{j}}$$

이다.

즉, 동점값이 모두 분모에 들어가게 되어

$$\left(\frac{r_1}{r_1+r_2+r_3+r_4+r_5}\right)\left(\frac{r_2}{r_1+r_2+r_3+r_4+r_5}\right)$$

으로 나타낸다.

7.4.3 Efron 근사법

Efron(1977)에 의해 제안되었으며 부분우도에 가깝다. 정확 방법에 의하면

$$L_1(\beta)=\frac{bc}{a(a-b)}+\frac{bc}{a(a-c)}\approx\frac{2bc}{a}\frac{1}{\left(a-\frac{b+c}{2}\right)}$$

으로 쓸 수 있다. 여기서

$$a=e^{z_1\beta}+e^{z_2\beta}+e^{z_3\beta}+e^{z_4\beta}+e^{z_5\beta},\ b=e^{z_1\beta},\ c=e^{z_2\beta}.$$

이러한 근사식에 착안하여 다음과 같은 일반적인 근사식

$$L_1(\beta)=\frac{e^{\sum_{l\in R_1}Z_l\beta}}{\prod_{j=1}^{d_1}\left(\sum_{l\in R_1}e^{Z_l\beta}-\frac{j-1}{d_1}\sum_{l\in R_1}e^{Z_l\beta}\right)}$$

을 사용한다. 여기서 $L_1(\beta)$는 첫 번째 동점 데이터에 대한 부분우도함수를 나타낸다.

만약 2개의 동점이 있다면, 분모에 두 관측값의 평균을 사용한다.

$$\left(\frac{r_1}{r_1+r_2+r_3+r_4+r_5}\right)\left(\frac{r_2}{0.5r_1+0.5r_2+r_3+r_4+r_5}\right)$$

만약 2개의 동점이 있다면 가중치는 $(1, \frac{1}{2})$,

3개의 동점이 있다면 가중치는 $(1, \frac{2}{3}, \frac{1}{3})$,

4개의 동점이 있다면 가중치는 $(1, \frac{3}{4}, \frac{2}{4}, \frac{1}{4})$,

r개의 동점이 있다면 가중치는 $(1, \frac{r-1}{r}, \frac{r-2}{r}, \ldots, \frac{1}{r})$

이다. 동점 개수가 크지 않을 때 Breslow 방법과 Efron 방법의 우도값이 유사하다. 통계 시스템 R에서 Efron 방법이 디폴트로 사용되고 있다.

7.5 회귀계수에 대한 검정

Cox 부분우도함수에 대해서도 Wald 검정, 점수 검정(score test)과 우도비 검정(likelihood ratio test)이 가능하다. 공변량이 p개인 $p \times 1$ 회귀계수벡터 β에 대한 검정법을 설명하고자 한다.

Cox 모형에서 회귀계수에 대한 귀무가설은 $H_0 : \beta = \beta^{(0)}$에 대해 $H_1 : \beta \neq \beta^{(0)}$이다. 여기서 $\beta^{(0)}$는 $\hat{\beta}$에 대한 초깃값으로 $\beta^{(0)} = \mathbf{0}$을 기본으로 한다.

R에서 귀무가설의 디폴트는 $H_0 : \beta^{(0)} = \mathbf{0}$이다.

7.5.1 우도비 검정

우도비(likelihood ratio) 검정통계량은

$$L_t = 2[l(\hat{\beta}) - l(\beta^{(0)})] \tag{7.25}$$

으로 β에 대한 초깃값 $\beta^{(0)}$와 최종값 $\hat{\beta}$에서의 로그 부분우도함수값의 차이의 두 배이다. 귀무가설하에서 근사적으로 자유도 p인 카이제곱분포를 따른다.

7.5.2 Wald 검정

Wald 검정통계량은

$$W = (\hat{\beta} - \beta^{(0)})' \hat{I} (\hat{\beta} - \beta^{(0)}) \tag{7.26}$$

이다. 여기서 $\hat{I} = \hat{I}(\hat{\beta})$으로 $\hat{\beta}$에서 추정된 정보행렬이다. 귀무가설하에서 W는 근사

적으로 자유도 p인 카이제곱분포를 따른다.

회귀계수가 한 개일 경우에는, 즉 공변량이 한 개인 경우에는 다음의 가설

$$H_0 : \beta = 0 \text{ 에 대해 } H_1 : \beta \neq 0$$

에 대한 검정통계량

$$Z = \frac{\hat{\beta}}{\sqrt{\widehat{Var}(\hat{\beta})}}$$

으로 정규성 검정을 할 수 있다.

7.5.3 점수 검정

점수통계량(score statistic)은

$$L_S = U'(\beta^{(0)})\,\hat{I}(\beta^{(0)})\,U(\beta^{(0)}) \tag{7.27}$$

이다. 여기서 $\hat{I} = \hat{I}(\hat{\beta})$으로 $\hat{\beta}$에서 추정된 정보행렬이다. 귀무가설하에서 근사적으로 자유도 p인 카이제곱분포를 따른다. 여기서 p는 모수의 개수이다. $U(\beta)$는 식 (7.5)이다.

7.6 층화된 비례위험모형

비례위험모형은 여러 개의 층을 가진 경우에도 확장 적용된다. 각 개체는 서로 다른 그룹 또는 층에 속할 수 있다. 이와 같이 층화된 상황에서 층에 따라 기저위험함수가 서로 다르지만 회귀계수는 같다고 할 수 있는 경우를 생각할 수 있다.

예를 들어, 여러 개의 병원에서 임상시험(multicenter clinical trials)을 진행했다고 하자. 환자 모집단의 다양성, 환경적, 지리적 차이 등에 의한 병원 간 이질성이 존재할 수 있으나 병원 개개의 효과에 대한 관심이 아니라면 모형에서 병원을 공변량으로 포함하는 것 보다는 기저함수를 다르게 가정하여 분석하는 것이 더 좋다고 할 수 있다. 여기서 층은 확률화블록설계에서의 블록과 같은 역할을 한다고 보면 된다.

각 층(stratum)은 서로 다른 기저 위험함수를 갖는다고 가정한다. 첫 번째 층에는 n_1 개체, 두 번째 층에는 n_2 개체, $\cdots$, K번째 층에는 n_K 개체수가 있다고 하자. 즉 개체번호로 나열하면, 첫 번째 층에는 $i = 1, 2, \ldots, n_1$, 두 번째 층에는 $n_1 + 1, \ldots, n_1 + n_2$, 마지막으로 K번째 층에는 $n_1 + n_2 + \cdots + n_{K-1} + 1, \ldots, n_K$이 포함된다.

i번째 개체는 어느 k번째 층(예, 병원)에 속하게 되고 이의 위험함수는

$$h_{ki}(t|\boldsymbol{Z}) = h_k(t)\exp(\boldsymbol{Z}_{ki}'\beta) \tag{7.28}$$

이다. 여기서 공변량 $\boldsymbol{Z}_{ki} = (Z_{ki1}, \ldots, Z_{kip})'$와 회귀계수벡터 $\beta = (\beta_1, \ldots, \beta_p)'$를 나타낸다.

K개 층을 가진 비례위험모형에서 부분우도함수는

$$L(\beta) = \prod_{k=1}^{K} L_k(\beta) \tag{7.29}$$

이고, 로그 부분우도함수는

$$l(\beta) = \sum_{k=1}^{K} l_k(\beta)$$

이다. 여기서 $L_k(\beta)$는 k번째 층의 부분우도함수이고, $l_k(\beta)$는 k번째 층의 로그 부분우도함수이다. $l(\beta)$는 각 층에서의 로그 부분우도함수를 층별로 더하는 형태를 갖는다.

마찬가지로 점수벡터는

$$U(\beta) = \sum_k U_k(\beta)$$

이고 정보행렬은

$$I(\beta) = \sum_k I_k(\beta)$$

이 된다.

층화모형의 장점은 교락변수(confounding variable)에 대한 효과를 보정할 수 있는 것이다. 층마다 공변량의 효과가 다를 경우, 모형을 통해 추정될 수 있기 때문이다. 단점은 층의 효과에 대한 직접적인 추정량이 없다는 것이다. 그러므로 층의 개수가 크면 추정된 회귀계수의 정확도가 감소할 수도 있다.

예제 7.11 미국에서 베테랑(veteran)인 폐암환자 137명을 대상으로 8개 변수를 조사하여 데이터를 얻었다. 미국의 참전용사(veteran) 중 폐암환자들에게 standard/hemotherapy 치료를 하여 얻은 데이터이다.

8개 변수는 다음과 같다.

- trt: 처치방법(1=standard, 2=test)
- celltype: 종양종류(1=squamous, 2=small, 3=adeno, 4=large)
- time: 생존시간(survival time in days)
- status: 중도절단변수(censoring indicator: 1=obs, 0=censored)

- karno: Karnofsky performance score (100=good)
- diagtime: 진단받은 후 지난 시간(time in months from diagnosis)
- age: 나이(age in years)
- prior: 이전 처치여부(prior therapy: 1=no, 2=yes)

생존시간은 종양종류(type)에 따라 큰 차이가 없으며 이를 층화변수로 하고 treat, age 등을 공변량으로 하여 위험함수를 구하고자 한다. R에서 이 데이터는 SMIR 패키지에 내장되어 있어 다음과 같이 얻을 수 있다. <프로그램 7.11>을 참조하면 된다.

```
library(survival)
veteran ; attach(veteran)
head(veteran)
```

7.7 R을 이용한 비례위험모형 적합 및 동점처리

R에서 coxph() 함수를 이용해 Cox 비례위험모형을 적합하고 cox.zph() 함수를 이용해 각 회귀계수에 대한 검정을 할 수 있다. 동점이 있을 경우에는 coxph() 함수 내에 옵션 ties="efron", ties="breslow", ties="exact"를 사용하여 선택할 수 있으며 동점처리에 대한 디폴트는 ties="efron"이다.

예제 7.12 R 시스템에 내장된 데이터셋 data(kidney)에 대해 여러 가지 방법으로 동점처리를 하여 Cox 비례위험모형을 적합하고자 한다. 신장염 환자들의 투석기(catheter, 카테터, 도뇨관) 삽입 후 감염재발(recurrence times to infection)까지의 시간 데이터이다. 감염 이외의 다른 이유로 투석기를 떼어내는 경우는 중도절단이다.

데이터셋에 포함된 변수는 다음과 같다.

- patient: id
- time: recurrence time to infection
- status: event status (1: observed, 0: censored)
- age: in years
- sex: 1=male, 2=female
- disease: disease type (0=Other 1=GN, 2=AN, 3=PKD)
- frail: frailty estimate from original paper

프로그램 7.1 신장 데이터에 대한 Cox 비례위험모형

```
library(survival)
kidney ; head(kidney) ; attach(kidney)
sort(time) # see the ties # When ties are present
S1<-Surv(time, status) ; S1
table(disease)

k1<-coxph(Surv(time, status==1)~age+ factor(sex) +disease+frail,
        ties="efron", data=kidney) # 디폴트 동점처리= "efron"
summary(k1)
k1$means      # mean of each covariate
predict(k1, type='lp') # prediction for each case: linear predict
predict(k1, type='risk') # prediction for each case: risk(위험률)

k1.h0m<- basehaz(k1, centered=TRUE) # at covariate mean
k1.h0<-basehaz(k1, centered=FALSE)  # at covariate = 0
head(k1.h0m)
head(k1.h0)

k2<-coxph(Surv(time, status==1)~age+ factor(sex) +disease+frail,
      ties="breslow", data=kidney)
  k2 ; summary(k2)
k3<-coxph(Surv(time, status==1)~age+ factor(sex) +disease+frail,
      ties="exact", data=kidney)
  k3 ; summary(k3)
```

```
> sort(time)
 [1]  2  4  5  5  6  7  7  8  8  8  8  9 12 12 13 13 15 15
 :
[73] 447 511 536 562
```

➡ 순서대로 정렬된 생존시간을 보여준다. 동점발생 건수가 여러 건 있어 동점처리를 해야 함을 알 수 있다.

```
> S1<-Surv(time, status) ; S1
 [1]  8  16  23  13+  22  28  447  318  30  12  24  245  7  9
 :
[57]  2  25  130  26  27  58  5+  43  152  30  190  5+ 119  8
[71] 54+ 16+  6+  78  63  8+
```

➡ 생존시간과 중도절단여부를 같이 보여준다.

```
> table(disease)
disease
Other   GN   AN   PKD
   26   18   24     8
```

➡ 범주형 공변량 disease의 R 시스템에서의 정렬 순서를 보여준다. 이러한 순서는 3개 이상의 범주를 갖는 범주형 변수를 Cox 모형에 포함할 경우 참고해야 한다.

결과 7.1(a) 신장 데이터에 대한 Cox 비례위험모형 결과(동점처리: Efron 방법)

```
> k1<-coxph(Surv(time, status==1)~age+ factor(sex) +disease+frail,
+                ties="efron", data=kidney)    # 디폴트
> summary(k1)
  n= 76, number of events= 58
                    coef  exp(coef)  se(coef)      z Pr(>|z|)
age             0.007714  1.007744  0.011907  0.648 0.517055
sex2           -2.099844  0.122475  0.392654 -5.348 8.90e-08 ***
diseaseGN       0.130666  1.139587  0.436114  0.300 0.764471
diseaseAN       0.640906  1.898200  0.447886  1.431 0.152442
diseasePKD     -2.168515  0.114347  0.648825 -3.342 0.000831 ***
frail           1.791873  6.000682  0.257639  6.955 3.53e-12 ***
---
Signif. codes:  0  '***'  0.001  '**'  0.01  '*'  0.05  '.'  0.1  ' '  1
             exp(coef) exp(-coef)  lower .95  upper .95
age             1.0077     0.9923    0.98450     1.0315
sex2            0.1225     8.1649    0.05673     0.2644
diseaseGN       1.1396     0.8775    0.48476     2.6790
diseaseAN       1.8982     0.5268    0.78904     4.5665
diseasePKD      0.1143     8.7453    0.03206     0.4079
frail           6.0007     0.1666    3.62158     9.9427

Concordance= 0.822  (se = 0.046 )
Rsquare= 0.595   (max possible= 0.993 )
Likelihood ratio test          = 68.71  on 6 df,   p=7.523e-13
Wald test                      = 60.01  on 6 df,   p=4.477e-11
Score (logrank) test           = 86.24  on 6 df,   p=2.22e-16
```

➡ 생존시간에 동점이 있을 경우, R에서는 디폴트가 "Efron" 방법이다. 모형 추적결과 k1을 보면 성별(sex), diseasePKD, frail이 유의수준 $\alpha=0.05$에서 유의하다. 즉, 위험률에 통계적으로 유의한 영향을 미친다. 여기서 diseasePKD는 disease="other"에 대한 disease="PKD"의 두 범주 간 유의성 검정을 보여준다.

모형적합도 통계량을 보면 LRT 검정에 대한 $p-$값 $=7.523\times10^{-13}<\alpha=0.05$이므로 모형이 유의하다. Wald 검정에 대한 $p-$값 $=4.477\times10^{-11}<\alpha=0.05$이므로 모형이 유의하다. Score

검정에 대한 $p-$값 $=2.22\times10^{-16}<\alpha=0.05$이므로 모형이 유의하다. 모형에 공변량의 영향이 유의한 것을 의미하며 모형에 포함된 모든 공변량이 유의한 것은 아니다. 각 공변량에 대한 효과는 각 공변량의 회귀계수에 대한 검정을 해야 한다.

결과 7.1(b) 신장 데이터에 대한 Cox 비례위험모형 추정값 결과

```
> predict(k1, type='lp')  # prediction for each case: linear predict
 [1]  3.4204381 3.4204381 0.8887975 0.8887975 1.4802351 1.4802351
 ⋮
[73] -1.0211516 -1.0211516 -0.4722781 -0.4722781
```

➡ 각 개인에 대한 k1 모형을 이용한 회귀식 추정값을 보여준다.

```
> predict(k1, type='risk')  # prediction for each case: risk
 [1]  30.58281178 30.58281178 2.43220307 2.43220307 4.39397852
 ⋮
[76]    0.62358004
```

➡ 각 개인에 대한 k1 모형을 이용한 위험률 추정값을 보여준다. exp(회귀식)으로 계산된 값이다.

결과 7.1(c) 신장 데이터에 대한 Cox 비례위험모형 기저위험함수 결과

```
> k1.h0m<- basehaz(k1, centered=TRUE)      # at covariate mean
> head(k1.h0m)
        hazard  time
1 0.002089144    2
2 0.002089144    4
3 0.002089144    5
```

➡ 각 공변량의 평균값에서 생존시간에 대한 기저위험률값을 보여준다.

```
> k1.h0<-basehaz(k1, centered=FALSE)      # at covariate = 0
> head(k1.h0)
        hazard  time
1 0.006819097    2
2 0.006819097    4
3 0.006819097    5
```

➡ 각 공변량 값=0에서 생존시간에 대한 기저위험률값을 보여준다.

결과 7.1(d) 신장 데이터에 대한 Cox 비례위험모형 k2 결과(동점처리: Breslow 방법)

```
> k2
coxph(formula = Surv(time, status == 1) ~ age + factor(sex) + disease +
    frail, data = kidney, ties = "breslow")
                  coef exp(coef) se(coef)      z       p
age            0.00808     1.008   0.0119  0.678 5.0e-01
sex2          -2.07604     0.125   0.3918 -5.298 1.2e-07
diseaseGN      0.13263     1.142   0.4368  0.304 7.6e-01
diseaseAN      0.63756     1.892   0.4483  1.422 1.6e-01
diseasePKD    -2.17646     0.113   0.6508 -3.345 8.2e-04
frail          1.77099     5.877   0.2574  6.881 5.9e-12
Likelihood ratio test=67.6  on 6 df, p=1.24e-12  n= 76, number of events= 58
```

➡ 생존시간에 동점이 있을 경우, "Breslow" 방법으로 처리한 것이다. 모형 추적결과 k2를 보면 성별(sex), diseasePKD, frail이 유의수준 $\alpha = 0.05$에서 유의하다. 즉, 성별(sex), diseasePKD, frail은 위험률에 통계적으로 유의한 영향을 미친다.

결과 7.1(e) 신장 데이터에 대한 Cox 비례위험모형 k3 결과(동점처리: exact 방법)

```
> k3
coxph(formula = Surv(time, status == 1) ~ age + factor(sex) + disease +
    frail, data = kidney, ties = "exact")
                 coef exp(coef) se(coef)      z       p
age           0.00842     1.008    0.012  0.700 4.8e-01
sex2         -2.16782     0.114    0.403 -5.381 7.4e-08
diseaseGN     0.15853     1.172    0.443  0.358 7.2e-01
diseaseAN     0.65164     1.919    0.453  1.439 1.5e-01
diseasePKD   -2.26240     0.104    0.662 -3.419 6.3e-04
frail         1.85101     6.366    0.270  6.865 6.7e-12
Likelihood ratio test=69.5  on 6 df, p=5.12e-13  n= 76, number of events= 58
```

➡ 생존시간에 동점이 있을 경우, "exact" 방법으로 처리한 것이다. 모형 추적결과 k3을 보면 성별(sex), diseasePKD, frail이 유의수준 $\alpha = 0.05$에서 유의하므로 위험률에 통계적으로 유의한 영향을 미친다.

<결과 7.1>(a)에서 유의한 변수만 선택하여 Cox 모형을 적합하고자 한다. 유의수준 $\alpha = 0.05$에서 유의한 변수 sex와 frail을 선택하고 유의한 범주형 변수로는 sex와 disease를 고려한다. disease 변수에 대해서는 PKD 경우만 'other'인 경우에 비해 유의하므로 PKD 경우를 제외한 다른 경우를 'o'로 합친 변수 dis를 만들어 새로운 Cox 모형을 적합하고자 한다. <프로그램 7.2>에서 이러한 프로그램을 보여준다.

프로그램 7.2 신장 데이터에 대해 유의한 변수들의 Cox 비례위험모형

```
n=nrow(kidney)
dis<-rep(NA, n)
for( i in 1:n){
if (disease[i]=="PKD") dis[i]="PKD"
if (disease[i]!="PKD") dis[i]="o"
}
k1d<-coxph(Surv(time, status==1)~ factor(sex)+dis+frail,ties="efron", data=kidney)
summary(k1d)
```

결과 7.2 신장 데이터에 대해 유의한 변수들의 Cox 비례위험모형 결과

```
> k1d<-coxph(Surv(time, status==1)~ factor(sex) +dis+frail,ties="efron", data=kidney)
> summary(k1d)
  n= 76, number of events= 58
              coef exp(coef) se(coef)      z Pr(>|z|)
sex2       -1.8877   0.1514   0.3671 -5.142 2.72e-07 ***
disPKD     -2.1062   0.1217   0.5302 -3.972 7.12e-05 ***
frail       1.6583   5.2504   0.2423  6.843 7.74e-12 ***

Signif. codes:  0  '***'  0.001  '**'  0.01  '*'  0.05  '.'  0.1  ' '  1

          exp(coef) exp(-coef) lower .95 upper .95
sex2         0.1514     6.6040   0.07374    0.3109
disPKD       0.1217     8.2169   0.04305    0.3441
frail        5.2504     0.1905   3.26533    8.4424

Concordance= 0.818  (se = 0.046 )
Rsquare= 0.564   (max possible= 0.993 )
Likelihood ratio test        = 63.05  on 3 df,   p=1.309e-13
Wald test                    = 60.17  on 3 df,   p=5.409e-13
Score (logrank) test         = 83.88  on 3 df,   p=0
```

➡ 모형 추정결과 k1d를 보면 모형에 포함된 변수들이 모두 유의하다. 유의수준 $\alpha = 0.05$에서 성별(sex), frail 그리고 disease="PKD"인 경우 다른 값들에 비해 유의하다.
$h(t|sex, disPKD, frail) = h_0(t)\exp(\beta_1 sex + \beta_2 disPKD + \beta_3 frail)$ 모형을 적합한 결과는

$$h(t|sex, disPKD, frail) = h_0(t)\exp(-1.888sex - 2.106disPKD + 1.658frail)$$

이다. 여기서 남자는 sex=1, 여자는 sex =2이다.

disease="PKD"인 경우, disPKD=1이므로 위험함수는

$$h(t|sex, disPKD, frail) = h_0(t)\exp(-1.888sex - 2.106 + 1.658frail),$$

disease="PKD" 이외인 경우, disPKD=0이므로 위험함수는

$$h(t|sex, disPKD, frail) = h_0(t)\exp(-1.888sex + 1.658frail)$$

이다.

범주형 변수가 2개 범주만 포함할 경우에는 가변수를 만들 필요가 없다. 그러나 disease 변수는 4개의 범주를 가지므로 가변수를 활용하여 모형적합을 할 수 있다. disease 변수의 각 범주에 대한 회귀계수를 얻으려면 가변수를 사용해 다시 적합해야 한다. 다음과 같이 가변수 d1, d2, d3를 만들어 비례위험모형을 적합한다. <프로그램 7.3>을 참조하면 된다.

disease	d1	d2	d3
other	0	0	0
GN	1	0	0
AN	0	1	0
PKD	0	0	1

프로그램 7.3 신장 데이터에 대해 가변수를 활용한 Cox 비례위험모형

```
# 가변수 활용
table(disease)
n<-dim(kidney)[[1]]
d1<-rep(0,n) ; d2<-rep(0,n) ; d3<-rep(0,n) ;
for( i in 1:n){
    if( disease[i]=="GN") d1[i]<-1
    if( disease[i]=="AN") d2[i]<-1
    if( disease[i]=="PKD") d3[i]<-1
}
c1<-coxph(Surv(time, status==1) ~ factor(sex)+d1+d2+d3, kidney)
 summary(c1)
```

결과 7.3(a) 신장 데이터에서 disease 변수의 범주

```
> table(disease)
disease
Other    GN    AN    PKD
```

➡ 범주형 변수 disease의 데이터값과 범주 순서를 알 수 있다.

결과 7.3(b) 신장 데이터에 대해 가변수를 활용한 Cox 비례위험모형

```
> c1<-coxph(Surv(time, status==1) ~ factor(sex)+ d1+d2+d3, kidney)
> summary(c1)
        coef  exp(coef)  se(coef)       z  Pr(>|z|)
sex2 -1.4774     0.2282    0.3569 -4.140  3.48e-05 ***
d1    0.1392     1.1494    0.3635  0.383    0.7017
d2    0.4132     1.5116    0.3360  1.230    0.2188
d3   -1.3671     0.2549    0.5889 -2.321    0.0203 *

Signif. codes:  0  '***'  0.001  '**'  0.01  '*'  0.05  '.'  0.1  ' '  1
     exp(coef) exp(-coef) lower .95 upper .95
sex2    0.2282     4.3815   0.11339    0.4594
d1      1.1494     0.8700   0.56368    2.3437
d2      1.5116     0.6616   0.78245    2.9202
d3      0.2549     3.9238   0.08035    0.8084
Concordance= 0.696  (se = 0.045 )
Rsquare= 0.206   (max possible= 0.993 )
Likelihood ratio test            = 17.56  on 4 df,   p=0.001501
Wald test                        = 19.77  on 4 df,   p=0.0005533
Score (logrank) test             = 19.97  on 4 df,   p=0.0005069
```

➡ $h(t|sex,d1,d2,d3) = h_0(t)\exp(\beta_1 sex + \beta_2 d1 + \beta_3 d2 + \beta_4 d3)$ 모형적합 결과를 보면

$$h(t|sex,d1,d2,d3) = h_0(t)\exp(-1.4774sex + 0.1392d1 + 0.4132d2 - 1.3671d3)$$

이다. 유의수준 $\alpha = 0.05$에서 성별(sex)은 유의하고 d1과 d2는 유의하지 않으며 "PKD"를 나타내는 d3만 유의하다.

$d1 = 0,\ d2 = 0,\ d3 = 0$인 경우는 disease="other"를 나타낸다. 그러므로 각 disease에 따라 다음의 위험함수를 얻는다:

disease="other"인 경우, $h(t|sex, d1 = 0, d2 = 0, d3 = 0) = h_0(t)\exp(-1.4774sex)$,

disease="GN"인 경우,

$h(t|sex, d1 = 1, d2 = 0, d3 = 0) = h_0(t)\exp(-1.4774sex + 0.1392)$,

disease="AN"인 경우,

$h(t|sex, d1 = 0, d2 = 1, d3 = 0) = h_0(t)\exp(-1.4774sex + 0.4132)$,

disease="PKD"인 경우,

$h(t|sex, d1 = 0, d2 = 0, d3 = 1) = h_0(t)\exp(-1.4774sex - 1.3671)$.

예제 7.13 Rossi et al.(1980)의 연구는 432명 남자 범죄자들을 대상으로 한 상습적 범행(recidivism)에 대한 실험연구이다. 범죄자들은 출소한 후 1년 동안 관찰되었다. 데이터셋은 다음의 변수들을 포함한다. 변수 fin과 race는 범주형 변수이며 educ는 순서형 변수이다. 출소 후 처음으로 체포될 때까지의 시간에 대한 생존분석을 하고자 한다.

• week: 출소 후 처음으로 체포된 주(week of first arrest after release) 또는 중도절단된 기간(censoring time).
• arrest: 사건발생여부 지시변수(the event indicator), 다시 체포되면 1, 그렇지 않으면 0.
• fin: 가변수(dummy variable)로 출소 후 재정적 지원(financial aid)을 받으면 yes, 그렇지 않으면 no. (재정적 지원은 연구자에 의해 랜덤하게 배정되었다.)
• age: 출소 시 나이(in years).
• race: 흑인이면 1, 아니면 0.
• wexp: 투옥 시 전일제(full-time) 일을 가졌으면 1, 아니면 0.
• mar: 결혼했으면 1, 아니면 0.
• paro: 가석방(parole)으로 출소되면 1, 아니면 0.
• prio: 사전 범죄 횟수
• educ: 교육정도, 2 (grade 6 or less), 3 (grades 6 through 9), 4 (grades10 and 11), 5 (grade 12), or 6 (some post-secondary).

프로그램 7.4 Rossi 데이터에 대한 비모수적 Kaplan-Meier 생존함수

```
 Rossi<-read.table(file="C:/surv.dat/Rossi.txt",header=T)
 head(Rossi);   attach(Rossi)
surv.r <- survfit(Surv(week, arrest) ~1 )    # K-M survival  그림 7.3
plot(surv.r, ylim=c(.7, 1), xlab='Weeks', ylab='Proportion Not Rearrested',
      main="Kaplan-Meier survival function")
summary(surv.r)
surv.rh <- survfit(Surv(week, arrest) ~1 , data=Rossi, type='fleming')  # N-A
plot(surv.rh$time, -log(surv.rh$surv), type='s',
     xlab='Weeks', ylab='Proportion Rearrested',
     main='Nelson-Aalen cumulative hazard')
lines(surv.rh$time, -log(surv.rh$upper), lty=3)
lines(surv.rh$time, -log(surv.rh$lower), lty=3)

surv.rf <- survfit(Surv(week, arrest) ~fin , data=Rossi)    # K-M survival
plot(surv.rf, ylim=c(.7, 1), lty=c(1,2), conf.int='both',
      xlab='Weeks', ylab='Proportion Not Rearrested')
legend(10,0.8, legend=c('fin = 0:no', 'fin = 1:yes'), lty=c(1,2))  그림 7.4
```

```
> head(Rossi)
  id week arrest  fin age  race wexp        mar  paro prio  educ
1  1   20      1   no  27 black   no notmarried   yes    3     3
2  2   17      1   no  18 black   no notmarried   yes    8     4
3  3   25      1   no  19 other  yes notmarried   yes   13     3
4  4   52      0  yes  23 black  yes    married   yes    1     5
5  5   52      0   no  19 other  yes notmarried   yes    3     3
6  6   52      0   no  24 black  yes notmarried    no    2     4
```

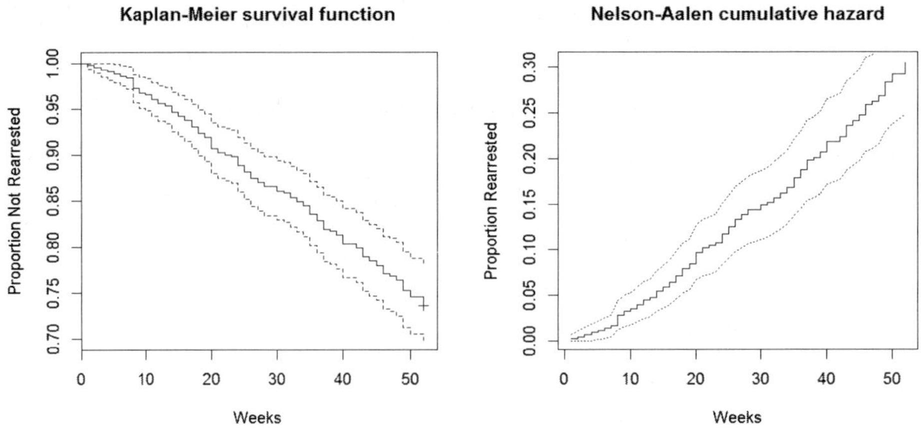

(a) K-M 생존함수 (b) N-A 누적위험함수

그림 7.3 Rossi 데이터에 대한 Kaplan–Meier 생존함수와 Nelson–Aalen 누적위험함수

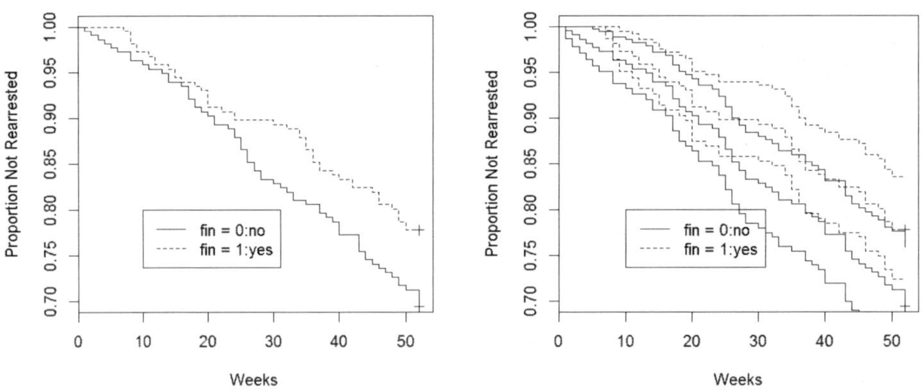

(a) Kaplan–Meier 생존함수 (b) 95% 신뢰구간 포함한 생존함수

그림 7.4 Rossi 데이터에 대한 재정지원여부에 따른 Kaplan–Meier 생존함수

결과 7.4 Rossi 데이터에 대한 비모수적 Kaplan–Meier 생존함수추정값과 신뢰구간

```
> summary(surv.r)
Call: survfit(formula = Surv(week, arrest) ~ 1, data = Rossi)
 time n.risk n.event survival  std.err lower 95% CI upper 95% CI
    1   432       1   0.998 0.00231       0.993        1.000
    2   431       1   0.995 0.00327       0.989        1.000
    ⋮     ⋮               ⋮                                ⋮
   50   325       3   0.745 0.02096       0.705        0.788
   52   322       4   0.736 0.02121       0.696        0.779
```

프로그램 7.5 Rossi 데이터에 대한 Cox 비례위험모형-모든 변수 포함

```
cox.r1 <- coxph(Surv(week, arrest) ~ fin + age + race + wexp
               + mar + paro + prio + educ, data=Rossi)
cox.r1
summary(cox.r1)
```

결과 7.5 Rossi 데이터에 대한 Cox 비례위험모형 cox.r1 적합 결과

```
> summary(cox.r1)
                   coef exp(coef) se(coef)      z  Pr(>|z|)
finyes         -0.35963   0.69794  0.19180 -1.875  0.06079 .
age            -0.05768   0.94395  0.02187 -2.638  0.00835 **
raceother      -0.34554   0.70784  0.30907 -1.118  0.26356
wexpyes        -0.11439   0.89191  0.21311 -0.537  0.59145
marnot married  0.42496   1.52953  0.38209  1.112  0.26605
paroyes        -0.08991   0.91401  0.19568 -0.459  0.64589
prio            0.08469   1.08838  0.02919  2.902  0.00371 **
educ           -0.18578   0.83046  0.13153 -1.412  0.15782
---
Signif. codes:  0 '***' 0.001 '**' 0.01 '*' 0.05 '.' 0.1 ' ' 1

               exp(coef) exp(-coef) lower .95 upper .95
finyes            0.6979     1.4328    0.4792    1.0164
age               0.9440     1.0594    0.9044    0.9853
raceother         0.7078     1.4128    0.3862    1.2972
wexpyes           0.8919     1.1212    0.5874    1.3543
marnot married    1.5295     0.6538    0.7233    3.2344
paroyes           0.9140     1.0941    0.6229    1.3413
prio              1.0884     0.9188    1.0279    1.1525
educ              0.8305     1.2042    0.6417    1.0747

Concordance= 0.656  (se = 0.027 )
Rsquare= 0.079   (max possible= 0.956 )
Likelihood ratio test        = 35.35  on 8 df,   p=2.31e-05
Wald test                    = 33.74  on 8 df,   p=4.529e-05
Score (logrank) test         = 35.1  on 8 df,   p=2.568e-05
```

➡ <결과 7.5>를 보면 모형에 포함된 공변량 중 fin, age, prio만 유의수준 $\alpha = 0.10$에서 유의하다. fin은 1 단위 증가할 때 0.698배 위험률이 증가한다. age는 1 단위 증가할 때 0.944배 위험률이 증가한다. 그러므로 나이가 증가함에 따라 위험률이 감소한다. 즉, 재투옥률이 감소한다. prio는 1 단위 증가할 때 1.088배 위험률이 증가한다. 즉, 전적 투옥률횟수에 따라 위험률이 증가하는 편이다.

모형적합도에 대한 검정으로 우도비 검정, Wald 검정, Score 검정 결과 모두 p-값이 매우 작아 모형적합도는 유의하다.

프로그램 7.6 Rossi 데이터에 대한 Cox 비례위험모형–선택된 변수만

```
cox.r2 <- coxph(Surv(week, arrest) ~ fin + age + prio, data=Rossi)
cox.r2
summary(cox.r2)
cox.zph(cox.r2)   # test for assumption of proportional model

par(mfrow=c(2,2))      # 그림 7.5
plot(cox.zph(cox.r2)) # Schoenfeld 잔차 산점도: 변수 개수만큼 출력됨
```

결과 7.6(a) Rossi 데이터에 대한 Cox 비례위험모형 cox.r2 적합 결과

```
> cox.r2 <- coxph(Surv(week, arrest) ~ fin + age + prio, data=Rossi)
> summary(cox.r2)
  n= 432, number of events= 114
              coef exp(coef)  se(coef)      z Pr(>|z|)
finyes    -0.34695   0.70684   0.19025 -1.824 0.068197 .
age       -0.06711   0.93510   0.02085 -3.218 0.001289 **
prio       0.09689   1.10174   0.02725  3.555 0.000378 ***

        exp(coef) exp(-coef) lower .95 upper .95
finyes     0.7068     1.4148    0.4868    1.0263
age        0.9351     1.0694    0.8977    0.9741
prio       1.1017     0.9077    1.0444    1.1622

Concordance= 0.63  (se = 0.027 )
Rsquare= 0.065   (max possible= 0.956 )
Likelihood ratio test        = 29.05  on 3 df,   p=2.189e-06
Wald test                    = 27.94  on 3 df,   p=3.741e-06
Score (logrank) test         = 29.03  on 3 df,   p=2.203e-06
```

➡ 〈결과 7.6〉(a)를 보면 모형에 포함된 공변량 중 fin은 유의수준 $\alpha = 0.10$에서 유의하고 나머지는 $\alpha = 0.05$에서 유의하다. fin은 1 단위 증가할 때 0.7068배 위험률이 증가한다. 즉 재정지원이 있을수록 재수감 위험률이 감소한다. age는 1 단위 증가할 때 0.9351배 위험률이 증가한다. 그러므로 나이가 증가함에 따라 위험률이 감소한다. 즉, 재투옥률이 감소한다. prio는 1 단위 증가할 때 1.1017배 위험률이 증가한다. 즉, 전적 투옥회수에 따라 위험률이 증가하는 편이다.

결과 7.6(b) Rossi 데이터에서 공변량에 대한 비례성 검정 결과

```
> cox.zph(cox.r2)
             rho   chisq      p
finyes  -0.00657 0.00507 0.9433
age     -0.20976 6.54147 0.0105
prio    -0.08004 0.77288 0.3793
GLOBAL        NA 7.13046 0.0679
```

➡ cox.zph(cox.r2) 결과를 보면 age에 대해서는 유의수준 $\alpha = 0.05$에서 비례성을 기각한다. 여기서 귀무가설은 비례성을 만족하는 것이다. 그러므로 age에 대한 변환된 함수를 고려해 볼 수 있다. fin과 prio에 대해서는 비례성을 기각하지 못한다. Global 검정은 사용한 공변량 모두에 대한 것으로 유의수준 $\alpha = 0.10$에서 비례성을 기각하지 못한다.

각 공변량에 대한 위험률의 비례성에 대한 검정은 cox.zph() 함수를 이용해 수행할 수 있다. 그래프적인 검토를 위해서는 plot(cox.zph()) 함수를 사용한다. plot(cox.zph()) 함수는 스무드한 곡선과 함께 Schoenfeld 잔차 산점도를 출력한다. 검정이 수행되기 전 생존시간이 변환되는 종류를 선택한다. 디폴트는 transform="km"이다. 그 외의 옵션으로는 "rank", "identity" 등이 있다.

Schoenfeld 잔차 산점도를 위해 다음과 같은 R 코드

```
plot(cox.zph(cox.r2, transform="km"))
```

를 쓰면 된다. 모형적합과 잔차에 대해서는 8장에서 다룬다.

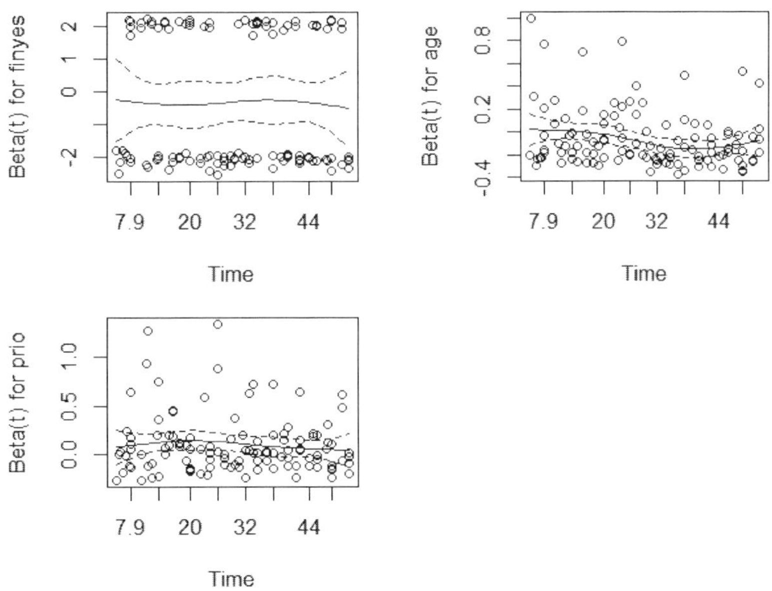

그림 7.5 Schoenfeld 잔차그림: 각 공변량에 대해 모형적합 후 잔차. 실선은 스플라인 스무딩한 것이고 아래위 점선은 ± 2배 표준오차 범위를 나타낸다.

비례위험모형에서의 공변량의 역할을 <그림 7.5>에서 볼 수 있다. <그림 7.5>에 대한 해석은 다음과 같다. 스무딩한 선을 활용해 비례위험모형에서의 공변량의 역할에 대해 해석할 수 있다. 스무딩한 선이 수평선에서 벗어날수록 비례위험모형의 부적합성을 나타낸다. 이산 변수인 fin과 연속 변수 prio는 비례위험모형의 가정을 만족해 보인다. age 변수에 대한 잔차그림에서는 시간에 따라 감소 경향이 보인다. 비례모형에 부적합해보일 경우 상호작용효과를 포함하여 모형을 다시 적합해 볼 수 있다.

프로그램 7.7 마팅게일 잔차

```
res <- residuals( survfit(Surv(week, arrest) ~ 1), type='martingale')
                                                     # 공변량 없는 모형
 X <- as.matrix(Rossi[,c("age", "prio")]) # matrix of covariates
 par(mfrow=c(1,2))
 for (j in 1:2) { # residual plots
 plot(X[,j], res, xlab=c("age", "prio")[j], ylab="residuals",
                          main="martingale residuals")
 abline(h=0, lty=2)
 lines(lowess(X[,j], res, iter=0))
 }

 res <- residuals(cox.r2, type='martingale')  # 공변량 있는 모형
 X <- as.matrix(Rossi[,c("age", "prio")]) # matrix of covariates
 par(mfrow=c(1,2))
 for (j in 1:2) { # residual plots
 plot(X[,j], res, xlab=c("age", "prio")[j], ylab="residuals")
 abline(h=0, lty=2)
 lines(lowess(X[,j], res, iter=0))
 }
```

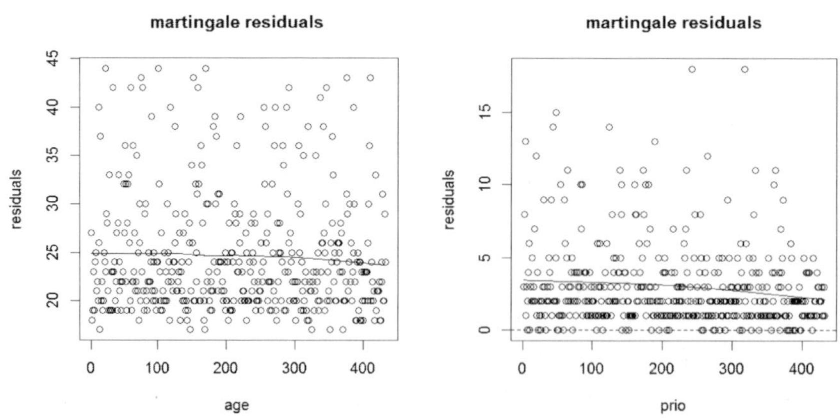

결과 7.7 **그림 7.6** (a) Rossi 데이터에서 공변량에 대한 공변량 없는 모형에서의 마팅게일 잔차

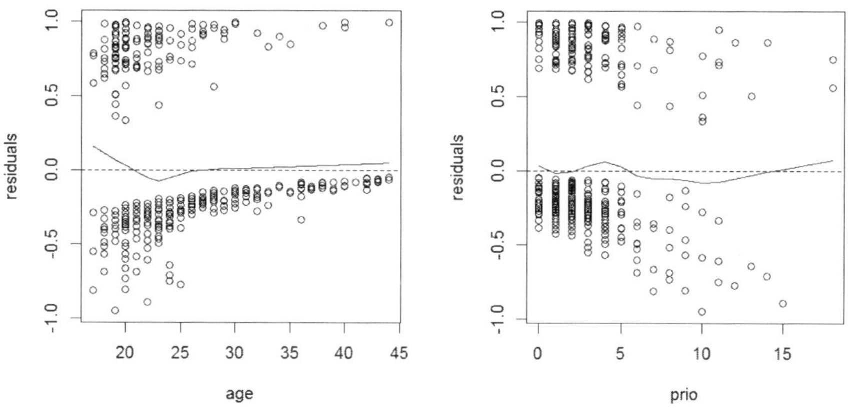

결과 7.7 **그림 7.6** (b) Rossi 데이터에서 공변량에 대한 cox.r2 모형에서의 마팅게일 잔차

프로그램 7.8 component+residual 그림

```
# component+residual 그림
par(mfrow=c(1,2))
 b <- coef(cox.r2)[c(2,3)] # regression coefficients
 for (j in 1:2) { # partial-residual plots
    plot(X[,j], b[j]*X[,j] + res, xlab=c("age", "prio")[j],
    ylab="component+residual")
    abline(lm(b[j]*X[,j] + res ~ X[,j]), lty=2)
    lines(lowess(X[,j], b[j]*X[,j] + res, iter=0))
 }
```

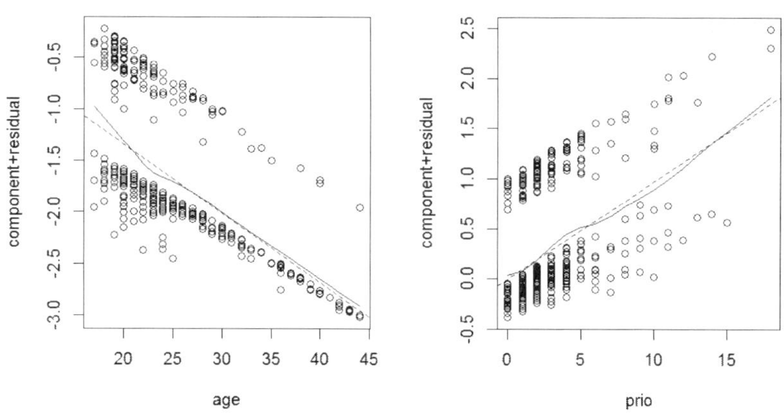

결과 7.8 **그림 7.7** Rossi 데이터에서 공변량에 대한 cox.r2 모형에서의 component+residual 그림

실선은 R에서 lowess() 함수를 적용하여 국소선형회귀모형(local linear regression)을 적합하여 구한 선이다. 점선은 모형에서 구한 회귀계수를 이용하여 구한 선이다. lowess로 구한 선(실선)이 회귀직선(점선)에서 약간 벗어난 곳이 있다.

Cox 비례위험모형에서 아카이케 정보 기준량(Akaike Information Criterion: AIC)을 사용하여 변수 선택을 통한 모형 선택을 할 수 있다. AIC 계산식은

$$AIC = -2\log L + 2 \times edf \tag{7.30}$$

이다. 여기서 L은 우도함수값이고 edf는 모형에 대한 자유도로 모형에서의 모수의 개수에 해당한다. 베이즈 정보 기준량(Bayesian Information Criterion: BIC)은

$$BIC = -2\log L + \log n \times edf \tag{7.31}$$

이다. AIC와 BIC가 작은 모형을 선택하게 된다.

Rossi 데이터에 AIC 기준을 적용하는 프로그램은 <프로그램 7.9>와 같이 사용한다. stepAIC() 함수를 사용해 초기에 적합한 모형으로부터 AIC 기준으로 모형선택을 진행한다. 이러한 진행과정을 보고자 한다면 stepAIC() 함수에서 옵션 trace=TRUE를 사용한다. extractAIC() 함수는 최종 선택된 모형에 대한 자유도와 계산된 AIC 값을 출력한다.

프로그램 7.9 단계형 모형 선택

```
library(MASS)
ro.step <- stepAIC(cox.r1, trace = FALSE)     #stepwise model selection
ro.step
extractAIC(cox.r1)
extractAIC(ro.step)
```

결과 7.9 단계형 모형 선택 결과

```
> ro.step <- stepAIC(cox.r1, trace = FALSE)     #stepwise model selection
> ro.step
Call:
coxph(formula = Surv(week, arrest) ~ fin+age+mar+prio+educ, data=Rossi)
                      coef exp(coef) se(coef)      z      p
finyes             -0.3399     0.712   0.1910  -1.78 0.0750
age                -0.0593     0.942   0.0207  -2.87 0.0042
marnot married      0.5211     1.684   0.3731   1.40 0.1600
prio                0.0896     1.094   0.0280   3.20 0.0014
educ               -0.1816     0.834   0.1301  -1.40 0.1600
Likelihood ratio test=33.4  on 5 df, p=3.08e-06  n= 432, number of events= 114
> extractAIC(cox.r1)  #
[1]    8.000 1331.413
```

➡ 〈결과 7.9〉를 보면 모형에 포함된 공변량 중 age와 prio만 유의수준 $\alpha = 0.05$에서 유의하다.

7.8 R을 이용한 층화된 비례위험모형

예제 7.14 R 시스템에 내장된 데이터셋 data(ovarian)에 대해 Cox 비례위험모형을 적합하고자 한다. 60세보다 많은 경우 7명, 60세 이하인 경우 19명의 환자들이 있다. 60세 이하 여부를 공변량으로 해야 하는지 층화로 해야 하는지 고려해 보고자 한다. 비례위험률 가정을 만족하지 않는다면 공변량으로 포함하지 않는 것이 타당하다. (예제 6.11 참고)

프로그램 7.10 ovarian 데이터에 대한 Cox 비례위험모형

```
# stratified Cox model
library(survival)
ovarian
head(ovarian)
attach(ovarian)
sort(futime)   # see the ties   # When ties are present
S1<-Surv(futime, fustat==1) ; S1

cph1=coxph(Surv(futime, fustat)~rx+age, ovarian)
  summary(cph1)
cph1r=coxph(Surv(futime, fustat)~rx, ovarian)
 cph1r
cph2=coxph(Surv(futime, fustat)~rx+strata(age>60), ovarian)
 cph2
cph3=coxph(Surv(futime, fustat)~rx+(age>60), ovarian)
 summary(cph3)
cph=coxph(Surv(futime, fustat)~rx*(age>60), ovarian)
 summary(cph)
```

```
> sort(futime)   # see the ties   # When ties are present
 [1]   59  115  156  268  329  353  365  377  421  431  448  464  475  477
[15]  563  638  744  769  770  803  855 1040 1106 1129 1206 1227
> S1<-Surv(futime, fustat==1) ; S1
 [1]   59    115   156    421+   431   448+   464   475    477+   563  638  744+
[13]  769+  770+  803+  855+ 1040+ 1106+ 1129+ 1206+  1227+  268  329  353
[25]  365   377+
```

결과 7.10(a) ovarian 데이터에 대한 Cox 비례위험모형 cph1 적합 결과

```
> cph1=coxph(Surv(futime, fustat)~rx+age, ovarian)
> summary(cph1)
Call:
coxph(formula = Surv(futime, fustat) ~ rx + age, data = ovarian)
  n= 26, number of events= 12
            coef  exp(coef)  se(coef)       z  Pr(>|z|)
rx      -0.80397   0.44755   0.63205  -1.272   0.20337
age      0.14733   1.15873   0.04615   3.193   0.00141 **
---
     exp(coef)  exp(-coef)  lower .95  upper .95
rx      0.4475       2.234     0.1297      1.545
age     1.1587       0.863     1.0585      1.268

Concordance= 0.798  (se = 0.091 )
Rsquare= 0.457   (max possible= 0.932 )
Likelihood ratio test   = 15.89  on 2 df,   p=0.0003551
Wald test               = 13.47  on 2 df,   p=0.00119
Score (logrank) test    = 18.56  on 2 df,   p=9.341e-05
```

➡ $h(t|rx,age)=h_0(t)\exp(\beta_1 rx+\beta_2 age)$
모형 적합한 결과를 보면

$$h(t|rx,age)=h_0(t)\exp(-0.80397rx+0.14733age)$$

이다. 유의수준 $\alpha=0.05$에서 rx는 유의하지 않고 age는 유의하다.

결과 7.10(b) ovarian 데이터에 대한 Cox 비례위험모형 cph1r 적합 결과

```
> cph1r=coxph(Surv(futime, fustat)~rx, ovarian)
> cph1r
Call:
coxph(formula = Surv(futime, fustat) ~ rx, data = ovarian)
      coef  exp(coef) se(coef)      z     p
rx  -0.596      0.551    0.587  -1.02  0.31
Likelihood ratio test=1.05  on 1 df, p=0.305  n= 26, number of events= 12
```

➡ $h(t|rx,age)=h_0(t)\exp(\beta_1 rx)$ 비례위험모형을 적합한 결과를 보면

$$h(t|rx,age)=h_0(t)\exp(-0.596rx)$$

이다.

결과 7.10(c) ovarian 데이터에 대한 Cox 비례위험모형 cph2 적합 결과

```
> cph2=coxph(Surv(futime, fustat)~rx+strata(age>60), ovarian)
> cph2
     coef exp(coef) se(coef)       z     p
rx -0.43      0.65      0.6 -0.716 0.47
Likelihood ratio test=0.52  on 1 df, p=0.471  n= 26, number of events= 12
```

➡ $h(t|rx, age\text{층화}) = h_0(t)\exp(\beta_1 rx),\ st1: age > 60, st2: age \le 60$

모형적합한 결과를 보면

$$h(t|rx, age\text{층화}) = h_0(t)\exp(-0.43rx)$$

이다.

결과 7.10(d) ovarian 데이터에 대한 Cox 비례위험모형 cph3 적합 결과

```
> cph3=coxph(Surv(futime, fustat)~rx+(age>60), ovarian)
> summary(cph3)
                    coef  exp(coef)  se(coef)       z  Pr(>|z|)
rx               -0.2725     0.7615    0.6135  -0.444  0.656880
age > 60TRUE      2.2575     9.5595    0.6854   3.294  0.000988 ***
---
              exp(coef) exp(-coef) lower .95 upper .95
rx               0.7615     1.3133    0.2288     2.534
age > 60TRUE     9.5595     0.1046    2.4948    36.630

Concordance= 0.782  (se = 0.083 )
Rsquare= 0.364   (max possible= 0.932 )
Likelihood ratio test  = 11.75  on 2 df,   p=0.002807
Wald test              = 12.23  on 2 df,   p=0.002213
Score (logrank) test   = 17.33  on 2 df,   p=0.0001724
```

➡ $h(t|rx, age.cat) = h_0(t)\exp(\beta_1 rx + \beta_2 age.cat)$

$$age.cat = \begin{cases} 1, & age > 60, \\ 0, & age \le 60 \end{cases}$$

모형적합한 결과를 보면 추정된 위험함수는

$$h(t|rx, age.cat) = h_0(t)\exp(-0.2725rx + 2.2575age.cat)$$

이다.

결과 7.10(e) ovarian 데이터에 대한 Cox 비례위험모형 cph 적합 결과

```
> cph=coxph(Surv(futime, fustat)~rx*(age>60), ovarian)
> summary(cph)
Call:
coxph(formula = Surv(futime, fustat) ~ rx * (age > 60), data = ovarian)
  n= 26, number of events= 12
                    coef exp(coef)  se(coef)      z   Pr(>|z|)
rx               -0.3499  0.7048    0.8175 -0.428    0.669
age > 60TRUE      2.0121  7.4788    1.8472  1.089    0.276
rx:age > 60TRUE   0.1760  1.1924    1.2301  0.143    0.886
                exp(coef) exp(-coef) lower .95 upper .95
rx                 0.7048     1.4189    0.1420     3.499
age > 60TRUE       7.4788     0.1337    0.2002   279.342
rx:age > 60TRUE    1.1924     0.8386    0.1070    13.289

Concordance= 0.782  (se = 0.083 )
Rsquare= 0.364   (max possible= 0.932 )
Likelihood ratio test = 11.77  on 3 df,   p=0.008208
Wald test             = 12.12  on 3 df,   p=0.006991
Score (logrank) test = 17.46  on 3 df,   p=0.0005673
```

➡ rx와 age.cat 변수의 상호작용(interaction) 효과를 포함한 모형을 적합해 보자.

$$h(t|rx, age.cat) = h_0(t)\exp(\beta_1 rx + \beta_2 age.cat + \beta_{12} rx \cdot age.cat)$$

모형적합한 결과를 보면 β_{12}는 유의수준 $\alpha = 0.05$에서 유의하지 않다. 즉, rx와 age.cat의 상호작용이 유의하지 않으므로 층화모형이 의미가 있다.

예제 7.15 R 시스템에 내장된 veteran 데이터셋(예제 7.11)을 이용하여 Cox 비례위험모형을 적합하고자 한다. 미국의 참전용사(veteran) 중 폐암환자들에게 standard/hemotherapy 치료를 하여 얻은 데이터로 celltype을 층으로 고려한다.

프로그램 7.11 베테랑 폐암 데이터 veteran에 대한 층화비례위험모형

```
library(survival)
veteran
attach(veteran)
head(veteran)

table(status)   #1:obs 0:censored
table(trt)
table(celltype)
table(prior)
summary(karno)

veteran$karno_cat = ifelse(veteran$karno <=50, 0, 1)
table(veteran$karno_cat)

S<-Surv(time,status==1)
KM = survfit(formula=Surv(time=time, event=status)~trt, data=veteran)
KM
kt=survfit(S~celltype)
print(kt)

par(mfrow=c(1,2))
plot(KM,col=1:2,lty=1:2,xlab='t',ylab=expression(hat(S)(t)))    #Figure 7.8
  legend(600,0.6,c('1:standard trt','2:chemotherapy'),lty=1:2,col=c(1,2))
plot(kt,col=1:4,lty=1:4,xlab='t',ylab=expression(hat(S)(t)))  #Figure 7.9
  legend(600,0.6, lty=1:4,col=1:4,
      c('type=1:squamous','type=2:small', 'type=3:adeno','type=4:large'))

kp=survfit(S~prior)
print(kp)

kk=survfit(S~karno_cat, data=veteran)
print(kk)

par(mfrow=c(1,2))
plot(kp,col=1:2,lty=1:2,xlab='t',ylab=expression(hat(S)(t)))    #Figure 7.8
  legend(600,0.6,c("0: no prior", "1: prior therapy"),lty=1:2,col=c(1,2))
plot(kk,col=1:4,lty=1:4,xlab='t',ylab=expression(hat(S)(t)))  #Figure 7.9
  legend(600,0.6, lty=1:2,col=1:2,
      c('0: karno <= 50', '1: karno >50') )
```

```
vet1<-coxph(Surv(time,status==1)~factor(trt)+age+karno+prior
                          +strata(celltype), data=veteran) #stara
print(vet1)

vet2<-coxph(Surv(time,status==1)~factor(trt)+karno_cat
                          +strata(celltype), data=veteran)
print(vet2)

par(mfrow=c(1,2))
plot(survfit(vet1),col=1:4,lty=1:4,xlab='t',ylab=expression(hat(S)(t)))    #Figure 7.8
  legend(600,0.6,c('type=1:squamous','type=2:small', 'type=3:adeno','type=4:large'),
  lty=1:4,col=1:4)
plot(survfit(vet2),col=1:4,lty=1:4,xlab='t',ylab=expression(hat(S)(t)))   #Figure 7.9
  legend(600,0.6, lty=1:4,col=1:4,
    c('type=1:squamous','type=2:small', 'type=3:adeno','type=4:large') )
survdiff(Surv(time=time, event=status)~trt, data=veteran, rho=0)
survdiff(Surv(time=time, event=status)~celltype, data=veteran, rho=0)
survdiff(Surv(time=time, event=status)~prior, data=veteran, rho=0)
survdiff(Surv(time=time, event=status)~karno_cat, data=veteran, rho=0)
```

결과 7.11(a) 베테랑 폐암 데이터 veteran의 변수별 기초통계량

```
> table(status)  #1:obs 0:censored
status
  0   1
  9 128
> table(trt)
trt
 1  2
69 68
> table(celltype)
celltype
 squamous  smallcell     adeno     large
       35         48        27        27
> table(prior)
prior
 0 10
97 40
> summary(karno)
   Min. 1st Qu.  Median    Mean 3rd Qu.    Max.
  10.00   40.00   60.00   58.57   75.00   99.00
```

```
> table(status)  #1: obs 2: censored
status
  0   1
  9 128
> summary(karno)
   Min. 1st Qu.  Median    Mean 3rd Qu.    Max.
  10.00   40.00   60.00   58.57   75.00   99.00
> table(veteran$karno_cat)
 0  1
52 85
```

결과 7.11(b) 베테랑 폐암 데이터 veteran에 대한 로그-순위 검정

```
> survdiff(Surv(time=time, event=status)~trt, data=veteran, rho=0)
       N Observed Expected (O-E)^2/E (O-E)^2/V
trt=1 69       64     64.5   0.00388   0.00823
trt=2 68       64     63.5   0.00394   0.00823
 Chisq= 0  on 1 degrees of freedom, p= 0.9

> survdiff(Surv(time=time, event=status)~celltype, data=veteran, rho=0)
                    N Observed Expected (O-E)^2/E (O-E)^2/V
celltype=squamous  35       31     47.7      5.82     10.53
celltype=smallcell 48       45     30.1      7.37     10.20
celltype=adeno     27       26     15.7      6.77      8.19
celltype=large     27       26     34.5      2.12      3.02
 Chisq= 25.4  on 3 degrees of freedom, p= 1e-05

> survdiff(Surv(time=time, event=status)~prior, data=veteran, rho=0)
          N Observed Expected (O-E)^2/E (O-E)^2/V
prior=0  97       91     87.4     0.150     0.501
prior=10 40       37     40.6     0.323     0.501
 Chisq= 0.5  on 1 degrees of freedom, p= 0.5

> survdiff(Surv(time=time, event=status)~karno_cat, data=veteran, rho=0)
             N Observed Expected (O-E)^2/E (O-E)^2/V
karno_cat=0 52       50     26.3     21.36      28.2
karno_cat=1 85       78    101.7      5.52      28.2

 Chisq= 28.2  on 1 degrees of freedom, p= 1e-07
```

로그-순위 검정 결과 celltype과 karno_cat 변수가 유의수준 5%에서 유의하다.

결과 7.11(c) 베테랑 폐암 데이터 veteran에 대한 층화비례위험모형

```
> print(vet1)
Call:
coxph(formula = Surv(time, status == 1) ~ factor(trt) + age +
    karno + prior + strata(celltype), data = veteran)

                    coef  exp(coef)  se(coef)      z        p
factor(trt)2    0.274793   1.316258  0.208119  1.320    0.187
age            -0.011329   0.988734  0.009772 -1.159    0.246
karno          -0.037763   0.962941  0.005783 -6.530 6.58e-11
prior           0.012891   1.012974  0.021203  0.608    0.543
Likelihood ratio test=44.12  on 4 df, p=6.057e-09
n= 137, number of events= 128

> print(vet2)
Call:
coxph(formula = Surv(time, status == 1) ~ factor(trt) + age +
    karno_cat + prior + strata(celltype), data = veteran)

                    coef  exp(coef)  se(coef)      z        p
factor(trt)2    0.246674   1.279762  0.208464  1.183    0.237
age            -0.005811   0.994206  0.009944 -0.584    0.559
karno_cat      -1.066384   0.344251  0.209494 -5.090 3.58e-07
prior           0.016052   1.016181  0.021423  0.749    0.454

Likelihood ratio test=25.74  on 4 df, p=3.572e-05
n= 137, number of events= 128
```

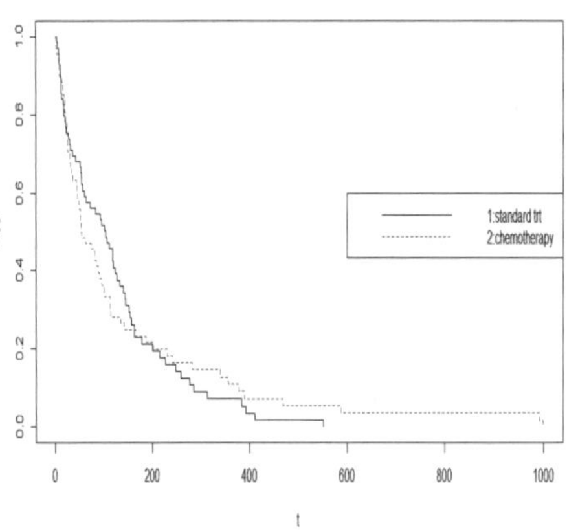

그림 7.8 trt 변수에 따른 K-M 생존함수

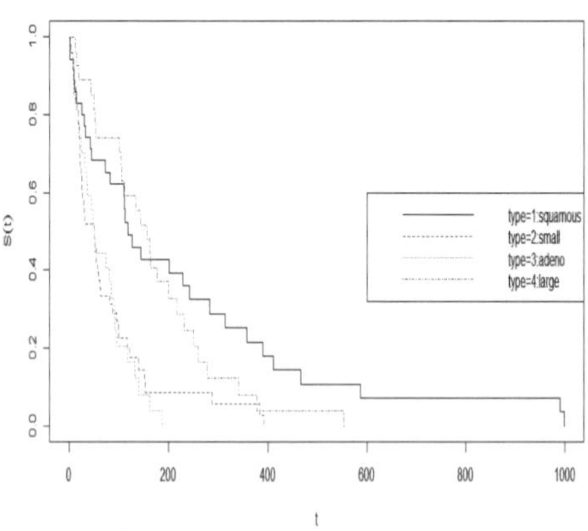

그림 7.9 celltype에 따른 K-M 생존함수

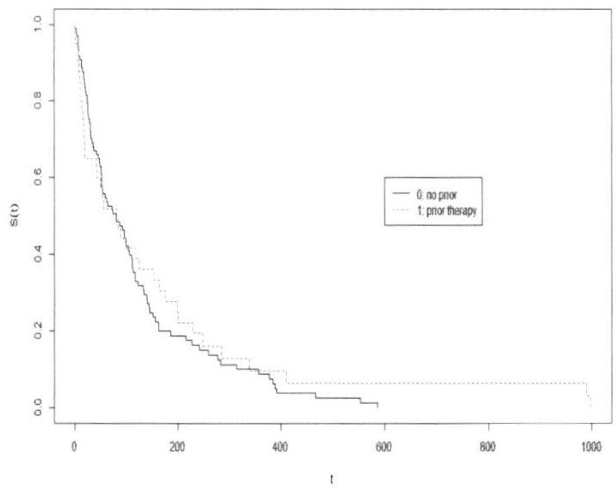

그림 7.10 prior 변수에 따른 K-M 생존함수

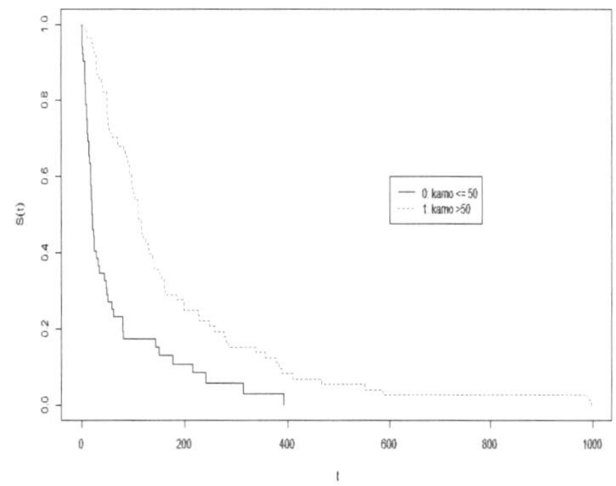

그림 7.11 karno_cat 범주별 K-M 생존함수

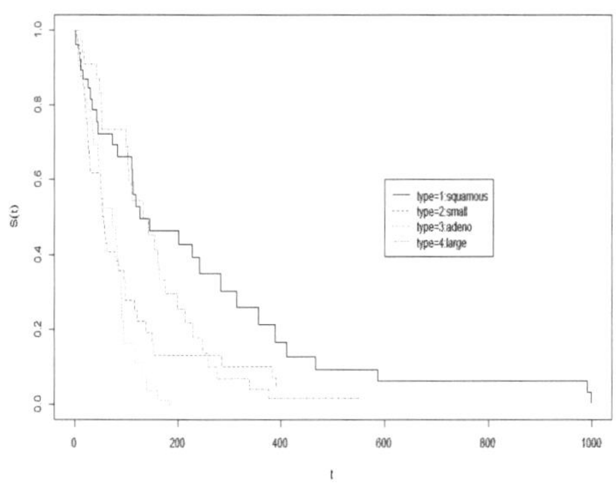

그림 7.12 vet1 모형의 생존함수

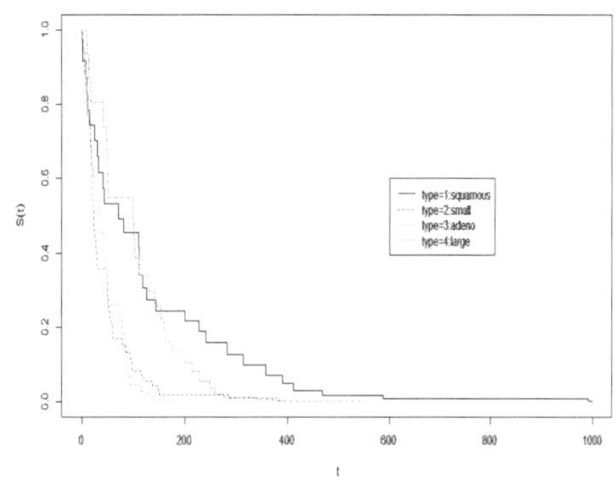

그림 7.13 vet2 모형의 생존함수

7.9 시간-의존 공변량

시간-의존 공변량(time-dependent covariate)은 시간에 따라 공변량 값이 변하는 변수이다.

Cox 비례위험모형에서 이러한 시간-의존 공변량을 포함하는 경우를 다루고자 한다. 즉 t 시점에서 시간-의존 공변량 $Z(t)$를 가진 위험률함수를 고려한다.

t 시점에서 위험인자로 시간-의존 공변량 $Z_k(t)$를 가진 k번째 그룹에 대한 위험함수는

$$h_k(t) = h_0(t)\exp\left[Z_k(t)\beta\right] \qquad k=1,2 \tag{7.32}$$

이다.

(1) 비례위험모형이 유효한 경우

예제 7.16 시간-의존 공변량 예

그룹 $k=1,2$ 에 대해

$$Z_k(t)=\begin{cases}0 & \text{if } group\ 1\\ Z_2(t) & \text{if } group\ 2.\end{cases} \tag{7.33}$$

그룹 간 위험함수 비를 구하면

$$\begin{aligned}\frac{h_2(t)}{h_1(t)}=\frac{h_0(t)\exp(Z_2(t)\beta)}{h_0(t)\exp(Z_1(t)\beta)}&=\exp([Z_2(t)-Z_1(t)]\beta)\\&=\begin{cases}1 & \text{if } group\ 1\\ \exp(Z_2(t)\beta) & \text{if } group\ 2.\end{cases}\end{aligned} \tag{7.34}$$

예제 7.17 시간–의존 공변량 $Z_i(t)$가 두 부분을 갖는 경우

$$Z_{k1}(t)=\begin{cases}0 & \text{if } group\ a\\ 1 & \text{if } group\ b,\end{cases}\qquad Z_{k2}(t)=\begin{cases}0 & \text{if } group\ a\\ t-t^* & \text{if } group\ b\end{cases} \tag{7.35}$$

여기서 t^*는 평균생존시간 또는 특정한 시간점으로 한다. $k=a,b$.
a,b 그룹 간 위험함수 비를 구하면

$$\begin{aligned}\frac{h_b(t)}{h_a(t)}&=\frac{h_0(t)\exp(Z_{b1}(t)\beta_1+Z_{b2}(t)\beta_2)}{h_0(t)\exp(Z_{a1}(t)\beta_1+Z_{a2}(t)\beta_2)}\\&=\exp([Z_{b1}(t)-Z_{a1}(t)]\beta_1+[Z_{b2}(t)-Z_{a2}(t)]\beta_2)\\&=\begin{cases}1 & group\ a\\ \exp[\beta_1+\beta_2(t-t^*)] & group\ b.\end{cases}\end{aligned} \tag{7.36}$$

이와 같은 경우의 시간–의존 공변량은 시간의 함수로 된 변수이다.

(2) 연구기간 중 측정된 시간–의존 공변량

연구기간에 생존과 관련된 공변량을 반복적으로 측정하는 경우를 고려해 보자. 예를 들어, 생존 환자에 대해 규칙적으로 혈압(blood pressure)을 측정한다. 그러면 연구 초기에 비해 특정 시점에서 개인의 혈압이 위험함수에 영향을 줄 수 있다.

7.10 시간-의존 공변량을 포함한 Cox 모형

t 시점에서 위험인자로 시간-의존 공변량 $Z(t)$를 가진 위험함수는

$$h(t) = h_0(t)\exp[Z(t)\beta] \qquad k = 0, 1 \tag{7.37}$$

이다. 여기서 $h_0(t)$는 기저위험함수, $Z(t)$는 시간-의존 공변량이다. 회귀계수 β는 시간에 따라 변하지 않는 상수이다. 시간에 따라 위험비 $\exp(Z(t)\beta)$가 변화하므로 '비례위험'이라는 용어를 완화하여 사용하게 된다.

예제 7.18 심장이식 수술환자에 관한 생존분석연구에서 연구에 들어온 시점부터 이식수술을 기다린 후 수술을 받은 경우를 생각해 보자. 각 시점에서 심장이식 수술한 경우와 그렇지 않은 경우의 위험도(risk)를 비교한다. 이럴 때 각 시점에서 위험그룹을 다시 계산해야 한다. 부분우도함수를 구할 때 각 시점에서 시간-의존 공변량을 고려해 위험그룹을 다시 계산해야 한다.

예제 7.19 흡연과 생존 연구

1년 간격으로 만나는 개인들의 집합으로 6년간 코호트(cohort) 연구를 진행한다. 만날 때마다 현재 흡연상태와 지난해 피운 담배 개수를 조사한다. 현재의 흡연이 사망에 대한 위험률을 증가한다고 여겨지는 연구이다.

어떤 대상자가 4년 후 생존상태인데 1, 2년 때는 흡연했으나 3, 4년 때는 비흡연 상태이다. 이 경우 흡연 여부에 대한 상태가 변하는 계단함수로 표현된다. 시간-의존 공변량은 1, 2년에는 1 (흡연) 값을 가지나 3부터는 0 값으로 표현된다.

$Z_1(t), Z_2(t)$가 시간-가변 공변량일 때 Cox의 비례위험함수는

$$h(t \mid \boldsymbol{Z}(t)) = h_0(t)\exp(\boldsymbol{Z}(t)'\boldsymbol{\beta}) = h_0(t)\exp(Z_1(t)\beta_1 + Z_2(t)\beta_2) \tag{7.38}$$

이다. 여기서 $Z_1(t)$는 t 시점에서 치료중이고 $Z_2(t)$는 t 시점까지 중간 사건을 경험 여부를 나타낸다. β_1은 처리에 대한 실제적인 효과를 나타내는 회귀계수이다. 부분우도함수 계산할 때 매 시점에서 위험집합의 크기가 달라진다.

7.11 R을 이용한 시간-의존 공변량을 포함한 Cox 비례위험모형

예제 7.20 Stanford heart transplant data에 대한 생존분석

1967년 9월부터 1974년 3월까지 심장병(heart disease)으로 등록된 103명 환자 기록으로 추적조사는 1974년 4월까지이며 추적조사 중 심장이식 수술을 받은 경우가 있다. 분석의 목적은 심장이식 수술이 생존에 미치는 영향에 대한 추정이다. 여기서 시간-가변 공변량은 심장이식 수술을 받은 여부인데 연구 초기에는 모든 환자가 공변량값 0이다. 그러나 심장이식 수술을 받은 후에는 공변량값 1로 변하게 된다. 그러므로 동일 환자에 대해 심장이식 받은 시간에 따라 값이 변하는 시간-가변 공변량이 발생한다.

표 7.4 jasa 데이터셋의 변수설명

jasa 데이터(survival R package): original data		
변수명	설명	데이터값
birth.dt	birth date	"yyyy-mm-dd"
accept.dt	enrollment date	"yyyy-mm-dd"
tx.date	date of transplantation	"yyyy-mm-dd" "NA" if no transplantation
fu.date	date of the end of follow-up	"yyyy-mm-dd"
fustat	status at the end of follow-up	0 = alive, 1 = dead
surgery	indicator of bypass surgery before enrollment	0 = no, 1 = yes
transplant	indicator of transplantation (at any time during follow-up)	0 = no, 1 = yes

원래 데이터 형태는 jasa 데이터셋이나 heart 데이터셋은 진단후 transplant까지의 기간(start), 수술후 연구종료점까지 follow-up기간(stop)으로 subinterval을 나누게 되어 심장이식수술(transplant)을 받은 환자는 몇 개의 행 데이터를 갖게 된다. 이러한 상황을 나타내는 시간-가변 공변량이 생성되며 분석에 활용하고자 한다.

프로그램 7.12 jasa 데이터셋

```
library(survival)
print(subset(jasa,select=c(birth.dt:fustat,surgery,transplant))[1:5,])
jasa
attach(jasa)
head(jasa)
dim(jasa)
```

```
jasa$jid<-seq(1,nrow(jasa))
jasa$dtime<- difftime(tx.date,accept.dt,units = "days")+1 #enter to transplant
jasa$adtime<-difftime(fu.date,accept.dt,units = "days")+1 #transplant to end
```

```
> print(subset(jasa,select=c(birth.dt:fustat,surgery,transplant))[1:5,])
    birth.dt  accept.dt    tx.date    fu.date fustat surgery transplant
1 1937-01-10 1967-11-15       <NA> 1968-01-03      1       0          0
2 1916-03-02 1968-01-02       <NA> 1968-01-07      1       0          0
3 1913-09-19 1968-01-06 1968-01-06 1968-01-21      1       0          1
4 1927-12-23 1968-03-28 1968-05-02 1968-05-05      1       0          1
5 1947-07-28 1968-05-10       <NA> 1968-05-27      1       0          0
```

표 7.5 heart 데이터 변수설명

heart 데이터(survival R package): jasa 데이터셋으로부터 시간-의존 공변량 포함하도록 변형		
변수병	설명	데이터값
id	identification number	row index in jasa
start	open start of the interval	days from enrollment
stop	closed end of the interval	days from enrollment
event	date of the end of follow-up	0 = alive, 1 = dead
age	age at enrollment	years - 48
year	enrollment time after "1967-10-01"	years
surgery	indicator of bypass surgery before enrollment	0 = no, 1 = yes
transplant	indicator of transplantation	0 = no, 1 = yes

프로그램 7.13 heart 데이터셋과 jasa데이터셋

```
library(survival)
heart
head(heart)
attach(heart)
dim(heart)
print(subset(jasa,select=c(id,accept.dt, tx.date, fu.date,
            fustat,surgery,transplant),id==4))
jasa$dtime[4]
jasa$adtime[4]

print(subset(heart,select=c(id,start:transplant),id==4))

head( Surv(start,stop,event) )
#start: the left boundary of the time interval,
#stop: the right boundary, and
#event: the survival status at the end of this interval (the value of stop).
```

```
> dim(heart)
[1] 172   8
> head(heart)
  start stop event        age      year surgery transplant id
1     0   50     1 -17.155373 0.1232033       0          0  1
2     0    6     1   3.835729 0.2546201       0          0  2
3     0    1     0   6.297057 0.2655715       0          0  3
4     1   16     1   6.297057 0.2655715       0          1  3
5     0   36     0  -7.737166 0.4900753       0          0  4

> print(subset(jasa,
+ select=c(id,accept.dt, tx.date, fu.date, fustat,surgery,transplant),id==4))
  id  accept.dt    tx.date    fu.date fustat surgery  transplant
4  4 1968-03-28 1968-05-02 1968-05-05      1       0           1

> jasa$dtime[4]
Time difference of 36 days
> jasa$adtime[4]
Time difference of 39 days
> print(subset(heart,select=c(id,start:transplant),id==4))
  id start stop event       age      year surgery  transplant
5  4     0   36     0 -7.737166 0.4900753       0           0
6  4    36   39     1 -7.737166 0.4900753       0           1
```

jasa 데이터셋으로부터 정리된 heart 데이터셋을 비교하여 볼 수 있다. 예를 들어, 4번 환자에 대해서는 transplant까지의 기간과 이후 연구종료까지의 기간으로 두 개의 행이 생성되었다.

```
> head(Surv(start,stop,event))
[1] ( 0,50]  (   0, 6]  ( 0, 1+] (   1,16]  ( 0,36+]  (36,39]
     id=1       id=2      id=3      id=3      id=4      id=4
```

프로그램 7.14 heart 데이터셋에 대한 시간-가변 공변량 포함 비례위험모형

```
library(survival)
heart
head(heart)
attach(heart)
dim(heart)

# basic try
fit.h0 <- coxph(Surv(start,stop,event)~transplant,data=heart)
   summary(fit.h0)
```

```
fit.h1 <- coxph(Surv(start,stop,event)~strata(transplant),data=heart)
    summary(fit.h1)
nr<-residuals(fit.h1, collapse = heart$id)

par(mfrow=c(1,2))
plot(survfit(fit.h1 ), conf.int = F, log = T, lty = c(1, 3),col = c("red", "green"))
 legend(1000,0.8, c("before", "after"), lty = c(1, 3),col =c("red", "green") )
plot( nr, xlab = "id", ylab = "martingale residual")
 lines(lowess(seq(1,length(nr)), nr) )

# suggest
fit.h3 <- coxph(Surv(start, stop, event) ~ strata(transplant)
                +transplant*(age + year) +surgery, data = heart)
summary(fit.h3)
nr<-residuals(fit.h3, collapse = heart$id)

par(mfrow=c(1,2))
 plot(survfit(fit.h3 ), conf.int = F, log = T, lty = c(1, 3),col = c("red", "green"))
 legend(1000,0.8, c("before", "after"), lty = c(1, 3),col =c("red", "green") )
plot( nr, xlab = "id", ylab = "martingale residual")
    lines(lowess(seq(1,length(nr)), nr) )
summary(survfit(fit.h3), individual=T)  #to avoid averaging the two cases

df <- data.frame(start=30, stop=40, event=1,  transplant="1",
                 age=2, year=4, surgery=1)
#Default: the reference value is the mean covariate within strata.
predict(fit.h3,  newdata = df, type="risk")
predict(fit.h3,type="survival")

bas.fit.h3<-basehaz(fit.h3)
head(bas.fit.h3)
plot(bas.fit.h3)  #base hazard plot
```

결과 7.14 heart 데이터셋에 대한 시간-가변 공변량 포함 비례위험모형

```
> summary(fit.h0)
Call:
coxph(formula = Surv(start, stop, event) ~ transplant, data = heart)
  n= 172, number of events= 75
              coef  exp(coef)  se(coef)      z   Pr(>|z|)
transplant1 0.1271     1.1356    0.3011 0.422      0.673

            exp(coef)  exp(-coef)  lower .95  upper .95
transplant1     1.136      0.8806     0.6293      2.049
```

```
Concordance= 0.512  (se = 0.025 )
Likelihood ratio test  = 0.18  on 1 df,   p=0.7
Wald test              = 0.18  on 1 df,   p=0.7
Score (logrank) test   = 0.18  on 1 df,   p=0.7

> summary(fit.h3)
Call:
coxph(formula = Surv(start, stop, event) ~ strata(transplant) +
    transplant * (age + year) + surgery, data = heart)
  n= 172, number of events= 75

                       coef  exp(coef)  se(coef)        z  Pr(>|z|)
transplant1              NA         NA   0.00000       NA        NA
age                 0.01981    1.02001   0.01792    1.105    0.2690
year               -0.26754    0.76526   0.10692   -2.502    0.0123*
surgery            -0.64205    0.52621   0.37234   -1.724    0.0846 .
transplant1:age     0.03004    1.03050   0.02805    1.071    0.2842
transplant1:year    0.23723    1.26774   0.14310    1.658    0.0974 .
---
Signif. codes:  0  '***'  0.001  '**'  0.01  '*'  0.05  '.'  0.1  ' '  1

                 exp(coef) exp(-coef) lower .95 upper .95
transplant1             NA         NA        NA        NA
age                 1.0200     0.9804    0.9848    1.0565
year                0.7653     1.3067    0.6206    0.9437
surgery             0.5262     1.9004    0.2536    1.0917
transplant1:age     1.0305     0.9704    0.9754    1.0887
transplant1:year    1.2677     0.7888    0.9577    1.6782

Concordance= 0.645  (se = 0.036 )
Likelihood ratio test  = 19.39  on 5 df,   p=0.002
Wald test              = 17.95  on 5 df,   p=0.003
Score (logrank) test   = 18.79  on 5 df,   p=0.002

> summary(survfit(fit.h3), individual=T)
  time  n.risk n.event   survival   std.err lower 95% CI upper 95% CI
     1     103       1      0.988    0.0120       0.9648        1.000
     2     100       3      0.951    0.0248       0.9039        1.000
     3      94       3      0.914    0.0334       0.8509        0.982
     5      85       1      0.901    0.0361       0.8328        0.974
     ⋮
> predict(fit.h3,  newdata = df, type="risk")
        1
0.7149854
```

```
> head(bas.fit.h3)
      hazard time strata
1 0.01202633  1.0      0
2 0.04997094  2.0      0
3 0.08990563  3.0      0
4 0.08990563  4.0      0
5 0.08990563  4.5      0
6 0.10443186  5.0      0
```

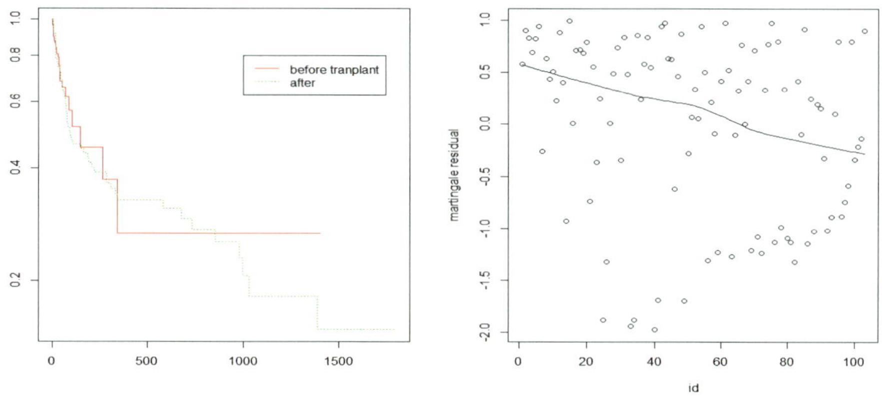

그림 7.14 transplant 전후에 따른 생존함수와 모형 fit.h0에 대한 마팅게일잔차

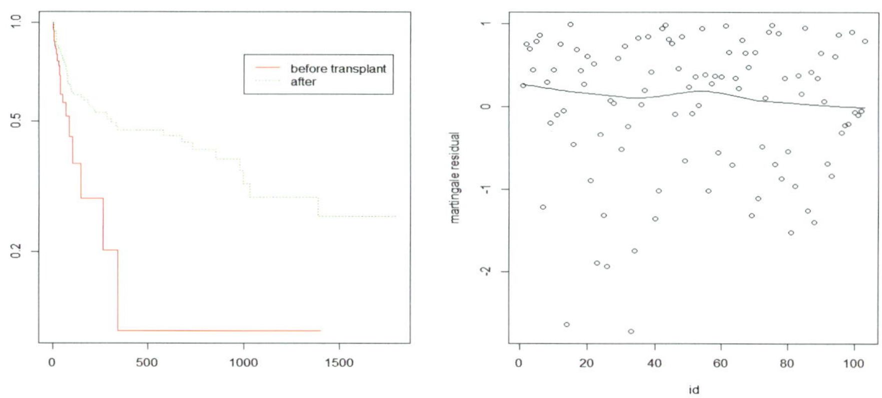

그림 7.15 transplant 전후에 따른 생존함수(age, year, surgery 포함)와 모형 fit.h3에 대한 마팅게일잔차

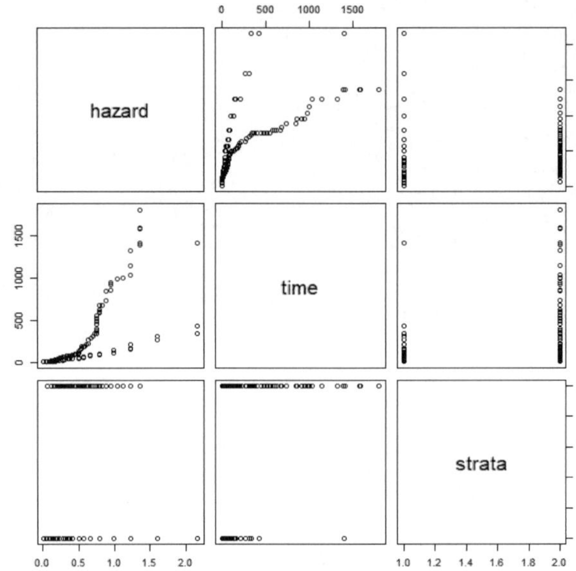

그림 7.16 transplant 전후에 따른 기저위험함수

<그림 7.14>는 transplant 여부에 따른 생존함수와 모형 fit.h0에 대한 마팅게일 잔차를 보여주는데 마팅게일 잔차에서 선형 경향이 보여 모형에 대한 개선이 필요하다. <그림 7.15>에서는 transplant 전후에 따른 생존함수(age, year, surgery 포함)와 모형 fit.h3에 대한 마팅게일 잔차를 보여준다. 모형 fit.h3에서 transplant 전후에 따른 생존함수 차이가 뚜렷하며 마팅게일 잔차에서 선형 경향이 뚜렷하지 않아 적합도가 높음을 알 수 있다. 참고로 <그림 7.16>에서는 transplant 전후에 따른 기저위험함수를 보여준다.

연습문제

01 다음의 데이터셋에서 부분우도함수를 계산해 보자.

ID	t	δ	Z
1	9	1	4
2	8	0	5
3	6	1	7
4	10	1	3

다음 표의 빈칸을 채워 부분우도함수 기여값을 계산하고 최종적인 부분우도함수를 구하시오.

order	ID	ordered t	위험집합	부분우도함수 기여값
1	3	6	{1,2,3,4}	
2	2	8	{1,2,4}	
3	1	9	{1,4}	
4	4	10	{4}	

02 일차성 담즙성 간경화증(Primary Biliary Cirrhosis: PBC) 데이터에 대해 Cox 비례위험모형을 적합하고자 한다. PBC 데이터는 survival 패키지에 내장되어 있다.

일차성 담즙성 간경화증은 자가면역질환에 해당하며 담즙정체에 의해서 간에 경화가 오는 것으로 고간질환이다. 담관(Bile duct)이 폐쇄되어 부드러운 간 조직이 단단하게 되어 피부색이 노랗게 변하는 황달이 함께 나타나는 질환이다.

데이터는 1974년부터 1984년까지 미국 Mayo clinic에서 치료받은 418명 환자들로 구성된다. 고정 공변량으로는 환자의 나이, bilirubin(담즙구성 성분), albumin(수용성 혈장성분), prothrombin(피 응고까지 걸리는 시간), edema(상태, 0, 0.5, 1=심각), time(환자의 사망까지의 시간)이다. bilirubin과 prothrombin 변수는 비대칭 정도가 심각하여 로그변환을 적용한다. 환자상태를 나타내는 중도절단변수는 status이며 사망(status=2), 간 이식(liver transplant=1)을 의미한다. ascites는 ascites(복수, 복막강에 액체가 고인 상태)에 대한 존재여부(0=no, 1=yes)이다.

```
library(survival)
data(pbc)      # 내장된 PBC data
head(pbc)
attach(pbc)
```

(1) 환자의 사망시간 데이터에 대해 age(환자의 나이), log(bilirubin), log(protime), albumin, edema를 공변량으로 하는 Cox 비례위험모형을 적합하고 회귀계수의 유의성과 모형에 대해 해석하시오.

(2) (1)에서 구한 모형에 대해 각 공변량이 1 단위 증가할 때 위험률의 증감을 설명하시오.

(3) 복수(ascites)가 있는지 여부에 대한 변수를 층 변수로 하여 edema, log (bilirubin), log(protime), log(albumin)을 포함한 비례위험모형을 적합하시오.

03 다음은 F98 glioma(신경교종: 중추신경의 신경교조직에서 발생하는 종양) 치료에 BNCT(boron eutron capture therapy: 붕소 중성자 치료)의 효과를 알아보기 위한 연구 결과이다. 실험쥐를 세 그룹으로 랜덤하게 배정하고 각 실험쥐의 뇌에 F98 glioma cell을 이식한 후 사망까지의 시간 데이터이다. 처리하지 않은 대조 그룹, 방사선을 쪼인 그룹, 방사선요법과 boronophenylalanine(BPA)를 같이 처리한 그룹에 대해 실험한 결과는 다음과 같다.

untreated	radiated	radiated+BPA
20	26	31
21	28	32
23	29	34
24	30	35
24	30	36
26	31	38
26	31	38
27	32	42+
28	29	39
30	35+	42

(1) 다음과 같은 그룹을 표시할 수 있는 가변수(dummy variable)를 다음과 같이 만들었다.

$$Z_1 = \begin{cases} 1 & radiated\ only \\ 0 & otherwise \end{cases}$$

$$Z_2 = \begin{cases} 1 & radiation + BPA \\ 0 & otherwise \end{cases}$$

untreated 그룹은 Z_1, Z_2를 이용할 경우 어떻게 표시할 수 있는가?

(2) Z_1을 공변량으로 하는 비례위험모형을 적합하고 해석하시오.

(3) Z_2를 공변량으로 하는 비례위험모형을 적합하고 해석하시오.

(4) Z_1과 Z_2를 공변량으로 하는 비례위험모형을 적합하고 해석하시오.

(5) 비례위험모형에서 그룹효과가 있는지 유의수준 0.05에서 검정하시오.

04 〈표 1.5〉 골수종 데이터에 대해

(1) 나이와 성별을 공변량으로 비례위험모형을 적합하고 해석하시오.

(2) 공변량을 모두 포함한 비례위험모형을 적합하고 각 공변량의 유의성을 유의수준 $\alpha = 0.05$에서 검정하시오.

(3) 공변량들을 이용하여 적절한 비례위험모형을 선택하여 제안하고 해석하시오.

05 다음은 Hodgkin's와 Non Hodgkin's 림프종(lymphoma) 환자에 대한 데이터로 미국 오하이오 주에 있는 병원에서 골수이식을 한 환자 데이터이다.

```
library(KMsurv)
data(hodg)
head(hodg)
attach(hodg)
```

포함된 변수는 다음과 같다.

- gtype: Graft type (1=allogenic, 2=autologous)
- dtype: Disease type (1=Non Hodgkin lymphoma, 2=Hodgkins disease)
- time: Time to death or relapse, days
- delta: Death/relapse indicator (0=alive, 1=dead)
- score: Karnofsky score
- wtime: Waiting time to transplant in months

(1) gtype과 dtype을 공변량으로 비례위험모형을 적합하고 해석하시오.

(2) gtype과 dtype 변수를 이용해 다음과 같이 4개 그룹을 나타내는 공변량 Zha를 만든 후 비례위험모형을 적합하고 해석하시오.

(i) Non Hodgkin, allo (ii) Hodgkins, allo

(iii) Non Hodgkin, auto (iv) Hodgkin, auto

(3) gtype, dtype과 score를 공변량으로 비례위험모형을 적합하고 해석하시오.

(4) 공변량을 모두 포함한 비례위험모형을 적합하고 각 공변량의 유의성을 유의수준 $\alpha = 0.05$에서 검정하시오.

(5) 공변량들을 이용하여 적절한 비례위험모형을 선택하여 제안하고 해석하시오.

(6) Hodgkin 림프종 존재 여부에 따라 K-M 생존함수가 다른지 유의수준 $\alpha = 0.05$에서 검정하시오.

06 pbc 데이터셋은 baseline data와 각 환자에 대한 primary biliary cirrhosis(원발성 담즙경화증)에 대한 follow-up status(동의한 환자 312명, 동의하지 않은 106명)를 포함한다. pbcseq 데이터셋은 pbc 데이터셋 환자에 대해 반복된 실험실 데이터를 포함한다(동의한 환자 312명). 중도절단 여부를 나타내는 status 변수는 0= censored, 1= liver transplant, 2= death를 나타낸다. 간 손상(liver damage)에 대한 경과를 보여주는 bilirubin, prothrombin 은 시간에 따른 변화를 보여주는 time-varying 변수이다. time-varying을 고려하지 않은 경우와 고려한 경우에 대해 Cox 비례위험모형을 적합하고 비교하시오.

```
# [참고] pbc data: time varying covariates
# tmerge, tdc(time dependent covariate)
library(survival)
head(pbc)
tail(pbc)
temp <- subset(pbc, id <= 312, select=c(id:sex, stage)) # baseline
pbc1 <- tmerge(temp, temp, id=id, death = event(time, status)) #set range
 head(pbc1)
pbc2 <- tmerge(pbc1, pbcseq, id=id, ascites = tdc(day, ascites),
              bili = tdc(day, bili), albumin = tdc(day, albumin),
             protime = tdc(day, protime), alk.phos = tdc(day, alk.phos))
head(pbc2[1:20, ])
 attr(pbc2, "tcount")
fit1 <- coxph(Surv(time, status==2) ~ log(bili) + log(protime), pbc)
fit1
fit2 <- coxph(Surv(tstart, tstop, death==2) ~ log(bili) + log(protime), pbc2)
fit2
rbind('baseline fit' = coef(fit1),'time dependent' = coef(fit2))
```

8장

잔차와 모형적합도 진단

모형이 적합된 후에는 모형 적절성에 대한 평가가 필요하다. Cox 비례위험모형에 대한 진단으로 다음의 측면에 대한 평가를 해야 한다.

(i) 주어진 공변량에 대해 나머지 다른 공변량들의 효과를 적합한 후, 생존시간에 미치는 영향을 설명하는 적절한 함수 형태를 알고자 한다.
(ii) 비례위험모형 가정에 대한 적절성을 검토한다. 만약 비례위험모형 가정이 유효하지 않다면 분석 결과에 의해 잘못된 결론을 내릴 수 있게 된다. 그래프를 이용하여 비례성에 대한 직관적인 점검을 할 수 있다.
(iii) 적합된 모형으로 각 개체(개인)에 대한 생존함수추정의 정확성을 검토해야 한다. 이러한 점검을 통해 이상점(outlier)을 파악할 수 있다.
(iv) 각 개체가 모형 적합에 미치는 영향을 조사한다. 영향점(influence point) 또는 지렛점(leverage point) 등을 파악하고자 하며 이상점에 대한 정보도 얻게 된다.

이러한 모형의 적합도 평가에 잔차가 사용된다. 그러나 Cox 회귀모형에서의 잔차는 선형회귀모형에서 잔차를 계산하는 것처럼 할 수 없어 잔차에 대한 새로운 정의와 방법이 필요하다. Cox 모형에 대해 Cox−Snell 잔차, 마팅게일 잔차, 편차 잔차, 그리고 Schoenfeld 잔차 또는 부분 잔차(partial residual)에 대해 설명하고 모형적합도와 관련한 의미를 파악하도록 한다.

8.1 Cox-Snell 잔차

Cox−Snell(1968) 잔차는 Cox 모형에 대한 적합을 평가하는 데 사용된다. 모형이 적절하다면 각 개체에 대한 위험함수 $H(t|\boldsymbol{Z}_i) = H_0(t)\exp(\boldsymbol{Z}_i{}'\beta)$는 위험률 1(평균 1)인 지수분포를 따른다. [참고 8.1]에서 자세한 근거를 설명한다. 데이터 $(T_i, \delta_i, \boldsymbol{Z}_i(t))$는 7.2절의 표기를 따른다. Cox−Snell 잔차는

$$r_{CS_i} = \widehat{H}_0(t_i)\exp(\boldsymbol{Z}_i{}'\hat{\beta}) \tag{8.1}$$

으로 정의된다. 여기서 $\widehat{H}_0(t_i)$는 누적기저위험함수(cumulative baseline hazard function) 추정량으로 Breslow 추정량

$$\widehat{H}_0(t_i) = \sum_{t_i \le t} \frac{d_i}{\sum_{j \in R(t_i)} \exp(\boldsymbol{Z}_i{}'\beta)} \tag{8.2}$$

이다.

또한 위험함수는 생존함수로 다음과 같이

$$H(t) = -\log S(t) = -\log(1 - F(t))$$

표현된다. 만약 모형이 데이터에 대한 적합을 만족한다면 $\hat{S}(t_i)$는 $S(t_i)$와 가까울 것이며 $-\log\hat{S}(t_i)$는 평균 1인 지수분포를 따르게 된다.

이와 같은 Cox-Snell 잔차는 일반적인 선형회귀모형에서의 잔차와는 다른 형태를 갖는다. 즉 0을 중심으로 대칭적이지도 않으며 음의 값을 갖지 않는다. 모형이 적절할 경우 Cox-Snell 잔차는 평균과 분산이 각각 1인 치우친 분포를 따르게 된다.

Cox-Snell 잔차 그림을 그렸을 때 모형이 적합하다면, 평균 1인 지수분포에서 중도절단된 표본처럼 보이게 된다.

Cox-Snell 잔차 r_{CS_i}가 평균 1인 지수분포를 따르는가를 알아보는 그림을 그려보자. 만약 표본이 평균 1인 지수분포를 따른다면 누적위험함수는 $H_E(t) = t$가 된다. 그러므로 r_{CS_i}가 평균 1인 지수분포를 따른다면, 즉 모형이 적합하다면 r_{Ci}에 대한 누적위험함수 그림을 그렸을 때 원점을 지나는 직선의 형태를 따르게 된다. 그러나 r_{CS_i}에 대한 누적위험함수 그림이 원점을 지나는 직선의 형태를 따르지 않을 때 다른 모형에 대한 출발점을 얻을 수는 없다.

참고 8.1 Cox-Snell 잔차에 대한 자세한 설명

Cox 비례위험모형

$$h(t|\boldsymbol{Z}_i) = h_0(t)\exp(\boldsymbol{Z}_i'\beta)$$

에서 누적위험함수를 구하면

$$H(t|\boldsymbol{Z}_i) = H_0(t)\exp(\boldsymbol{Z}_i'\beta), \quad i = 1, \ldots, n$$

이다. 여기서 $H_0(t)$는 누적기저위험함수이다.

$$Y = H(t) = -\log S(t) = -\log(1 - F(t))$$

에 대해 수리통계적인 방법을 사용하여 분포함수를 구해 보자.

$$f_Y(y) = f_T(t) / \left| \frac{dy}{dt} \right|$$

를 구하면 된다. $t = S^{-1}(e^{-y})$ 이므로

$$f_Y(y) = f_T\{S^{-1}(e^{-y})\} / \left| \frac{dy}{dt} \right|$$

이 된다. 여기서

$$\frac{dy}{dt} = \frac{d\{-\log S(t)\}}{dt} = \frac{f_T(t)}{S(t)}.$$

$t = S^{-1}(e^{-y})$를 대입하면

$$\frac{dy}{dt} = \frac{f_T(t)}{S(t)} = \frac{f_T(S^{-1}(e^{-y}))}{S(S^{-1}(e^{-y}))} = \frac{f_T(S^{-1}(e^{-y}))}{e^{-y}}$$

이다. 분포함수를 정리하면

$$f_Y(y) = f_T\{S^{-1}(e^{-y})\} / \left|\frac{dy}{dt}\right| = e^{-y}$$

이다. 즉 Y는 $\lambda = 1$인 지수분포를 따르므로 이를 이용하여 Cox-Snell 잔차는

$$r_{CSi} = \hat{H}_0(t_i)\exp(\boldsymbol{Z}_i'\hat{\beta})$$

으로 정의된다.

8.2 마팅게일 잔차

주어진 공변량에 대해 나머지 다른 공변량들의 효과를 적합한 후, 생존시간에 미치는 영향을 Cox 비례위험모형을 통해 잘 설명하는 적절한 함수 형태를 결정하고자 한다. 예를 들어, 공변량에 대한 변환함수로 Z, $\log Z$, Z^2, $Z\log Z$ 또는 Z의 범위에 따라 다른 함수 형태를 고려할 수 있다.

마팅게일 잔차(martingale residual)는 Cox-Snell 잔차의 변형으로 볼 수 있다. 마팅게일 잔차는 관측값 여부(1 또는 0)에서 누적위험함수값을 빼서 계산된다. 여기서 누적위험함수값은 모형을 적합한 후 구한 값이다.

마팅게일 잔차 M_i는 다음과 같이 정의된다.

$$M_i = \delta_i - \hat{H}(t_i | \boldsymbol{Z}_i), \quad i = 1, \ldots, n \tag{8.3}$$

여기서

$$\delta_i = \begin{cases} 1, & \text{관측된 경우} \\ 0, & \text{중도절단된 경우}. \end{cases}$$

$\hat{H}(t_i | \boldsymbol{Z}_i)$는 t_i 시점에서 누적위험함수값이다.

예제 8.1(a) A는 2개월에 중도절단되었고 2개월까지의 누적위험률은 0.2라고 한다. A의 마팅게일 잔차는 $M_A = 0 - 0.2 = -0.2$이다.

예제 8.1(b) B는 13개월에 사망했으며 13개월까지의 누적위험률은 0.7이라고 한다. B의 마팅게일 잔차는 $M_B = 1 - 0.7 = 0.3$이다.

마팅게일 잔차는 $O-E$ 형태를 갖는 단순한 형태로 관측값 O와 기댓값 E의 차이가 된다.

$$\widehat{M}_i = \delta_i - \widehat{H}_0(t_i)\exp(\boldsymbol{Z}_i{}'\hat{\beta}) = \delta_i - r_{CS_i} \tag{8.4}$$

은 마팅게일 잔차라고 한다. $\sum_{i=1}^{n} \widehat{M}_i = 0$을 만족한다.

마팅게일 잔차의 특성은 다음과 같다.

(1) $E(M_i) = 0$. 회귀계수벡터 β값이 참일 경우 마팅게일 잔차의 기댓값은 0이다.
(2) $\sum_{i=1}^{n} \widehat{M}_i = 0$. 즉, 마팅게일 잔차의 합은 0이다.
(3) $Cov(M_i, M_j) = 0$. 회귀계수벡터 β값이 참일 경우 각 개체에 대한 마팅게일 잔차는 서로 독립이다.
(4) $Cov(\widehat{M}_i, \widehat{M}_j) < 0$. 실제 추정된 마팅게일 잔차는 음의 상관성을 갖는다.

선형회귀모형에서의 잔차와 Cox 회귀모형에서의 마팅게일 잔차를 구하는 아이디어는 비슷하지만 잔차의 역할은 매우 다르다. 선형모형에서는 잔차제곱합이 모형에 대한 적합도로 활용되며, 경쟁모형들 중 잔차제곱합이 작을수록 모형적합도가 크다. 그러나 마팅게일 잔차의 분포는 선형모형에서의 잔차와 달리 모형의 적합도로 사용되지 않는다. Cox 회귀모형에서는 최적 모형의 마팅게일 잔차제곱합이 최소가 되지 않는다. 오히려 공변량이 없는 기본 모형에서 마팅게일 잔차제곱합이 최소가 될 수도 있다. <표 8.1>에서 보면 공변량을 추가하는 것이 마팅게일 잔차를 줄인다고 볼 수 없다.

표 8.1 PBC 데이터에 대한 마팅게일 잔차제곱합과 편차 잔차제곱합

모형	자유도	마팅게일 잔차제곱합	편차 잔차제곱합
null(공변량 없음)	0	159.97	556.15
bili	1	171.46	504.22
log(bili)	1	167.07	463.63
bili, age	2	190.87	437.96
log(bili), age, albumin	3	184.10	434.61

선형모형에서 반응추정값과 잔차의 산점도를 그려볼 때, 모형이 적합하다면 랜덤하게 고른 분포를 보인다. 그러나 추정값과 마팅게일 잔차의 산점도를 그리면 음의 상관성을 보이므로 이러한 산점도는 모형적합에 관한 정보를 준다고 할 수 없다.

그러나 마팅게일 잔차는 공변량의 함수 형태를 찾는 데 유용하다. 마팅게일 잔차는 공변량의 함수 형태를 식별하기 위해 사용될 수 있다. 만약 p개 공변량들 중 한 개 공변량 Z_1에 대한 적절한 함수 형태 $g(Z_1)$를 결정하고자 할 경우 마팅게일 잔차를 다음과 같이 활용할 수 있다. 공변량 Z_1을 제외한 공변량벡터 $\boldsymbol{Z}^* = (Z_2, \ldots, Z_p)'$에 대해 비례위험모형

$$H(t|\boldsymbol{Z}^*) = H_0(t)\exp(\boldsymbol{Z}^{*\prime}\beta^*) \tag{8.5}$$

을 적합한 후 마팅게일 잔차 $\widehat{M}_i$을 구한다. $(Z_{i1}, \widehat{M}_i)$ 그림을 그려 공변량 Z_1에 대한 적절한 함수 $g(Z_1)$을 추측한다. 잔차그림에서 직선관계를 보이면 $g(Z_1) = Z_1\beta$, 이차관계이면 $g(Z_1) = Z_1^2\beta$ 등을 고려할 수 있다.

8.3 편차 잔차

모형적합 후 이상점을 점검하는 문제를 고려하고자 한다. 마팅게일 잔차는 치우친 분포를 가지며 오른쪽으로 긴 꼬리를 갖는다. 마팅게일 잔차의 범위는 $-\infty$ 부터 1 사이로 대칭이 아니다. 편차 잔차(deviance residual)는 이러한 부분을 보정하는 변환을 사용한다. 편차 잔차는 마팅게일 잔차에 대해 표준화 변환한 잔차로 0을 중심으로 분산 1을 가지며 대칭이 되도록 한다. 편차 잔차가 큰 개체일수록 모형을 통한 추정이 좋지 않다. 편차 잔차는 선형회귀모형에서 다루는 잔차처럼 생각하면 된다.

모형이 적합하다면 (편차 잔차, 공변량)에 대한 산점도를 그렸을 때 어떤 특별한 패턴이 보이지 않아야 한다. 어떤 패턴이 보일수록 모형의 적합도가 떨어진다. 편차 잔차를 통해 개체의 이상값을 식별할 수 있으며 잔차그림을 활용하도록 한다.

편차 잔차는

$$D_i = sign(\widehat{M}_i) \times \sqrt{-2[\widehat{M}_i + \delta_i \cdot \log(\delta_i - \widehat{M}_i)]} \tag{8.6}$$

으로 정의된다. $\widehat{M}_i = 0$이면 $D_i = 0$이다. $\widehat{M}_i \approx 1$일 때 로그함수를 통해 값을 축소시킨다.

중도절단이 많지 않을 경우 D_i는 서로 독립이고 정규분포 형태를 갖는다. 위험점수 $\boldsymbol{Z_i}'\beta$에 대한 D_i의 산점도 ($\boldsymbol{Z}_i'\beta$, D_i)를 그렸을 때, 모형이 적합하다면 정규분포를

따르는 표본으로 볼 수 있다. 이러한 산점도에서 절댓값이 큰 편차 잔차를 갖는 관측값은 이상값으로 의심할 수 있다.

8.4 Schoenfeld 잔차

Schoenfeld (1982)는 Cox 회귀모형에서의 잔차를 다루는 문제에서, 개체에 대한 잔차 대신 각 개체에 대해 각 공변량에 대한 잔차를 제안하였다. 부분 잔차(Schoenfeld's partial residual)라고도 한다.

Schoenfeld 잔차는 각 개체에 대해 사건발생 시 공변량값에서 해당 기댓값을 뺀 값으로 얻는다. 여기서 기댓값은 위험집합에서 공변량들을 이용하여 계산된다. Schoenfeld 잔차는 사건발생 시간과 독립이다. 그러므로 모형을 만족한다면 (시간, Schoenfeld 잔차) 산점도에서 랜덤하게 나타나며 랜덤성에서 벗어날수록 Cox 모형에 대한 적합성을 의심하게 된다. Schoenfeld 잔차를 시간에 대해 회귀모형을 구한 후 시간과 Schoenfeld 잔차 간에 독립성에 대한 검정을 할 수 있다. Schoenfeld 잔차는 중도절단 데이터에 대해서는 정의되지 않는다. Schoenfeld 잔차는 영향력 있는 관측값을 식별하기 위해 사용된다.

j번째 개체의 k번째 공변량에 대한 Schoenfeld 부분 잔차는

$$S_{jk} = \delta_j [Z_{jk} - \overline{Z_k}(\beta, t_j)] \tag{8.7}$$

으로 정의된다. 여기서

$$\overline{Z_k}(\beta, s) = \frac{\sum_i Y_i r_i(s) Z_{ik}(s)}{\sum_i Y_i r_i(s)} = \frac{\sum_i Y_i \exp(Z_{ik}\beta) Z_{ik}(s)}{\sum_i Y_i \exp(Z_{ik}\beta)}. \tag{8.8}$$

Schoenfeld 잔차 집합은 p개 열을 가진 행렬로 구성되며 각 사건은 각 행을 구성한다. 각 잔차는 사건이 발생할 때마다 계산된다.

8.5 비례위험률 가정에 대한 점검

Cox 비례위험모형은 개체의 위험률의 비례성 가정에 의존한 모형이다. 그러므로 모형 적합을 위해서는 이러한 비례성 가정에 대한 검토가 필요하다. 그래프적인 방법으로 비례성을 검토하는 방법으로 Anderson plot, Arjas plot, log cumulative baseline hazard plot, 점수 잔차에 의한 방법 등이 제안되었다. 이 절에서는 로그 누적기저위험률 그림과 점수 잔차 누적합을 이용한 방법을 설명하고자 한다. 그 외의 방법에 대해서는 참고문헌을 찾아보기 바란다.

Cox 비례위험모형에 대한 중요한 가정은 비례적인 위험률이다. 즉 시간-고정 공변량의 경우 두 개체에 대한 공변량 Z_i, Z_j에 대해 상대적 위험률을 구하면

$$\frac{e^{\beta Z_j}}{e^{\beta Z_i}} = e^{\beta(Z_j - Z_i)} \tag{8.9}$$

으로 시간에 의존하지 않으면 공변량 크기와 β에 의존한다.

누적기저위험함수 그래프를 그려 비례성에 대한 검토를 할 수 있다. 시간-고정인 변수이며 몇 개의 수준이 있는 공변량에 대해 생존함수를 이용한 그림을 그린다. 비례위험모형이 적합한 경우

$$S_i(t) = \exp(-H_0(t)Z_i\beta) \tag{8.10}$$

$$\log[-\log S_i(t)] = \log[H_0(t)] + Z_i\beta \tag{8.11}$$

를 만족한다. Cox 비례위험모형이 맞는다면 각 수준에서의 Kaplan-Meier 추정선은 log-log 그림을 그렸을 때 서로 평행해야 한다. 수준별 log-log 추정선이 서로 교차하면 비례성 관계를 의심해야 한다.

누적 Scheonfeld 잔차(또는 점수 잔차)그림을 통해서 비례성 가정을 검토할 수 있다. 비례위험모형이 적합하다면 Scheonfeld 잔차 합은 브라운 브릿지(Brown bridge)를 따르는 랜덤 보행(random walk)을 보여주게 된다.

점수 잔차는 각 공변량에 대해 계산된다. 회귀추정량 $\hat{\beta}$의 표준화 점수 잔차(standardized score residual)는 비례성을 만족하면 브라운 브릿지의 최고값(supremum of a Brownian bridge)이 ± 1.3581을 벗어날 확률은 0.05 이내이다. 이 범위를 벗어나면 유의수준 5%에서 비례성을 벗어난다고 할 수 있다. 표준화 점수 잔차 r_{S_i}에 대해 (t_i, r_{S_i}) 그림을 그려 비례성을 판단할 수 있다. 그러나 때로는 이러한 그림으로 판단하기 어렵기도 하다.

8.6 R을 이용한 잔차와 잔차그림

R에서는 residuals() 함수와 옵션을 사용하여 잔차를 구할 수 있다.

```
residuals(object,
        type=c("martingale", "deviance", "score", "schoenfeld",
               "dfbeta", "dfbetas", "scaledsch","partial")
```

예제 8.2 PBC 데이터에 대해 여러 가지 Cox 모형을 적합하고 잔차그림을 그려 모형에 대한 진단을 하고자 한다.

프로그램 8.1 PBC 데이터에 대한 Cox 모형 적합과 잔차그림(공변량 없는 경우)

```
library(survival)
attach(pbc)          # PBC 데이터
fit0<-coxph(Surv(time, status==2)~1 , data=pbc)  # null model
summary(fit0)
r1<-resid(fit0,data=pbc, type="martingale")

op=par(mfrow=c(2,2))                        # 그림 8.1
plot(age, r1, xlab="age", ylab="martingale residual")
    lines(lowess(age, r1, iter=0), lty=2 )
plot(log(bili), r1, xlab="log(bili)", ylab="martingale residual")
    lines(lowess(log(bili), r1, iter=0), lty=2 )
plot(bili, r1, xlab="bili", ylab="martingale residual")
    lines(lowess(bili, r1, iter=0), lty=2 )
plot(albumin, r1, xlab="albumin", ylab="martingale residual")
    lines(lowess(albumin, r1, iter=0), lty=2 )
par(op)

r2<-resid(fit0,data=pbc, type="deviance")
  op=par(mfrow=c(1,2))                      # 그림 8.2
plot(age, r1, xlab="age", ylab="martingale")
    lines(lowess(age, r1, iter=0), lty=2 )
plot(age, r2, xlab="age", ylab="deviance")
    lines(lowess(age, r2, iter=0), lty=2 )
```

<그림 8.1>에서 각 공변량에 대한 마팅게일 잔차그림을 보여준다. age와 log(bili)는 선형함수를 갖는 것이 적절해 보인다. <그림 8.2>는 공변량 age에 대해 마팅게일 잔차, Scheonfeld 잔차, 편차 잔차와 부분 잔차를 그린 각 잔차그림을 보여준다. <그림 8.2>에서 공변량 age와 마팅게일 잔차를 보면 선형관계가 나타난다. 공변량 age를 포함한 Cox 모형 적합 후 마팅게일 잔차는 <그림 8.3>에서 보여주는데 선형성이 제거됨을 알 수 있다.

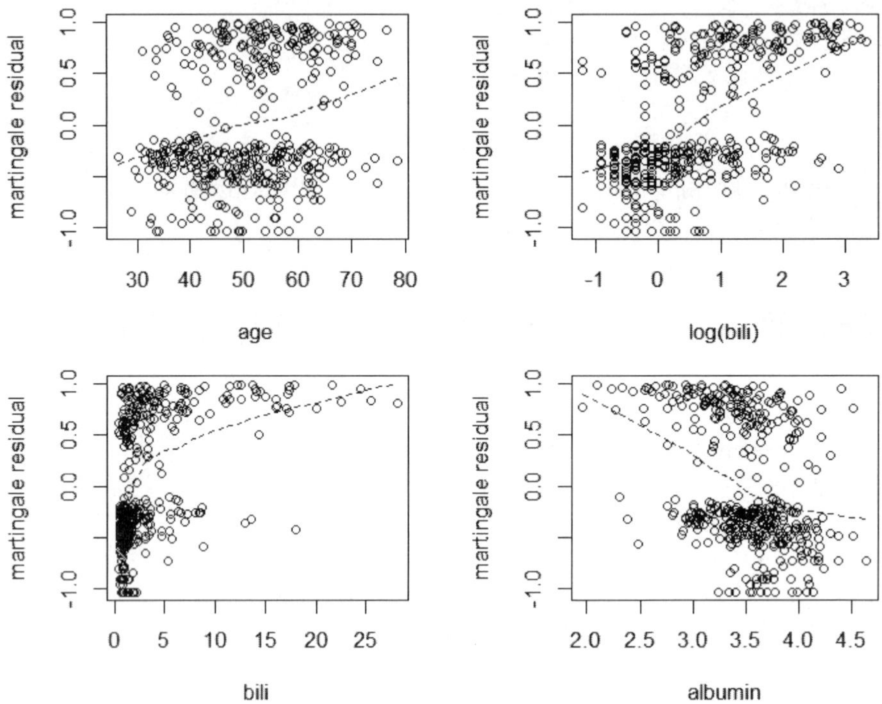

그림 8.1 각 공변량에 대한 마팅게일 잔차

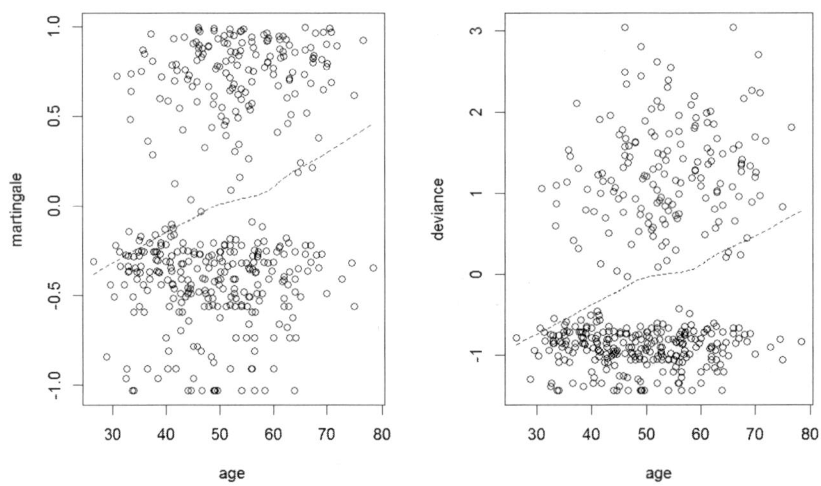

그림 8.2 공변량 age에 대한 마팅게일 잔차그림과 편차 잔차그림

프로그램 8.2 PBC 데이터에 대한 Cox 모형 적합과 잔차그림(공변량 age 포함)

```
fita<-coxph(Surv(time, status==2)~age , data=pbc)  # K-M survival
summary(fita)
r1<-resid(fita,data=pbc, type="martingale")
r2<-resid(fita,data=pbc, type="deviance")  #error : not defined for null model
r3<-resid(fita,data=pbc, type="schoenfeld")
r4<-resid(fita,data=pbc, type="partial")  # error

  op=par(mfrow=c(2,2))   # 그림 8.3
plot(age, r1, xlab="age", ylab="martingale")
    lines(lowess(age, r1, iter=0), lty=2 )
plot(age, r2, xlab="age", ylab="deviance")
    lines(lowess(age, r2, iter=0), lty=2 )
plot(age[(status==2)] , r3, xlab="age", ylab="schoenfeld")  # observed case only
    lines(lowess(age[(status==2)], r3, iter=0), lty=2 )
plot(age, r4, xlab="age", ylab="partial")
    lines(lowess(age, r4, iter=0), lty=2 )
  par(op)
```

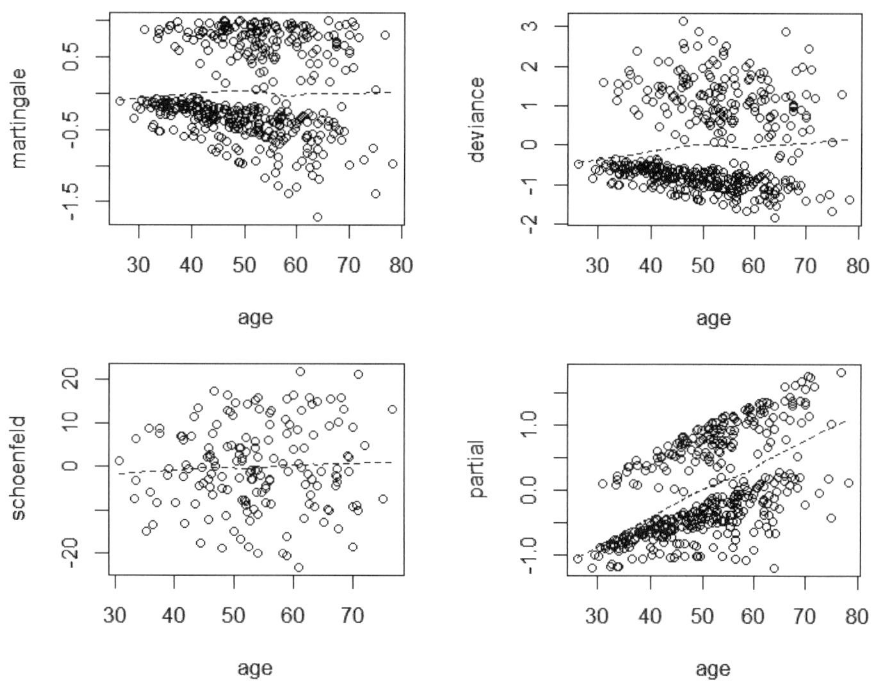

그림 8.3 fita 모형 적합후 공변량 age에 대한 여러 가지 잔차그림

프로그램 8.3 비례성 검토 그림

```
##### Graphic Check for Proportional Hazards Assumption #####

library(KMsurv)
data(package='KMsurv')
data(alloauto)
fit3=survfit(coxph(Surv(time,delta)~strata(factor(type)),data=alloauto,
                    method='breslow'),      type='aalen')

plot(fit3, fun='cumhaz',
      col=c('blue','red'),lty=c(1,2),xlim=c(0,25),
      xlab='Time on Study',ylab='Log Cumulative Hazard Rate')    # 그림 8.4
legend(15,1.5, legend=c('type=1', 'type=2'), lty=c(1,2), col=c('blue','red'))
```

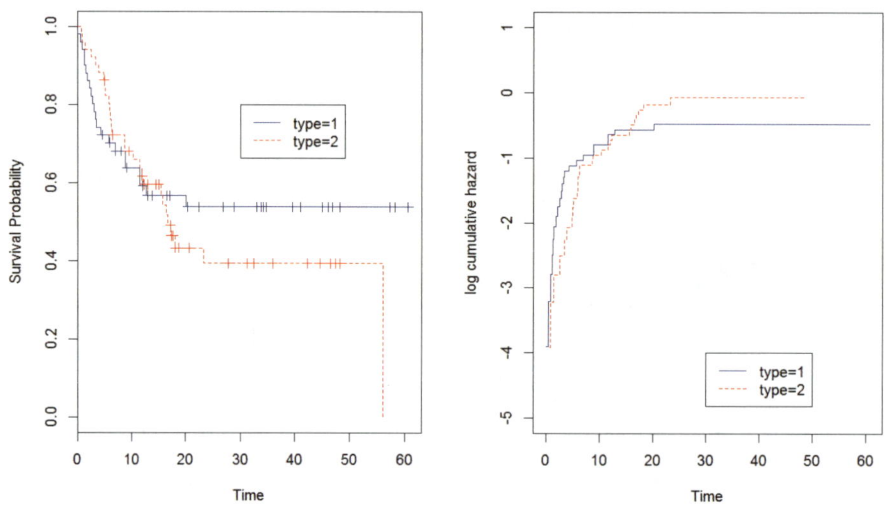

(a) 생존함수　　(b) 로그 누적기저위험함수

그림 8.4 type별 생존함수와 로그 누적기저위험함수

비례위험모형에 대한 적합성 검토를 위해 로그 누적기저위험함수를 <그림 8.4>(b)에서 보여준다. 두 개의 선이 서로 교차하므로 비례성 관계를 만족하지 않아 보인다.

8.7 점수 잔차

점수 잔차(score residual)에 기반한 통계량으로 j번째 개체가 k번째 공변량에 영향을 미치는 정도를 계산한다.

t 시점에서 j번째 개체가 k번째 공변량에 대한 점수 잔차는

$$S_{jk}(t) = \int_0^t [Z_{jk}(s) - \overline{Z_k}(t)] d\widehat{M}_j(t) \tag{8.12}$$

으로 정의된다. 여기서

$$\widehat{M}_j(t) = N_j(t) - \int_0^t Y_j(t) \exp[\beta' \boldsymbol{Z}_j(t)] d\widehat{H}_0(t) \quad j = 1, \dots, n. \tag{8.13}$$

j번째 개체의 k번째 공변량에 대한 영향력을 계산하기 위해 Schoenfeld 부분 잔차 (8.7)을 이용하여 얻는다:

$$\begin{aligned} S_{jk} &= \delta_j [Z_{jk} - \overline{Z_k}(\beta, t_j)] \\ &\quad - \sum_{t_b \le t_j} [Z_{jk} - \overline{Z_k}(\beta, t_b)] \exp(\hat{\beta}' \boldsymbol{Z}) [\widehat{H}_0(t_b) - \widehat{H}_0(t_{b-1})] \\ & j = 1, \dots, n, \ k = 1, \dots, p. \end{aligned} \tag{8.14}$$

여기서 $0 = t_0 < t_1 < \cdots < t_D$ 는 순서화된 서로 다른 사건 시간이다.

k번째 공변량에 대한 n개 개체 모두에 대한 점수(score)는 다음과 같다:

$$U_k(t) = \sum_{j=1}^n S_{jk}(t). \tag{8.15}$$

점수과정(score process)은 Cox 모형에서 부분우도함수의 1차 부분미분이다. 즉

$$U_k(0) = 0, \ \ U_k(\infty) = 0 \tag{8.16}$$

를 풀어 해를 구하여 점수 잔차를 구한다.

만약 모형을 적절히 적합하면

$$W_k(t) = U_k(t) \times se(\widehat{\beta}_k) \tag{8.17}$$

는 tied Brownian bridge를 따른다. 여기서 $se()$는 표준오차(standard error)를 나타낸다.

8.8 개체의 영향력 진단

관측값이 회귀계수 β에 미치는 영향을 검토하고자 하는 그래프 기법을 설명하고자 한다.

$\hat{\beta}$은 전체 개체에 대해 추정한 회귀계수벡터이고 $\hat{\beta}_{(j)}$은 j번째 개체를 제외하고 추정한 회귀계수벡터이다. 만일 $\hat{\beta}-\hat{\beta}_{(j)}$가 0에 가깝다면 j번째 개체는 β 추정에 거의 영향이 없고 $\hat{\beta}-\hat{\beta}_{(j)}$의 변동이 클수록 큰 영향을 나타낸다. 이와 같은 계산을 하려면 전체모형 한 번, 개체를 한 개씩 제외한 모형 n번으로 Cox 모형을 $(n+1)$번 수행해야 한다. 개체수가 많으면 이러한 방법은 계산문제가 대두된다.

그래프로 (개체번호, $\hat{\beta}-\hat{\beta}_{(j)}$)을 그려보아 개체의 영향력을 검토한다. 또는 그래프 (개체의 공변량값, $\hat{\beta}-\hat{\beta}_{(j)}$)를 그려보아 개체의 공변량값과의 영향력을 검토한다.

$$(\hat{\beta}-\hat{\beta}_{(j)}) = I^{-1}(\beta_0)\left\{\sum_{b=1}^{n}\delta_b[\boldsymbol{Z}_b-\overline{\boldsymbol{Z}}(t_b)]\right\} - I^{-1}(\beta_0)\left\{\sum_{b=1,b\neq j}^{n}\delta_b[\boldsymbol{Z}_b-\overline{\boldsymbol{Z}_{(j)}}(t_b)]\right\} \tag{8.18}$$

여기서 k번째 공변량에 대해 $k=1,2,\ldots,p$

$$\overline{Z_k}(t) = \frac{\sum_i Y_i r_i(t) Z_{ik}(t)}{\sum_i Y_i r_i(t)} = \frac{\sum_i Y_i(t) Z_{ik}(t)\exp(\hat{\beta}'\boldsymbol{Z}_i(t))}{\sum_i Y_i(t)\exp(\hat{\beta}'\boldsymbol{Z}_i(t))} \tag{8.19}$$

$\overline{\boldsymbol{Z}_{(j)}}(t_b)$는 j번째 개체를 제외하고 계산한 경우를 나타낸다. 근사식을 유도하면 점수잔차로 근사된다.

8.9 R을 이용한 점수 잔차와 개체 영향력 진단

예제 8.3 골수이식 데이터에 대해 적절한 비례위험모형을 적합하고 잔차분석을 하고자 한다.

137명의 acute myelocytic leukemia(AML)과 acute lymphoblastic leukemia(ALL)를 가진 환자로 HLS-identical 또는 one antigen disparate sibling으로부터 골수이식 후 4일 동안 oral busulfan (Bu), 2일 동안 intravenous cyclophosphamide 처치를 받았다.

R 패키지 BART에 포함된 data(leukemia)를 이용한다. 다음의 22개 변수를 포함한다:

G: Disease Group (1=ALL, 2=AML Low Risk in first remission,
3=AML High Risk not in first remission)
TD: Time To Death Or On Study Time
TB: Disease Free Survival Time (Time To Relapse, Death Or End Of Study)
D: Death Indicator (0=Alive, 1=Dead)
R: Relapse Indicator (0=Disease Free, 1=Relapsed)
B: Disease Free Survival Indicator (0=Alive and Disease Free, 1=Dead or Relapsed)
TA: Time To Acute Graft-Versus-Host Disease (GVHD)
A: Acute GVHD Indicator
(0=Never Developed Acute GVHD, 1=Developed Acute GVHD)
TC: Time To Chronic Graft-Versus-Host Disease (GVHD)
C: Chronic GVHD Indicator
(0=Never Developed Chronic GVHD, 1=Developed Chronic GVHD)
TP: Time of Platelets Returning to Normal Levels
P: Platelet Recovery Indicator
(0=Platelets Never Returned to Normal, 1=Platelets Returned To Normal)
X1: Patient Age In Years
X2: Donor Age In Years
X3: Patient Gender (0=female, 1=male)
X4: Donor Gender (0=female, 1=male)
X5: Patient Cytomegalovirus (CMV) Immune Status
(0=CMV Negative, 1=CMV Positive)
X6: Donor Cytomegalovirus (CMV) Immune Status
(0=CMV Negative, 1=CMV Positive)
X7: Waiting Time to Transplant In Days
X8: AML Patients with Elevated Risk By French-American-British(FAB) Classification
(0=Not AML/Elevated, 1=FAB M4 Or M5 with AML)
X9: Hospital (1=The Ohio State University in Columbus, 2=Alfred in Melbourne,
3=St. Vincent in Sydney, 4=Hahnemann University in Philadelphia)
X10: Methotrexate(MTX) used as a Graft-Versus-Host Disease Prophylactic
(0=No, 1=Yes)

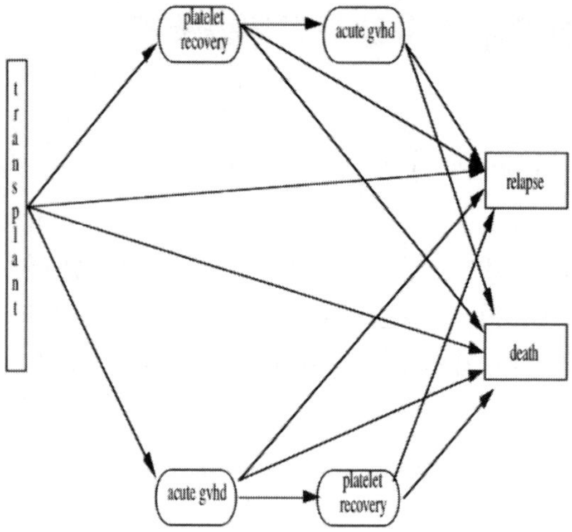

그림 8.5 골수이식 후 회복 과정

참고

골수이식은 골수 내 정상적인 세포를 파괴하거나 손상된 경우에 신선한 골수를 이식함으로써 세포의 기능을 회복시키는 치료 방법이다. 적합한 골수가 선정되면 이를 수혈받아 손상된 세포를 회복하기 위해 진행된다. 회복과정은 개별적으로 다르며 일반적으로 골수이식 후 수개월이 소요된다. 골수이식 후 정상적인 골수세포가 복구되면서 새로운 혈액을 생성하면서 환자의 혈액수치가 회복된다. platelet recovery(혈소판 회복)로 혈소판 수치도 회복된다.

공변량 TB, R, B, X9을 제외한 모형에 대해 단계적 변수선택으로 Cox 비례위험모형을 적합하고자 한다. 단계적 변수 선택결과 6개 공변량을 포함한 모형이 선택되었고 이 모형에 대해 마팅게일잔차, 편차 잔차, 점수 잔차 그래프를 그려보고 모형적합도에 대해 검토한다.

프로그램 8.4 골수이식 leukemia 데이터에 대해 비례위험모형 적합

```
library(BART)
library(survival)
  try(data(package="BART")) #dataset list
data(leukemia, package="BART")
leu.dat<-leukemia #in BART pkg : 22 variables
head(leu.dat)
attach(leu.dat)
n<-nrow(leu.dat)
id<-seq(1,n)
library(MASS)
cox.m<- coxph(Surv(TD,D)~ .-(TB+R+B+X9), dat=leu.dat) #start full model
```

```
summary(cox.m)
m.step <- stepAIC(cox.r1, trace = FALSE)     #stepwise model selection
m.step       #suggested model
extractAIC(cox.m)
extractAIC(m.step)
```

결과 8.4 골수이식 leukemia 데이터에 대해 비례위험모형 적합

```
> m.step
Call:
coxph(formula = Surv(TD, D) ~ TA + A + TC + C + P + X8, data = leu.dat)
         coef  exp(coef)  se(coef)       z        p
TA  -0.003140   0.996865  0.000633  -4.960  7.04e-07
A   -1.845973   0.157872  0.542016  -3.406   0.00066
TC  -0.005392   0.994622  0.001017  -5.301  1.15e-07
C   -2.856723   0.057457  0.491418  -5.813  6.13e-09
P   -0.882120   0.413905  0.329636  -2.676   0.00745
X8   0.359121   1.432070  0.238031   1.509   0.13137

Likelihood ratio test=232.8  on 6 df, p=< 2.2e-16
n= 137, number of events= 81

> extractAIC(m.step)
[1]   6.0000 507.8639
> extractAIC(cox.m)
[1]  16.0000 524.1973
```

프로그램 8.5 martingale residual

```
par(mfrow=c(3,2))
plot(TA, r1, xlab="TA", ylab="martingale", main="martingale residual" )
    lines(lowess(TA, r1, iter=0), lty=2 )
plot(A, r1, xlab="TA", ylab="martingale")
    lines(lowess(A, r1, iter=0), lty=2 )
plot(TC, r1, xlab="TC", ylab="martingale")
    lines(lowess(TC, r1, iter=0), lty=2 )
plot(C, r1, xlab="C", ylab="martingale")
    lines(lowess(C, r1, iter=0), lty=2 )
plot(P, r1, xlab="P", ylab="martingale")
    lines(lowess(P, r1, iter=0), lty=2 )
plot(X8, r1, xlab="X8", ylab="martingale")
    lines(lowess(X8, r1, iter=0), lty=2 )
```

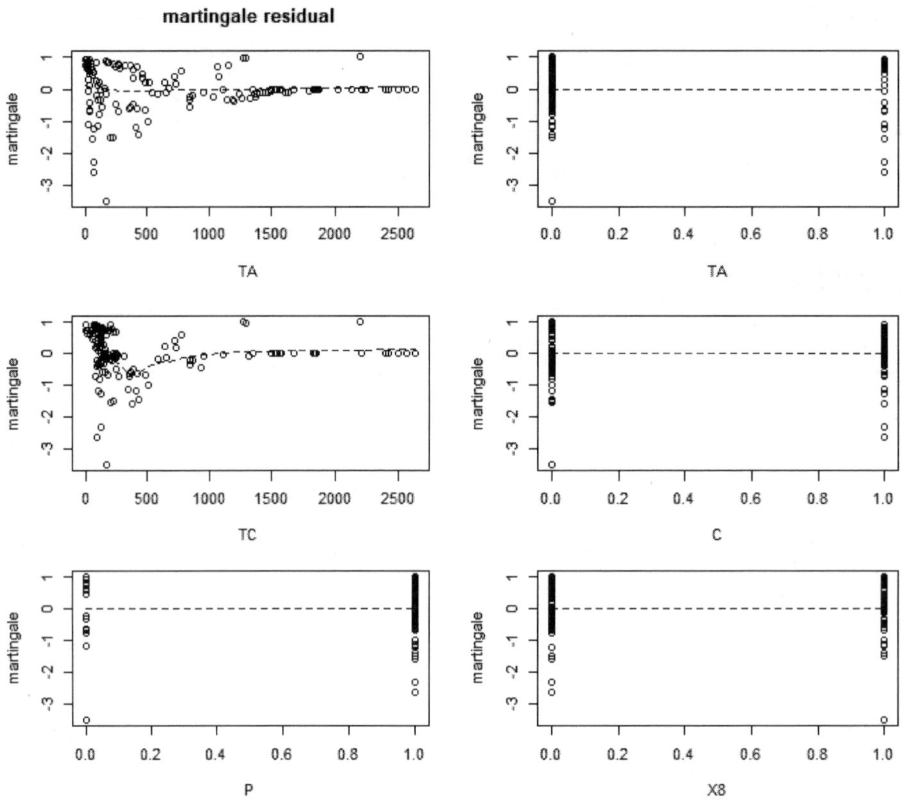

그림 8.6 leukemia 데이터에 대한 마팅게일 잔차

프로그램 8.6 deviance residual

```
par(mfrow=c(3,2))
plot(TA, r2, xlab="TA", ylab="deviance", main="deviance residual" )
    lines(lowess(TA, r1, iter=0), lty=2 )
plot(A, r2, xlab="TA", ylab="deviance")
    lines(lowess(A, r1, iter=0), lty=2 )
plot(TC, r2, xlab="TC", ylab="deviance")
    lines(lowess(TC, r1, iter=0), lty=2 )
plot(C, r2, xlab="C", ylab="deviance")
    lines(lowess(C, r1, iter=0), lty=2 )
plot(P, r2, xlab="P", ylab="deviance")
    lines(lowess(P, r1, iter=0), lty=2 )
plot(X8, r2, xlab="X8", ylab="deviance")
    lines(lowess(X8, r1, iter=0), lty=2 )
```

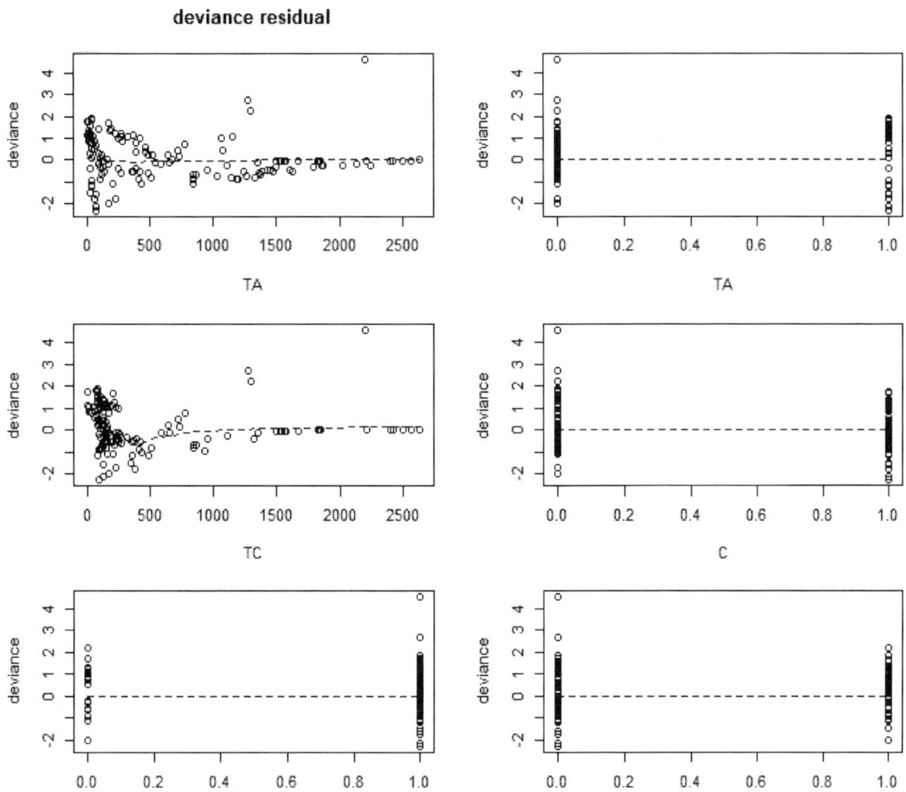

그림 8.7 leukemia 데이터에 대한 편차 잔차

프로그램 8.7 score residual

```
ta.m<- which(r3[,1]>100)  ;    ta.m    # id detection
par(mfrow=c(3,2))
plot(id, r3[,1], xlab="id", ylab="score", main="score residual with covariate TA")
    lines(lowess(id, r3[,1], iter=0), lty=2 )
    points(ta.m, r3[,1][c(ta.m)], col="red", pch=19)
plot(id, r3[,2], xlab="id", ylab="score", main="with covariate A")
    lines(lowess(id, r3[,2], iter=0), lty=2 )
plot(id, r3[,3], xlab="id", ylab="score", main="with covariate TC")
    lines(lowess(id, r3[,3], iter=0), lty=2 )
plot(id, r3[,4], xlab="id", ylab="score", main="with covariate C")
    lines(lowess(id, r3[,2], iter=0), lty=2 )
plot(id, r3[,5], xlab="id", ylab="score", main="with covariate P")
    lines(lowess(id, r3[,5], iter=0), lty=2 )
plot(id, r3[,6], xlab="id", ylab="score", main="with covariate X8")
    lines(lowess(id, r3[,6], iter=0), lty=2 )
```

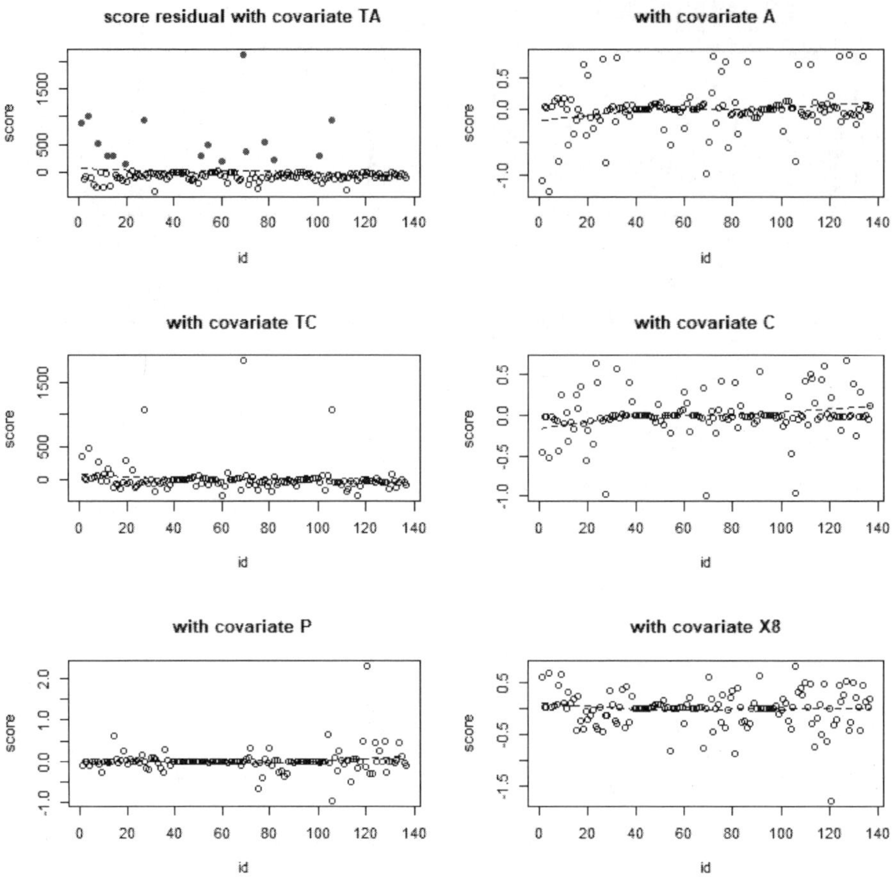

그림 8.8 leukemia 데이터에 대한 점수 잔차

8.10 공변량들에 대한 다중공선성

회귀모형을 적합한 경우, 공변량들이 강한 상관성이 있으면 추정에 불안정성을 초래한다. 즉 추정된 회귀계수에 대해 정확한 해석을 할 수 없게 된다. 왜냐하면 한 변수가 다른 변수들에 대한 의존성이 높아져 계산 결과가 불안정하다. 이것은 다중공선성(multicollinearity) 문제로 알려져 있다.

예제 8.4 Cox 비례위험모형에서 x_1, x_2 공변량(연속형)이 상관성이 1인 경우 다음의 세 개 식이 모두 동등하며 그 외의 식도 가능하다. 회귀계수의 차를 계산하는 것이 의미가 없으며 이러한 모형은 식별불가능(non-identifiable)이다.

$$\ln\left(\frac{h(t)}{h_0(t)}\right) = x_1 + x_2$$

$$\ln\left(\frac{h(t)}{h_0(t)}\right) = 0.25x_1 + 0.75x_2$$

$$\ln\left(\frac{h(t)}{h_0(t)}\right) = 0.01x_1 + 0.99x_2$$

실제 데이터의 경우 상관성이 높은 경우에는 모수추정이 불확실하고 신뢰구간이 커지며 유의성 검정에 대한 p-값이 커진다. 다중공선성 해결 방법을 알아보자.

(1) 다중공선성 검토 방법

(i) 공변량 간 산점도를 그려보아 선형상관성에 대해 그래프적인 검토를 한다.

(ii) 변수 간 상관성: 일반적으로 두 변수 간 상관성이 0.8 이상이면 매우 강한 상관관계에 있다고 할 수 있다.

(ii) 분산팽창지수(variacne inflation factor: VIF)

$$VIF_i = \frac{1}{1-R_i^2} \tag{8.20}$$

여기서 R_i^2은 i번째 설명변수(공변량)를 제외한 공변량들만의 회귀식(i번째 설명변수를 종속변수로)에 대한 결정계수이다. 설명력이 높으면 VIF가 커진다.

일반적으로 VIF 값에 대해 다음과 같이 판단한다:

VIF 값 ≤ 1 : 다중상관성은 거의 없다

VIF 값 > 1 : 다중상관성이 존재할 가능성이 있다

VIF 값 > 5 : 높은 다중공선성

VIF 값 > 10 : 심각한 다중공선성.

예를 들어 $VIF_i = \dfrac{1}{1-R_i^2} > 10$이면 $r_i > 0.9$

즉, $r_i > 0.9$이면 i번째 공변량을 제외해도 나머지 변수들이 90% 이상 설명한다고 볼 수 있다. 이러한 경우 다중공선성이 있는 공변량을 제외하고 다시 모형을 적합하여 개선해야 한다.

(2) 다중공선성이 높은 경우 어떻게 해야 하는가?

(i) 모형 적합에 문제가 되지 않도록 다중공선성이 높은 변수를 제거한다. 만약 두 개 변수의 상관성(collinearity)이 높다면 같은 정보를 제공한다고 볼 수 있으므로 한 개 변수를 제거해야 한다.

(ii) 공변량들의 선형조합을 만들어 새로운 변수로 사용한다. 예를 들어, 주성분분석으로 주성분을 찾아 활용한다.

(iii) Ridge 회귀, Lasso 회귀 등 회귀계수 추정에 정규화 기법을 사용한다.

(iv) 데이터를 좀 더 수집하여 공변량들의 범위와 조건이 확장되도록 한다.

예제 8.5 pbc 데이터(1.8절, 예제 8.2 참고)에 대해 연속형 공변량에 대한 VIF를 계산하고자 한다.

프로그램 8.8 VIF

```
library(survival)
data(pbc)
attach(pbc)
coxfit<-coxph( Surv(time, status==2)~bili+chol+albumin+copper
                                   +alk.phos+ast+platelet+protime, data=pbc)
X<-pbc[c("bili", "chol", "albumin", "copper",
            "alk.phos", "ast", "platelet", "protime")]
X # continuous covariates
XC<-cor(X, use="pairwise.complete.obs")
pairs(X, lower.panel = panel.smooth)

   library(corrplot)
   corrplot(  XC, method = 'number')
   corrplot.mixed(    XC, order = 'AOE')

library(car) # vif()
vif_values<-vif(coxfit)
print(vif_values)
barplot(vif_values, col = "skyblue", main = "Variance Inflation Factor")
```

결과 8.8 VIF 값

```
      bili     chol  albumin   copper  alk.phos      ast platelet  protime
1.512466 1.555645 1.069536 1.242327  1.176550 1.496427 1.233646 1.124087
```

VIF 값이 모두 5.0보다 작으므로 다중공선성 문제가 제기되지 않는다.

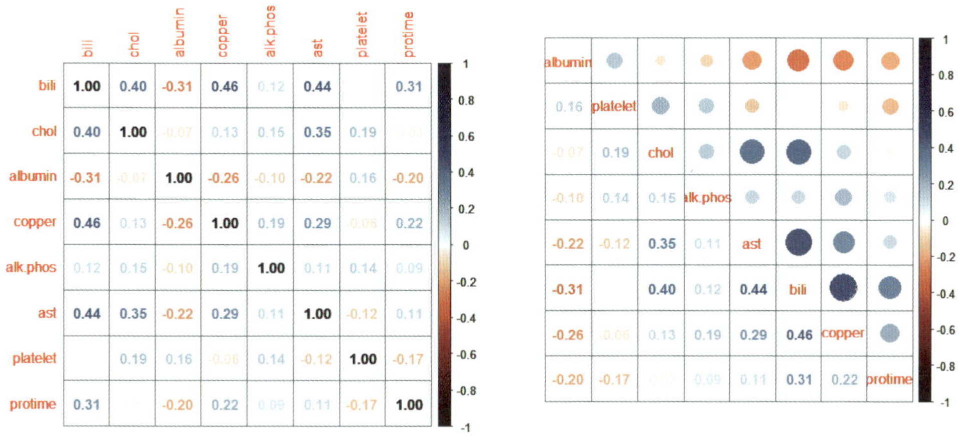

그림 8.9 pbc 데이터의 연속공변량에 대한

(a) 상관계수행렬　　　　(b) 상관계수값과 원모양 포함한 상관행렬

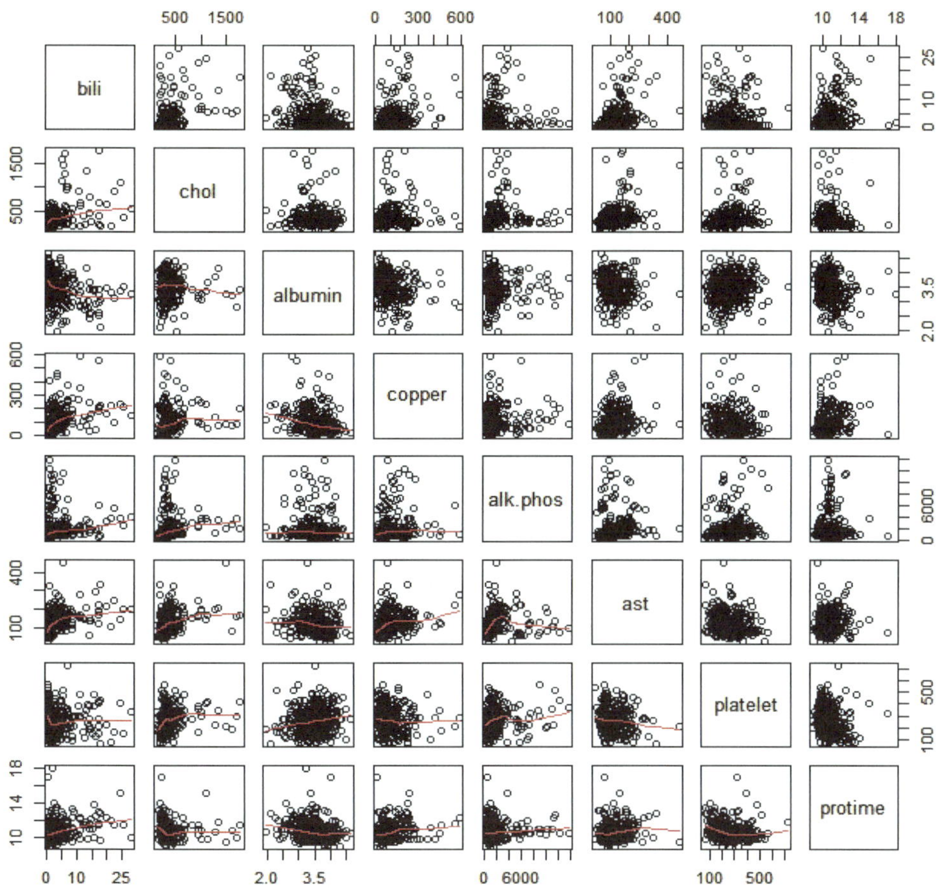

그림 8.9 pbc 데이터의 두 개 변수쌍에 대한 산점도

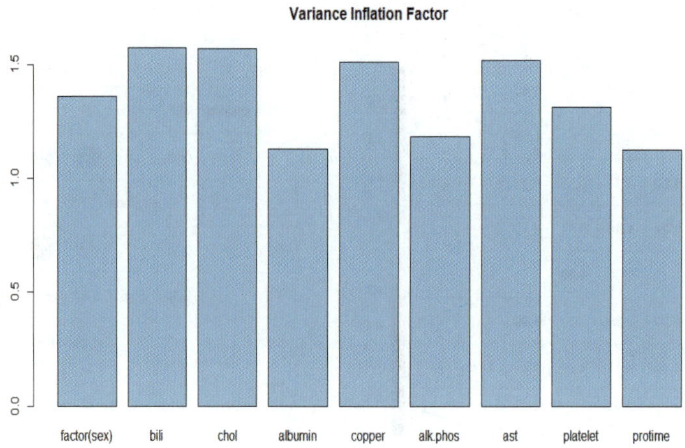

그림 8.10 pbc 데이터의 변수별 VIF 값 막대그래프

8.11 비례성을 만족하지 않을 경우 분석 전략

잔차분석으로 Schoenfeld residual plot 또는 다른 진단 기법을 적용한 결과 어떤 공변량에 대해서는 비례성이 아닌 강한 근거가 있는 경우 어떻게 해야 하는가?

(i) 층화를 한다: 비례성이 아닌 공변량은 설명변수의 역할보다는 층의 역할이 더 나을 수 있다. 층화를 한 후 다른 공변량들에 대해서는 비례성을 만족한다면 활용할 수 있다. 그런데 층은 범주형변수에만 가능하다. 연속형 변수에 대해서는 구간으로 나누어 층화 작업을 해야 한다. 또한 너무 세분된 층화를 사용하면 효율성이 줄어든다.

(ii) 시간 축을 나눈다: 비례위험 가정이 어느 정도의 기간까지는 성립하지만, 전체 기간에 대해서는 만족하지 않을 수 있다. 예를 들어, 어느 기간 이후 중도절단이 많아지는 경우 기간 분리에 대해 생각해 볼 수 있다.

(iii) 시간 의존 공변량 $X^*(t)$의 경우 회귀계수를 시간 의존 함수로 놓고 구한다.

$$\beta(t)X = \beta X^*(t)$$

예를 들어, $\beta(t) = a + bt$, $\beta(t) = \beta \cdot \exp(-\rho t)$ 와 같은 함수를 들 수 있다.

(iv) 조각 상수(piecewise constant) 형태의 함수로 $\beta(t)$를 구한다.

$\beta(t)$의 모양에 따라 조각 상수 형태를 보이도록 적절한 함수를 찾는다.

$$\beta(t) = \begin{cases} \beta_1 & 0 < t < t_1 \\ \beta_2 & t_1 \le t < t_2 \\ \vdots & \\ \beta_K & t_{K-1} \le t < t_K \\ \beta_{K+1} & t \ge t_K . \end{cases}$$

공변량과 같이 쓴다면

$$\begin{aligned} \beta(t)Z &= \sum_{k=1}^{K} \beta_k I_{[t_{k-1}, t_k)} Z \\ &= \sum_{k=1}^{K} \beta_k \left\{ I_{[t_{k-1}, t_k)} Z \right\} \\ &= \sum_{k=1}^{K} \beta_k Z_k(t) \end{aligned}$$

여기서 $Z_k(t) = I_{[t_{k-1}, t_k)}(t)Z$ 이다.

(v) 새로운 다른 모형을 적합한다: 가속실패모형(accelerated failure time model) 또는 가법위험모형(additive hazards model) 등 비례위험모형 대신 다른 모형을 시도한다.

연습문제

01 일차성 담즙성 간경화증(Primary Biliary Cirrhosis: PBC) 데이터에 대해 Cox 비례위험모형을 적합하고 잔차분석을 하고자 한다. (7장 연습문제 2번 참조)

```
library(survival)
data(pbc)      # 내장된 PBC data
head(pbc)
attach(pbc)
```

(1) 공변량이 없는 모형에서 마팅게일 잔차를 구하고 잔차그림을 그리시오.
(2) 각각 한 개의 공변량만을 포함한 비례위험모형을 적합한 후 마팅게일 잔차를 구해 잔차그림을 그려보고 공변량이 없는 모형에서의 잔차와 비교해 보시오. 또한 각 모형에 대해 마팅게일 잔차제곱합을 구하시오.
(3) 공변량이 2개인 비례위험모형을 적합하고 마팅게일 잔차를 구해 잔차그림을 비교해 보시오.
(4) 공변량이 없는 모형에서 편차 잔차를 구하고 잔차그림을 그리시오.
(5) 각각 한 개의 공변량만을 포함한 비례위험모형을 적합한 후 편차 잔차를 구해 잔차그림을 그리고 공변량이 없는 모형에서의 잔차와 비교해 보시오. 또한 각 모형에 대해 편차 잔차제곱합을 구하시오.
(6) 공변량이 2개인 비례위험모형을 적합하고 편차 잔차를 구해 잔차그림을 비교해 보시오.
(7) 이산 공변량에 대해 비례성 검토를 해 보시오.
(8) 적절한 비례위험모형을 제안하고 잔차분석을 하시오.

02 다음은 Hodgkin's와 Non Hodgkin's 림프종(lymphoma) 환자에 대한 데이터로 미국 오하이오 주에 있는 병원에서 골수이식을 한 환자 데이터이다. (7장 연습문제 5번 참조)

```
library(KMsurv)
data(hodg)
head(hodg)
attach(hodg)
```

(1) 공변량 gtype에 대해 비례성을 검토하시오.

(2) 공변량 dtype에 대해 비례성을 검토하시오.

(3) 공변량이 없는 모형에서 마팅게일 잔차를 구하고 잔차그림을 그리시오.

(4) 공변량 gtype이 있는 비례위험모형을 적합하고 마팅게일 잔차그림을 그리고 해석하시오.

(5) 공변량 dtype이 있는 비례위험모형을 적합하고 마팅게일 잔차그림을 그리고 해석하시오.

(6) 공변량들을 이용하여 적절한 비례위험모형을 적합하고 잔차분석을 하시오.

9장

모수적 회귀모형을 이용한 생존분석

생존데이터에 대한 모수적 분포 정보가 없다면 비모수적(nonparametric) 또는 준모수적(semiparametric) 추정방법이 타당하다고 볼 수 있다. Kaplan−Meier 생존함수는 비모수적인 추정량이고 Cox 모형에 의한 위험함수는 준모수적인 추정량이다. Cox 모형에서는 기저함수는 비모수적인 추정을 하고 공변량 효과에 대해서는 특별한 함수관계를 주기 때문에 준모수적 방법이라고 하며 이러한 점 때문에 생존분석에서 널리 활용되는 모형이다.

모수적(parametric) 생존분석에서는 모형의 모든 부분이 특정지어진다. 위험함수도 특정 형태를 갖게 되며 공변량 효과에 대해서는 특별한 함수관계가 주어진다. 모수적 분포에 대한 정보가 있다면 이러한 정보를 활용하는 것이 좋다. 왜냐하면 비모수적 방법에 비해 모수적 모형에서는 추정해야 할 모수 개수가 적을 뿐만 아니라 사분위수값(quantile) 등 분포에 관한 통계량에 대한 정확한 추정을 할 수 있기 때문이다. 또한 모수적 방법으로 변량효과를 포함하거나 베이지안 접근을 시도할 수 있는 장점도 있다. 그러나 잘못된 모수적 분포를 선택하면 잘못된 통계량을 얻게 되므로 모수 분포 가정에 조심해야 한다. 이 장에서는 모수적 분포를 이용한 회귀방법을 소개하고자 한다.

9.1 가속실패시간모형

생존시간 데이터에 대한 가속실패시간모형(Accelerated Failure Time model: AFT 모형)에 대해 소개하고자 한다. 가속실패시간모형은 모수적인 접근 방법이며 비례위험모형에 대한 대안으로 활용된다. 비례위험모형에서는 위험률이 공변량 효과의 함수로 표현되는 반면 가속실패시간모형에서는 생존시간 자체에 대해 공변량의 효과를 다루게 된다.

두 집단의 생존함수 비교를 가속실패모형으로 설명하고자 한다. $S_1(t), S_2(t)$는 두 개의 모집단, 즉 모집단 1과 모집단 2에서 각각 구한 생존함수라고 하자. AFT 모형은 다음을 만족하는 상수 $\gamma > 0$가 존재한다고 가정한다.

$$S_1(t) = S_2(\gamma t) \text{ for } all\ t \geq 0. \tag{9.1}$$

여기서 $\gamma > 0$을 가속화 인수(acceleration factor)라고 하며 상수이다. 이러한 모형은 모집단 1의 노화비율(aging rate)이 모집단 2의 노화비율보다 γ배임을 의미한다.

예를 들어, 개(dog)의 수명은 10~15년이며 일반적으로 개의 1년은 사람의 7년에 해당된다고 한다. 개의 생존함수를 $S_1(t)$, 사람의 생존함수를 $S_2(t)$라고 놓으면

$$S_1(t) = S_2(7t) \text{ for } all\ t \geq 0.$$

그러므로 개의 10년은 사람에게는 70년의 수명에 해당된다.

μ_i는 모집단 i의 생존시간의 평균, ϕ_i는 모집단 i의 사분위수(quantile)라 놓자. 즉,

$$S_i(\phi_i) = \theta \quad \text{for } some\ \theta \in (0,1).$$

모집단 2의 평균을 구해 보면

$$\begin{aligned}\mu_2 &= \int_0^\infty S_2(t)dt = \gamma\int_0^\infty S_2(\gamma u)du \quad (t = \gamma u)\\ &= \gamma\int_0^\infty S_1(u)du\\ &= \gamma\mu_1\end{aligned}$$

이다. 또한

$$S_2(\phi_2) = \theta = S_1(\phi_1) = S_2(\gamma\phi_1) \tag{9.2}$$

이다. 만약 S_2가 순감소함수(strictly decreasing function)라면 $\phi_2 = \gamma\phi_1$이 된다. 예를 들어, 중앙값의 경우 $\theta = 0.5$이며 $S_2(\phi_2) = 0.5 = S_1(\phi_1) = S_2(\gamma\phi_1)$를 만족한다. 이와 같이 가속실패시간모형 (9.1)에서 모집단 2의 생존시간 평균과 중앙값이 모집단 1의 γ배임을 알 수 있다. <그림 9.1>에서 보면 중앙값 0.5를 갖는 생존시간은 γ배 차이가 난다.

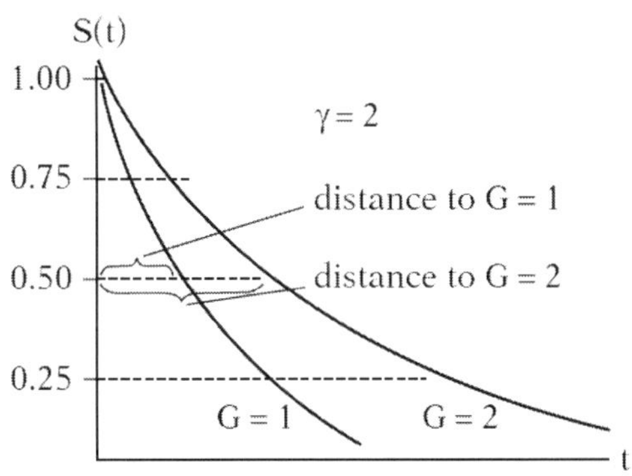

그림 9.1 두 모집단에 대한 가속실패시간모형을 만족하는 생존함수

i번째 개체에 대해 p개 공변량 $Z_{i1},\ldots,Z_{ip}$와 생존시간 T_i가 관측되었다고 하자. 다음의 선형회귀모형

$$\log(T_i) = \beta_0 + \beta_1 Z_{i1} + \cdots + \beta_p Z_{ip} + \sigma\epsilon_i \tag{9.3}$$

을 고려한다. 반응변수 $T_i > 0$이므로 로그를 취한 것이다. 여기서 $\beta_0, \beta_1, \ldots, \beta_p$는 회귀계수, σ는 척도모수이다. ϵ_i는 랜덤 오차항으로 서로 독립이고 동일한 분포 $f(\epsilon)$을 갖는다고 가정한다.

식 (9.3)은 선형회귀모형이며 $Y_i = \log(T_i)$, $e_i = \sigma\epsilon_i$로 놓고 다시 쓰면

$$Y_i = \beta_0 + \beta_1 Z_{i1} + \cdots + \beta_p Z_{ip} + e_i \tag{9.4}$$

이다. 이 모형에서는 반응변수 T인 생존시간 자체를 공변량 함수로 설명한다.

개체 1과 개체 2에 대해 다른 공변량값은 고정으로 서로 같고 β_k에 해당하는 공변량값만 Z_k에서 $Z_k + 1$로 변한다고 하자.

$$\begin{aligned} T_1 &= e^{\beta_0 + \beta_1 Z_{11} + \cdots + \beta_k Z_{1k} + \cdots + \beta_p Z_{ip} + e_1} = e^{\beta_0 + \beta_1 Z_{11} + \cdots + \beta_k Z_{1k} + \cdots + \beta_p Z_{1p}} \cdot e^{e_1} = \gamma_1 e^{\sigma\epsilon_1} \\ T_2 &= e^{\beta_0 + \beta_1 Z_{11} + \cdots + \beta_k (Z_{1k}+1) + \cdots + \beta_p Z_{ip} + e_1} = e^{\beta_0 + \beta_1 Z_{11} + \cdots + \beta_k (Z_{1k}+1) + \cdots + \beta_p Z_{1p}} \cdot e^{e_2} = \gamma_2 e^{\sigma\epsilon_2} \end{aligned}$$

여기서 $\gamma_2 = \gamma_1 \cdot e^{\beta_k}$의 관계를 만족한다. 해당하는 생존함수를 고려해 보면

$$\begin{aligned} S_1(t) &= P[T_1 \geq t] = P[\gamma_1 e^{\sigma\epsilon_1} \geq t] = P[e^{\sigma\epsilon_1} \geq \gamma_1^{-1} t] \\ S_2(t) &= P[T_2 \geq t] = P[\gamma_2 e^{\sigma\epsilon_2} \geq t] = P[e^{\sigma\epsilon_2} \geq \gamma_2^{-1} t] \end{aligned}$$

이고, ϵ_1과 ϵ_2가 같은 분포를 따르고 $\gamma_2 = \gamma_1 \cdot e^{\beta_k}$이므로

$$\begin{aligned} S_2(e^{\beta_k} t) &= P[e^{\sigma\epsilon_2} \geq \gamma_2^{-1} e^{\beta_k} t] = P[e^{\sigma\epsilon_2} \geq \gamma_1^{-1} e^{-\beta_k} e^{\beta_k} t] \\ &= P[e^{\sigma\epsilon_2} \geq \gamma_1^{-1} t] = P[e^{\sigma\epsilon_1} \geq \gamma_1^{-1} t] \\ &= S_1(t) \end{aligned} \tag{9.5}$$

를 얻는다. 그러므로 $\beta_k > 0$인 경우에 공변량의 1 단위 증가는 생존율을 증가시키고 $\beta_k < 0$인 경우 공변량의 1 단위 증가는 생존율을 감소시킨다. 이러한 해석은 선형회귀모형에서 공변량과 반응변수 사이에 대한 해석과 매우 유사하다. 이 경우 생존시간의 평균을 구하면

$$\mu_2 = e^{\beta_k} \mu_1 \tag{9.6}$$

이다.

모형 (9.3)에서 오차항의 분포를 생각해 보자. $e_i = \sigma\epsilon_i \sim iid\ N(0,1)$를 가정하려면 $\log T_i$는 정규분포를 따라야 한다. <표 9.1>에서 오차항의 분포와 반응변수의 분포와의 관계를 보여준다.

표 9.1 가속실패시간모형에서 오차항의 분포에 대한 반응변수의 분포

오차항 ϵ의 분포	반응변수 T의 분포	$\log(T)$의 분포
정규	로그-정규	정규
극값분포(2개 모수)	와이블분포	극값분포(2개 모수)
극값분포(1개 모수)	지수분포	극값분포(1개 모수)
로그-감마	감마분포	로그-감마
로지스틱	로그-로지스틱 분포	로지스틱

공변량이 있는 경우 AFT 모형을 확장할 때 다음과 같은 회귀모형

$$\log T = \beta_0 + \beta_1 Z + \epsilon$$

을 이용한다. AFT 모형의 장점은 생존시간 자체를 공변량의 함수로 설명하는 것이다.

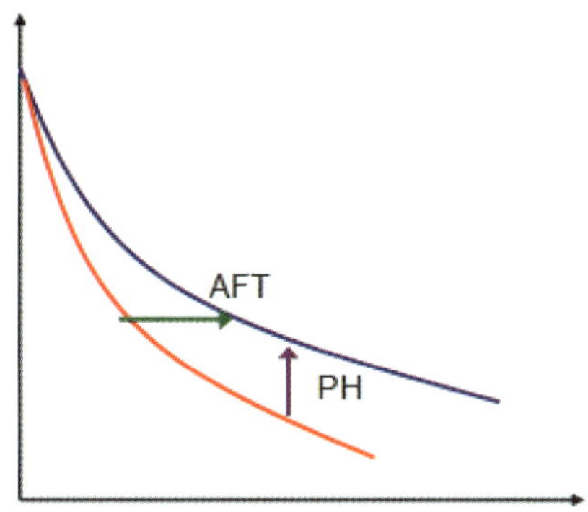

그림 9.2 AFT 모형과 PH 모형 비교

표 9.2 가속실패시간(AFT)모형과 Cox 비례위험모형과의 비교

가속실패시간(AFT)모형	Cox 비례위험모형
결정요인 효과가 생존시간에 비례한다. 결정요인은 사건발생 시간을 가속(accelerate)하거나 지연(delay)시킨다.	결정요인 효과가 위험률에 비례한다. 결정요인은 위험률을 증가하거나 감소하게 한다.

만약 $\gamma = e^{\beta}$로 표현되며 식 (9.2)를 이용하여 이를 위험함수에 대입하면

$$h_1(t) = e^{\beta} \cdot h_2(e^{\beta}t)$$

로 표현할 수 있다. 한 개 공변량 Z를 포함하도록 이러한 모형을 확장하면

$$h_1(t) = e^{Z\beta} \cdot h_2(e^{Z\beta}t)$$

이고, 여러 개 공변량 $\boldsymbol{Z} = (Z_1, \ldots, Z_p)'$을 포함하도록 이러한 모형을 확장하면 가속실패모형은 다음과 같이

$$h_1(t) = e^{\boldsymbol{Z}'\beta} \cdot h_2(e^{\boldsymbol{Z}'\beta}t)$$

로 표현될 수 있다.

만약 $\gamma = e^{-\beta}$로 표현하면 식 (9.2)를 이용해 이를 위험함수에 대입하여

$$h_1(t) = e^{-\beta} \cdot h_2(e^{-\beta}t)$$

로 표현할 수 있다. 한 개 공변량 Z를 포함하도록 이러한 모형을 확장하면

$$h_1(t) = e^{-Z\beta} \cdot h_2(e^{-Z\beta}t)$$

이다. 여러 개의 공변량 $\boldsymbol{Z} = (Z_1, \ldots, Z_p)'$을 포함하도록 이러한 모형을 확장하면 가속실패모형은 다음과 같이

$$h_1(t) = e^{-\boldsymbol{Z}'\beta} \cdot h_2(e^{-\boldsymbol{Z}'\beta}t)$$

로 표현될 수 있다. 이 책에서는 이와 같은 지수함수 내에서 (−) 표기를 사용하고자하며 R 시스템에서도 이러한 식을 사용하도록 모수회귀모형 결과를 제공한다.

9.2 지수 가속실패시간모형

생존시간 반응변수 T가 모수 λ를 갖는 지수분포를 따를 때, 즉 $T \sim \text{Exp}(\lambda)$를 고려한다. 지수분포의 경우 위험함수와 생존함수는 다음과 같으며 확률밀도함수는 위험률과 생존함수의 곱으로 표현된다.

위험함수: $h(t) = \lambda$

생존함수: $S(t) = \exp(-\lambda t)$

확률밀도함수: $\quad f(t) = \underbrace{\lambda}_{\text{위험률}} \cdot \underbrace{\exp(-\lambda t)}_{\text{생존함수}}$.

반응변수 T가 지수분포를 따르는 경우 다음의 선형모형

$$\log(T_i) = \beta_0 + \beta_1 Z_{i1} + \cdots + \beta_p Z_{ip} + \epsilon_i \tag{9.7}$$

에서 오차항의 분포는 극값분포(extreme value distribution)를 따른다.

극값분포의 확률밀도함수는

$$f(\epsilon) = e^{\epsilon - e^{\epsilon}} \tag{9.8}$$

이다.

9.2.1 지수 가속실패시간모형에서의 가정과 가속인자

그룹 1(trt=1)과 그룹 0(trt=0)이 있을 때, AFT 모형에 대한 가정은 모든 고정된 $S(t) = q$에 대해 시간-분위수의 비가 일정한 값 γ를 갖는 것이다. 그 다음 t를 $S(t)$로 표현할 수 있고 또한 공변량으로 설명할 수 있다.

(1) t를 $S(t)$로 표현

지수분포의 생존함수는 $S(t) = \exp(-\lambda t)$이다. 그러므로

$$-\log[S(t)] = \lambda t$$
$$t = \{-\log[S(t)]\} \cdot \frac{1}{\lambda}$$

(2) $S(t) = q$로 고정된 상황하에서

$\dfrac{1}{\lambda} = \exp(\beta_0 + \beta_1 trt)$로 놓으면 $\lambda = \exp(-\beta_0 - \beta_1 trt)$이 되고

$$t = \{-\log[S(t)]\} \cdot \exp(\beta_0 + \beta_1 trt).$$

(3) $S(t) = q$를 이용

$$t = \{-\log[q]\} \cdot \exp(\beta_0 + \beta_1 trt)$$

(4) 가속인자 γ

가속인자를 구하면

$$\gamma = \gamma(trt = 1 \text{ vs. trt} = 0)$$
$$= \frac{(-\log[q])\exp(\beta_0 + \beta_1)}{(-\log[q])\exp(\beta_0)} = \exp(\beta_1) \tag{9.9}$$

이다.

9.2.2 공변량이 없는 경우

생존시간 반응변수 T가 모수 λ를 갖는 지수분포를 따를 때 다음의 회귀모형을 쓸 수 있다.

$$Y = \log T = \beta_0 + \epsilon \tag{9.10}$$

여기서 $\beta_0 = -\log(\lambda)$이고 ϵ은 극값분포를 따른다.

공변량이 없는 경우 지수 AFT 모형에서 생존함수는

$$S(t) = \exp\{-t\exp(-\beta_0)\} \tag{9.11}$$

이다.

9.2.3 공변량이 한 개 있는 경우

한 개 공변량 Z가 있는 AFT 모형의 경우, 다음과 같은 회귀모형

$$Y = \log T = \beta_0 + \beta_1 Z + \epsilon \tag{9.12}$$

을 고려한다.

지수 AFT 모형에서 생존함수는

$$S(t) = \exp\{-t\exp(-\beta_0 - \beta_1 Z)\} \tag{9.13}$$

이다.

9.2.4 공변량이 여러 개 있는 경우

p개 공변량 $Z_1, \dots, Z_p$가 있는 AFT 모형의 경우, 다음과 같은 회귀모형

$$Y = \log T = \beta_0 + \beta_1 Z_1 + \cdots + \beta_p Z_p + \epsilon \tag{9.14}$$

을 고려한다.

지수 AFT 모형에서 생존함수는

$$S(t) = \exp\{-t\exp(-\beta_0 - \beta_1 Z_1 - \cdots - \beta_p Z_p)\} \tag{9.15}$$

이다.

9.3 와이블 가속실패시간모형

반응변수 T가 와이블분포를 따르는 경우 $T \sim Weibull(\alpha, \lambda)$를 고려한다.

누적위험함수: $H(t) = (\lambda t)^{\kappa}$

생존함수: $S(t) = \exp\{-(\lambda t)^{\kappa}\}$

위험함수: $h(t) = \kappa \lambda^{\kappa} t^{\kappa - 1}$

확률밀도함수: $f(t) = \underbrace{\lambda\kappa(\lambda t)^{\kappa-1}}_{\text{위험률}} \cdot \underbrace{\exp(-(\lambda t)^{\kappa})}_{\text{생존함수}}.$

위험함수에 로그를 취하면

$$\log h(t) = \kappa \log \lambda + \log \kappa + (\kappa - 1)\log t \tag{9.16}$$

의 관계식을 얻는다. 즉, $\log t$에 대해 절편상수 $\kappa \log \lambda + \log \kappa$와 기울기 $(\kappa - 1)$을 갖는다. 이 식에서 보면 $\kappa > 1$이면 위험률이 증가하고, $\kappa < 1$이면 위험률이 감소한다. $\kappa = 1$이면 위험률이 고정값이다.

반응변수 T가 지수분포를 따르는 경우 다음의 선형모형

$$\log(T_i) = \beta_0 + \beta_1 Z_{i1} + \cdots + \beta_p Z_{ip} + \sigma\epsilon_i \tag{9.17}$$

에서 오차항의 분포는 극값분포를 따른다.

두 개 모수를 갖는 극값분포의 확률밀도함수는

$$f(\epsilon) = \frac{1}{\beta} e^{\frac{\epsilon - \mu}{\beta}} \exp\left(-e^{\frac{\epsilon - \mu}{\beta}}\right) \tag{9.18}$$

이다. 여기서 $\mu = \log(1/\lambda)$, $\beta = 1/\kappa$이다.

9.3.1 와이블 AFT 모형에서의 가정과 가속인자

그룹 1(trt=1)과 그룹 0(trt=0)이 있을 때, AFT 모형에 대한 가정은 모든 고정된 $S(t) = q$에 대해 시간-분위수의 비가 일정한 값 γ를 갖는 것이다. 그 다음 t를 $S(t)$로 표현할 수 있고 또한 공변량으로 설명할 수 있다.

(1) t를 $S(t)$로 표현

와이블분포의 생존함수는 $S(t)=\exp\{-(\lambda t)^{\kappa}\}$이다. 그러므로

$$-\log(S(t))=(\lambda t)^{\kappa}$$
$$t=\{-\log[S(t)]\}^{1/\kappa}\cdot\frac{1}{\lambda^{1/\kappa}}$$

(2) $S(t)=q$로 고정된 상황하에서 $\frac{1}{\lambda^{1/\kappa}}=\exp(\beta_0+\beta_1 trt)$로 놓으면

$$t=\{-\log[S(t)]\}^{1/\kappa}\cdot\exp(\beta_0+\beta_1 trt)$$

(3) $S(t)=q$를 이용

$$t=\{-\log[q]\}^{1/\alpha}\cdot\exp(\beta_0+\beta_1 trt)$$

(4) 가속인자 γ

두 그룹이 같은 κ를 갖는다고 할 때 가속인자를 구하면

$$\begin{aligned}\gamma&=\gamma(trt=1\text{ vs. trt}=0)\\&=\frac{(-\log(q))^{1/\kappa}\exp(\beta_0+\beta_1)}{(-\log(q))^{1/\kappa}\exp(\beta_0)}=\exp(\beta_1)\end{aligned}\tag{9.19}$$

이다.

참고 9.1

$S(t)=q$로 고정된 상황하에서 $\frac{1}{\lambda}=\exp(\beta_0+\beta_1 trt)$로 놓으면 $\lambda=[\exp(-\beta_0-\beta_1 trt)]$이므로

$$t=\{-\log[S(t)]\}^{1/\kappa}\cdot[\exp(\beta_0+\beta_1 trt)]^{1/\kappa}$$

이다. 그러므로 생존함수는

$$S(t)=\exp\{-t^{\kappa}[\exp(-\beta_0-\beta_1 Z)]^{\kappa}\}$$

으로 표현된다. R에서는 이와 같은 식을 사용한다.

9.3.2 공변량이 없는 경우

생존시간 T가 모양모수 κ, 척도모수 λ를 갖는 와이블분포를 따를 때 다음의 회귀모형을 쓸 수 있다.

$$Y = \log T = \beta_0 + \sigma\epsilon \tag{9.20}$$

여기서 $\beta_0 = -\log(\lambda)$, $\sigma = 1/\kappa$이고 ϵ은 극값분포를 따른다.

와이블 AFT 모형에서 생존함수는

$$S(t) = \exp\left\{-t^{\kappa}[\exp(-\beta_0)]^{\kappa}\right\} \tag{9.21}$$

이다.

9.3.3 공변량이 한 개 있는 경우

한 개 공변량 Z가 있는 AFT 모형의 경우, 다음과 같은 회귀모형

$$Y = \log T = \beta_0 + \beta_1 Z + \sigma\epsilon \tag{9.22}$$

을 고려한다. 이러한 모형에서 생존시간은 $T = \exp(Y) = \exp(\beta_0)\exp(\beta_1 Z)\exp(\sigma\epsilon)$을 만족한다. 즉 AFT 모형에서 생존시간 T에 대해서는 승법(multiplicative) 모형이고 $\log T$에 대해서는 가법(additive) 모형이다.

와이블 AFT 모형에서 생존함수는

$$S(t) = \exp\left\{-t^{\kappa}[\exp(-\beta_0 - \beta_1 Z)]^{\kappa}\right\} \tag{9.23}$$

이다.

9.3.4 공변량이 여러 개 있는 경우

p개 공변량 $Z_1, \ldots, Z_p$가 있는 AFT 모형의 경우, 다음과 같은 회귀모형

$$Y = \log T = \beta_0 + \beta_1 Z_1 + \cdots + \beta_p Z_p + \sigma\epsilon \tag{9.24}$$

을 고려한다. 이러한 모형에서 생존시간은

$$T = \exp(Y) = \exp(\beta_0)\exp(\beta_1 Z_1)\cdots\exp(\beta_p Z_p)\exp(\sigma\epsilon) \tag{9.25}$$

을 만족한다.

와이블 AFT 모형에서 생존함수는

$$S(t)=\exp\left\{-t^{\kappa}[\exp(-\beta_0-\beta_1 Z_1-\cdots-\beta_p Z_p)]^{\kappa}\right\} \tag{9.26}$$

이다.

9.4 모수회귀모형

생존시간 T는 확률밀도함수 $f(t)$를 따르며 생존함수

$$S(t)=P(T>t)=\int_t^{\infty} f(u)du$$

를 만족한다고 가정한다. 위험함수, 누적위험함수와 생존함수는 다음과 같은 관계를 갖는다.

$$h(t)=-\frac{\frac{d}{dt}S(t)}{S(t)},\quad H(t)=\int_0^t h(u)du=-\log S(t),\quad S(t)=\exp(-H(t)).$$

또한

$$f(t)=h(t)S(t)=-\frac{\frac{d}{dt}S(t)}{S(t)}S(t)=-\frac{d}{dt}\int_t^{\infty} f(u)du=\frac{d}{dt}\int_{\infty}^{t} f(u)du=f(t)$$

이므로 확률밀도함수는 위험함수와 생존함수의 곱으로

$$f(t)=h(t)S(t)$$

표현된다. 이와 같이 생존시간이 모수분포를 따르는 경우에는 모수추정을 통해 위험함수, 생존함수, 확률밀도함수 등을 구할 수 있다. <표 9.3>은 생존분석에서 대표적으로 많이 쓰이는 확률분포와 공변량이 포함된 경우의 생존함수를 정리한 것이다.

표 9.3 모수회귀에 많이 사용되는 분포

분포이름	확률밀도함수 $f(t)$	위험함수 $h(t)$	생존함수 $S(t)$	공변량 Z_1이 있는 경우 생존함수 $S(t)$
지수분포 $\lambda>0,\ t\geq 0$	$\lambda\exp(-\lambda t)$	λ	$\exp(-\lambda t)$	$\exp\left(-t\cdot e^{-\beta_0-\beta_1 Z_1}\right)$
와이블분포 $\kappa,\ \lambda>0$ $t\geq 0$	$\kappa\lambda^{\kappa}t^{\kappa-1}\cdot$ $\exp(-\lambda^{\kappa}t^{\kappa})$	$\kappa\lambda^{\kappa}t^{\kappa-1}$	$\exp(-\lambda^{\kappa}t^{\kappa})$	$\exp\left(-t^{\kappa}\cdot\left[e^{-\beta_0-\beta_1 Z_1}\right]^{\kappa}\right)$
로그-로지스틱 분포	$\frac{\lambda\alpha t^{\alpha-1}}{(1+\lambda t^{\alpha})^2}$	$\frac{\lambda\alpha t^{\alpha-1}}{(1+\lambda t^{\alpha})}$	$\frac{1}{1+\lambda t^{\alpha}}$	$\frac{1}{1+t^{\alpha}e^{-\beta_0-\beta_1 Z_1}}$

표 9.4 모수회귀모형과 Cox 비례위험모형과의 비교

모수회귀모형	Cox 비례위험모형
$h(t)$, $S(t)$에 대해 완전한 형태가 주어진다. 이론적인 $S(t)$에 대해 일치성을 갖는다. 시간-사분위수(time-quantile)추정이 가능하다. 생존시간에 대한 분포를 알아야 한다.	생존함수 $S(t)$의 형태를 모른다. 이론적인 $S(t)$에 대해 일치성을 덜 갖는다. 분포 가정에 의존하지 않는다. 기저위험률을 추정할 필요가 없다.

모수회귀모형에서는 위험률 λ를 공변량을 포함한 회귀모형으로 표현한다. 일반적으로 모양모수 κ, α는 고정으로 놓기도 한다.

9.4.1 지수회귀모형

공변량 $Z_k = 0$, $k = 1, \ldots, p$일 때 지수분포하에서 위험률은 $h(t) = e^{-\beta_0}$로 놓을 수 있다. 그러므로 공변량 $\boldsymbol{Z} = (Z_1, Z_2, \ldots, Z_p)'$에 대해 위험함수는

$$h(t|\boldsymbol{Z}) = e^{-\beta_0 - \beta_1 Z_1 - \cdots - \beta_p Z_p} \tag{9.27}$$

으로 생각할 수 있다.

모수 λ를 갖는 지수분포하에서 공변량이 없는 경우 위험함수는 $h(t) = \lambda$이다. 공변량 $Z = (Z_1, Z_2, \ldots, Z_p)'$가 주어졌을 때 위험함수는

$$h(t|\boldsymbol{Z}) = h_0(t) g(\boldsymbol{Z}'\beta) \tag{9.28}$$

이다. 여기서 $g(\cdot)$은 적절한 연결함수이며, $g_1(\boldsymbol{Z}'\beta) = \exp(\boldsymbol{Z}'\beta) = \exp(Z_1\beta_1 + \cdots + Z_p\beta_p)$ 또는 $g_2(\boldsymbol{Z}'\beta) = 1/\exp(\boldsymbol{Z}'\beta) = 1/\exp(Z_1\beta_1 + \cdots + Z_p\beta_p)$를 고려한다. 이 책에서는 모수회귀모형에서 함수 g_2로 표기하여 R 시스템에서의 표현과 같도록 한다.

$h_0(t)$는 기저위험함수로 지수분포하에서

$$\begin{aligned} h_0(t) &= \lambda, \\ h(t|\boldsymbol{Z}) &= h_0(t)\exp(-\boldsymbol{Z}'\beta) = \lambda\exp(-Z_1\beta_1 - \cdots - Z_p\beta_p). \end{aligned} \tag{9.29}$$

그러므로 $H(t|\boldsymbol{Z}) = \int_0^t h(u|\boldsymbol{Z})du = \lambda t e^{-\boldsymbol{Z}'\beta}$이다.

공변량 $\boldsymbol{Z} = (Z_1, Z_2, \cdots, Z_p)'$가 주어졌을 때 생존시간 T의 생존함수와 확률밀도함수는 각각

$$S(t|\boldsymbol{Z}) = P(T \geq t|\boldsymbol{Z}) = \exp(-H(t|\boldsymbol{Z})) = e^{-\lambda t e^{-\boldsymbol{Z}'\beta}} \quad (9.30)$$

$$f(t|\boldsymbol{Z}) = h(t|\boldsymbol{Z})S(t|\boldsymbol{Z}) = \lambda e^{-\boldsymbol{Z}'\beta} \cdot e^{-\lambda t e^{-\boldsymbol{Z}'\beta}} \quad (9.31)$$

으로 위험함수를 이용하여 표현된다.

공변량효과와 회귀계수 $\beta_1, \ldots, \beta_p$와의 관계를 이해하기 위해 각 공변량 효과를 선형화하여

(i) g_1인 경우

$$\log h(t|\boldsymbol{Z}) = \log h_0(t) + Z_1\beta_1 + Z_2\beta_2 + \cdots + Z_p\beta_p \quad (9.32)$$

(ii) g_2인 경우

$$\log h(t|\boldsymbol{Z}) = \log h_0(t) - Z_1\beta_1 - Z_2\beta_2 - \cdots - Z_p\beta_p \quad (9.33)$$

로 표현된다. 여기서 β_k는 로그 위험률에 대한 공변량 Z_k의 효과로 해석된다.

9.4.2 지수회귀모형에서 회귀계수에 대한 추정 및 검정

회귀계수 및 기저위험률을 추정하기 위해 공변량을 다음과 같이 $\boldsymbol{Z}_i = (1, Z_{i1}, Z_{i2}, \ldots, Z_{ip})'$로 쓴다. $\boldsymbol{\beta} = (\log\lambda, \beta_1, \ldots, \beta_p)' = (\beta_0, \beta_1, \ldots, \beta_p)'$는 추정해야 할 모수벡터가 된다. 여기서는 표기편의상 g_1 연결함수로 표현한다.

i번째 개체에 대한 위험함수가

$$h_i(t|\boldsymbol{Z}_i) = \exp(\log\lambda + Z_{i1}\beta_1 + \cdots + Z_{ip}\beta_p) = \exp(\boldsymbol{Z}_i'\boldsymbol{\beta}) \quad (9.34)$$

일 때 우도함수는

$$L(\boldsymbol{\beta}) = \prod_{i=1}^{n} \left\{h_i(t|\boldsymbol{Z}_i^*)\right\}_i^{\delta} S(t|\boldsymbol{Z}_i^*) = \prod_{i=1}^{n} \left(\exp(\boldsymbol{Z}_i^{*\prime}\boldsymbol{\beta})\delta_i - \exp(\boldsymbol{Z}_i^{*\prime}\boldsymbol{\beta})t_i\right) \quad (9.35)$$

이다. 로그 우도함수 $l(\boldsymbol{\beta})$를 이용하여 스코어함수(score function)와 정보행렬(information matrix)을 다음과 같이 구한다.

$$U_j(\boldsymbol{\beta}) = \frac{\partial l(\boldsymbol{\beta})}{\partial \beta_j} = \sum_{i=1}^{n} Z_{ij}(\delta_i - \exp(\boldsymbol{Z}_i^{*\prime}\boldsymbol{\beta})), \quad j = 0, 1, \ldots, p \quad (9.36)$$

$$I(\beta_k, \beta_j) = -\left(\frac{\partial^2 l(\boldsymbol{\beta})}{\partial \beta_k \partial \beta_j}\right) = -\sum_{i=1}^{n} Z_{ik}Z_{ij}e^{-\boldsymbol{Z}_i'\boldsymbol{\beta}}, \quad k, j = 0, 1, \ldots, p \quad (9.37)$$

$$I(\beta) = \{I(\beta_k, \beta_j)\}_{(p+1)\times(p+1)}.$$

반복적인 계산식

$$\hat{\beta}^k = \hat{\beta}^{k-1} + U(\beta^{k-1})I(\hat{\beta}^{k-1}) \tag{9.38}$$

으로 구한다. 이렇게 구한 $\hat{\beta}$은 대표본 이론에 의하여 정규분포 $N(\beta, I^{-1}(\hat{\beta}))$를 따른다. 그러므로 근사적으로

$$(\hat{\beta} - \beta)' I(\beta)(\hat{\beta} - \beta) \dot{\sim} \chi^2_{p+1} \tag{9.39}$$

이 성립한다. 그리고 각 성분에 대해서도 근사적으로

$$\chi^2_k = (\widehat{\beta_k} - \beta_k)' I(\beta_k)(\widehat{\beta_k} - \beta_k) \dot{\sim} \chi^2_1 \tag{9.40}$$

자유도가 1인 카이제곱분포를 따른다. 여기서 $I(\beta_k)$는 $I(\beta)$의 대각선상에서 β_k에 해당하는 분산성분이다.

또한 근사적으로

$$Z_k = (\widehat{\beta_k} - \beta_k)' [I(\beta_k)]^{-1/2} \dot{\sim} N(0,1) \tag{9.41}$$

얻는다. 그러므로 근사적으로 회귀계수에 대한 다음의 가설에 대해 카이제곱검정 또는 정규검정을 할 수 있다.

$$H_0 : \beta_k = 0 \text{에 대해 } H_1 : \beta_k \neq 0. \tag{9.42}$$

유의수준 α에서 정규검정법은, 검정통계량 Z_k를 이용하여 만약 $|Z_k| > z_{\alpha/2}$이면 귀무가설을 기각한다.

마찬가지로 유의수준 α에서 카이제곱검정법은 검정통계량 χ^2_k을 이용하여 만약 $\chi^2_k > \chi^2_{1,\alpha}$이면 귀무가설을 기각한다.

9.4.3 와이블회귀모형

공변량 $Z_k = 0,\ k = 1, \ldots, p$일 때 와이블분포하에서 위험함수는 $h(t) = \kappa\lambda^\kappa t^{\kappa-1}$이다.

공변량 $\boldsymbol{Z} = (Z_1, Z_2, \cdots, Z_p)'$가 주어졌을 때 위험함수는

$$h(t|\boldsymbol{Z}) = g(\boldsymbol{Z}'\beta) \tag{9.43}$$

으로 생각할 수 있다. 여기서 $g(\cdot)$은 적절한 연결함수이며, $g_1(\boldsymbol{Z}'\beta) = \exp(\boldsymbol{Z}'\beta) = \exp(Z_1\beta_1 + \cdots + Z_p\beta_p)$ 또는 $g_2(\boldsymbol{Z}'\beta) = 1/\exp(\boldsymbol{Z}'\beta) = 1/\exp(Z_1\beta_1 + \cdots + Z_p\beta_p)$를 고려한다. 이 책에서는 모수회귀모형에서 g_2 함수로 표기하여 R 시스템에서의 표현과 같게 하고자 한다.

와이블분포하에서 i번째 개체에 대한 위험함수는

(i) g_1인 경우

$$h_i(t|\boldsymbol{Z}) = \kappa t^{\kappa-1} \cdot [\exp(\boldsymbol{Z}_i'\beta)]^{\kappa}, \tag{9.44}$$

(ii) g_2인 경우

$$h_i(t|\boldsymbol{Z}) = \kappa t^{\kappa-1} \cdot [\exp(-\boldsymbol{Z}_i'\beta)]^{\kappa} \tag{9.45}$$

가 된다. 이 책에서는 g_2 함수를 이용한다.

공변량이 없는 경우 와이블분포에서 생존함수는 $S(t) = \exp(-\lambda^{\kappa}t^{\kappa})$이고 확률밀도함수는 $f(t) = \kappa\lambda^{\kappa}t^{\kappa-1} \cdot \exp(-\lambda^{\kappa}t^{\kappa})$이다.

공변량 $\boldsymbol{Z} = (Z_1, Z_2, \cdots, Z_p)'$가 주어졌을 때 생존시간 T의 생존함수는

$$\begin{aligned} S_i(t|\boldsymbol{Z}) &= \exp(-H_i(t|\boldsymbol{Z})) = \exp\left(-\int h_i(t)dt\right) \\ &= \exp\left(-t^{\kappa}[e^{-\boldsymbol{Z}_i'\beta}]^{\kappa}\right) = \exp\left(-t^{\kappa}e^{-\kappa\boldsymbol{Z}_i'\beta}\right) \end{aligned} \tag{9.46}$$

이다.

i번째 개체에 대한 생존시간 T의 확률밀도함수는

$$f_i(t|\boldsymbol{Z}) = \exp\left(-t^{\kappa}\exp(-\kappa\boldsymbol{Z}_i'\beta)\right)\kappa t^{\kappa-1}[\exp(-\kappa\boldsymbol{Z}_i'\beta)] \tag{9.47}$$

이다.

공변량 효과와 회귀계수 β와의 관계를 이해하기 위해 각 공변량 효과를 선형화하면

(i) g_1인 경우:

$$\log h_i(t|\boldsymbol{Z}) = (\kappa-1)\log(t) + \kappa\boldsymbol{Z}_i'\beta + \log\kappa \tag{9.48}$$

$\boldsymbol{Z}_i$가 고정인 경우, $\log t$에 대해 절편 $\kappa\boldsymbol{Z}_i'\beta + \log\kappa$이고 기울기 $(\kappa-1)$인 직선이 된다.

(ii) g_2인 경우:

$$\log h_i(t|\boldsymbol{Z}) = (\kappa-1)\log(t) - \kappa\boldsymbol{Z}_i'\beta + \log\kappa \tag{9.49}$$

$\boldsymbol{Z}_i$가 고정인 경우, $\log t$에 대해 절편 $-\kappa\boldsymbol{Z}_i'\beta+\log\kappa$이고 기울기 $(\kappa-1)$인 직선이 된다.

9.4.4 와이블회귀모형에서 회귀계수에 대한 추정 및 검정

회귀계수 및 기저위험률을 추정하기 위해 공변량을 다음과 같이 $\boldsymbol{Z}_i^{*}{}'=(1,Z_{i1},Z_{i2},\ldots,Z_{ip})$로 쓰고 $\beta=(\log(\lambda),\beta_1,\ldots,\beta_p)'=(\beta_0,\beta_1,\ldots,\beta_p)'$는 추정해야 할 모수벡터가 된다.

i번째 개체에 대한 위험함수는

(i) g_1인 경우:

$$h_i(t|\boldsymbol{Z})=\kappa t^{\kappa-1}\cdot[\exp(\boldsymbol{Z}_i'\beta)]^{\kappa}, \tag{9.50}$$

(ii) g_2인 경우:

$$h_i(t|\boldsymbol{Z})=\kappa t^{\kappa-1}\cdot[\exp(-\boldsymbol{Z}_i'\beta)]^{\kappa} \tag{9.51}$$

이 된다.

공변량 $\boldsymbol{Z}$에 대한 회귀계수 β^*는 $\beta^*=\kappa\beta$의 관계이므로

$H_0:\beta=0$와 $H_0:\beta^*=0$은 동일한 귀무가설이 된다.

지수회귀모형에서와 마찬가지 방법으로 회귀계수에 대한 추정과 검정을 할 수 있다.

9.5 모형선택 문제

여러 가지 모형을 적합해 본 후 적절한 모형을 선택하기 위해 모형적합도 통계량으로 AIC(Akaike Information Criterion)를 사용할 수 있다.

$$AIC=-2\times\log(\text{max}imum\ likelihood)+2\times p \tag{9.52}$$

여기서 p는 적합하는 모형에서 모수의 개수이다.

AIC는 모수가 많을수록 AIC 값이 커지는 벌점(penalty)효과를 갖는다. 그러므로 AIC를 최소로 하는 모형이 더 나은 모형으로 추천된다.

또한 널리 사용되는 적합도 통계량으로 BIC(Bayesian Information Criterion)는

$$BIC = -2 \times \log(\text{max}imum\ likelihood) + (\log n) \times p \tag{9.53}$$

이다. BIC를 최소로 하는 모형이 더 나은 모형으로 추천된다.

R에서 모형별 AIC 계산은 <프로그램 9.7>을 참조하기 바란다.

9.6 그림을 이용한 모형 적합성에 대한 평가

모수모형에 대한 적합성 평가를 위해 Kaplan–Meier 생존함수 $\hat{S}(t)$ 그림을 살펴보아 그래프적인 평가를 할 수 있다.

$(t, \log[-\log \hat{S}(t)])$ 그림이 직선이면 지수분포를 따른다고 할 수 있다.
$(\log t, \log[-\log \hat{S}(t)])$ 그림이 직선이면 와이블분포를 따른다고 할 수 있다.

범주형 공변량에 대해서도 Kaplan–Meier 생존함수 $\hat{S}(t)$ 그림을 그려 모수모형에 대한 적합성에 대한 그래프적인 평가를 할 수 있다. 각 공변량 범주에 대해

$(t, \log[-\log \hat{S}(t)])$ 그림이 직선이면 지수분포를 따른다고 할 수 있다.
$(\log t, \log[-\log \hat{S}(t)])$ 그림이 직선이면 와이블분포를 따른다고 할 수 있다.

9.7 R을 이용한 가속실패시간 모형-지수분포와 와이블분포

R에서는 survreg() 함수를 이용하여 모수회귀모형을 적합할 수 있으며 분포 옵션으로 dist='exponential' 이외에 "weibull", "gaussian", "logistic", "lognormal", "loglogistic" 등을 선택할 수 있다.

예제 9.1 survival 패키지에 내장된 백혈병 leukemia 데이터를 이용하여 지수 AFT모형을 적합해 보고자 한다.

프로그램 9.1 지수회귀모형과 지수 AFT 모형

```
library(survival)
data(leukemia) ;  attach(leukemia) ;  head(leukemia)
exp0 <- survreg(Surv(time,status) ~ 1, dist='exponential')       #(a)
summary(exp0)
z<- as.numeric(factor(x))  # alphabet order
```

```
                                   #(x="Maintained")     z=1    공변량
                                   #(x="Nonmaintained") z=2
exp.aft <- survreg(Surv(time,status) ~ factor(x), dist='exponential')  #(b)
summary(exp.aft)
exp(exp.aft$coefficient[2])  # acceleration factor

lambda1<- exp(-exp.aft$coeff[1]-exp.aft$coeff[2]*1)
lambda2<- exp(-exp.aft$coeff[1]-exp.aft$coeff[2]*2)
lambda1 ; lambda2

t<-seq(0,30, length=200)
S1 <- exp( -lambda1* t )
S2 <- exp( -lambda2* t )
matplot(t, cbind(S1, S2) , type="ll", lty=1:2, col=c("blue","red"),
        xlab="month", ylab="survival prob", main="Exponential AFT model")
legend(15,0.8,  legend=c('Maintained=1', 'Nonmaintained=2'),
                    lty=c(1,2), col=c("blue","red"))          # 그림 9.3
```

결과 9.1(a) 공변량 없는 지수회귀모형

```
> exp0 <- survreg(Surv(time,status) ~ 1, dist='exponential')
> summary(exp0)

            Value   Std. Error    z       p
(Intercept)  3.63       0.236  15.4  1.75e-53

Scale fixed at 1
Exponential distribution
Loglik(model)= -83.3    Loglik(intercept only)= -83.3
Number of Newton-Raphson Iterations: 4
n= 23
```

➡ 공변량을 포함하지 않은 지수회귀모형 $Y=\log T=\beta_0+\epsilon$ 적합결과 $\hat{\beta}_0=3.63$이고 회귀계수 유의성 검정결과 검정통계량=15.4, $p-$값 $=1.75\times 10^{-53}<\alpha=0.05$으로 매우 유의하다.

결과 9.1(b) 공변량 있는 지수회귀모형

```
> exp.aft <- survreg(Surv(time,status) ~ factor(x), dist='exponential')
> summary(exp.aft)
                         Value  Std. Error      z        p
(Intercept)              4.101       0.378  10.85  1.96e-27
factor(x)Nonmaintained  -0.958       0.483  -1.98  4.75e-02
Scale fixed at 1
```

```
Exponential distribution
Loglik(model)= -81.3    Loglik(intercept only)= -83.3
        Chisq= 4.06 on 1 degrees of freedom, p= 0.044
Number of Newton-Raphson Iterations: 4
n= 23
```

➡ $Y=\log T=\beta_0+\beta_1 X+\epsilon$ 공변량을 한 개 포함한 지수회귀모형 적합결과 $\widehat{\beta_0}=4.101$이고 회귀계수 유의성 검정결과 검정통계량=10.85, $p-$값 $=1.96\times 10^{-27}<\alpha=0.05$으로 매우 유의하다. 그룹을 나타내는 공변량에 대한 회귀계수 추정값은 $\widehat{\beta_1}=-0.958$이다. 유의수준 $\alpha=0.05$에서 회귀계수 유의성 검정결과 검정통계량$=-1.98$, $p-$값 $=0.0475<\alpha=0.05$으로 유의하다. 추정식으로 $\hat{Y}=4.101-0.958X$을 얻는다.

결과 9.1(c) 지수 가속인자와 위험함수 추정

```
> exp(exp.aft$coefficient[2]) # acceleration factor
factor(x)Nonmaintained
            0.3836235
> lambda1<- exp(-exp.aft$coeff[1]-exp.aft$coeff[2]*1)
> lambda2<- exp(-exp.aft$coeff[1]-exp.aft$coeff[2]*2)
> lambda1 ; lambda2
(Intercept)
 0.04313725
(Intercept)
  0.1124469
> median
       1        2
41.88589 16.06841
```

➡ Maintained(처리) 그룹(z=1)에 대한 위험률은 $\widehat{\lambda_1}$=0.0431이고 Nonmaintained(위약) 그룹(z=2)에 대한 위험률은 $\widehat{\lambda_2}$=0.1124이다.

➡ 중앙값이 되는 시간은 "Maintained"(treatment) 그룹은 41.885이고 "Nonmaintained"(placebo) 그룹은 16.068개월로 처리그룹의 생존시간 중앙값이 훨씬 크다.
가속인자 $\gamma=0.3836$으로 위약그룹은 처리그룹에 비해 0.38배이다.

예제 9.2 survival 패키지에 내장된 백혈병 leukemia 데이터를 이용하여 와이블 AFT 모형을 적합해 보고자 한다.

프로그램 9.2 와이블회귀모형

```
library(survival)
data(leukemia) ;  attach(leukemia)  ;  head(leukemia)
weib0 <- survreg(Surv(time,status) ~ 1, dist='weibull')
 summary(weib0)
weib.aft <- survreg(Surv(time,status) ~ factor(x), dist='weibull')
 summary(weib.aft)
exp(weib.aft$coefficient[2])  # acceleration factor

median <-predict(weib.aft, type='quantile',p=0.5,
   newdata=list(x=c("Maintained","Nonmaintained")) )
median

kappa<-1/weib.aft$scale
lambda1<- exp(-weib.aft$coeff[1]-weib.aft$coeff[2]*1)
lambda2<- exp(-weib.aft$coeff[1]-weib.aft$coeff[2]*2)

t<-seq(0,30, length=200)     # 그림 9.4
S1 <- exp( -lambda1* t^kappa )
S2 <- exp( -lambda2* t^kappa )
matplot(t, cbind(S1, S2) , type="l", lty=1:2, col=c("blue","red"),
       xlab="month", ylab="survival prob", main="Weibull AFT model")
legend(15,0.7,  legend=c('Maintained=1', 'Nonmaintained=2'),
                    lty=c(1,2), col=c("blue","red"))
```

결과 9.2(a) 공변량 없는 와이블회귀모형

```
> weib0 <- survreg(Surv(time,status) ~ 1, dist='weibull')
> summary(weib0)
Call:
survreg(formula = Surv(time, status) ~ 1, dist = "weibull")
              Value  Std. Error      z        p
(Intercept)    3.6425      0.217  16.780  3.43e-63
Log(scale)   -0.0922      0.169  -0.544  5.86e-01

Scale= 0.912

Weibull distribution
Loglik(model)= -83.2   Loglik(intercept only)= -83.2
Number of Newton-Raphson Iterations: 5
n= 23
```

➡ 공변량을 포함하지 않은 와이블회귀모형 $Y = \log T = \beta_0 + \sigma\epsilon$ 적합결과 $\hat{\beta}_0 = 3.6425$이고 회귀계수 유의성 검정결과 검정통계량=16.780, $p-$값 $= 3.43 \times 10^{-63} < \alpha = 0.05$으로 매우 유의하다. $\kappa = 0.912$이고 $\sigma = 1/\kappa = 1/0.912 = 1.096$이다.

결과 9.2(b) 공변량 있는 와이블회귀모형

```
> weib.aft <- survreg(Surv(time,status) ~ factor(x), dist='weibull')
> summary(weib.aft)

Call:
survreg(formula = Surv(time, status) ~ factor(x), dist = "weibull")
                          Value Std. Error     z        p
(Intercept)               4.109      0.300 13.70 9.89e-43
factor(x)Nonmaintained   -0.929      0.383 -2.43 1.51e-02
Log(scale)               -0.235      0.178 -1.32 1.88e-01

Scale= 0.791

Weibull distribution
Loglik(model)= -80.5   Loglik(intercept only)= -83.2
        Chisq= 5.31 on 1 degrees of freedom, p= 0.021
Number of Newton-Raphson Iterations: 5
n= 23
```

➡ 공변량을 한 개 포함한 와이블회귀모형 $Y = \log T = \beta_0 + \beta_1 X + \sigma\epsilon$ 적합결과 $\hat{\beta}_0 = 4.109$이고 회귀계수 유의성 검정결과 검정통계량=13.70, $p-$값 $= 9.89 \times 10^{-43} < \alpha = 0.05$으로 유의하다. 그룹을 나타내는 공변량에 대한 회귀계수 추정값은 $\hat{\beta}_1 = -0.929$이다. 유의수준 $\alpha = 0.05$에서 회귀계수 유의성 검정결과 검정통계량=-2.43, $p-$값 $= 0.0151 < \alpha = 0.05$으로 유의하다. 추정식으로 $\hat{Y} = 4.109 - 0.929X$을 얻는다.

결과 9.2(c) 와이블 가속인자와 위험함수 추정

```
> exp(weib.aft$coefficient[2])        # acceleration factor
factor(x)Nonmaintained
             0.3948136

> median <-predict(weib.aft, type='quantile',p=0.5,
+       newdata=list(x=c("Maintained","Nonmaintained")) )
> median
       1        2
45.56592 17.99004
```

➡ 중앙값이 되는 시간은 "Maintained"(treatment) 그룹은 45.566이고 "Nonmaintained" (placebo) 그룹은 17.990개월로 처리그룹의 생존시간 중앙값이 훨씬 크다.
가속인자 $\gamma = 0.395$로 위약그룹(Nonmaintained)은 처리그룹(Maintained)에 비해 0.39배이다.

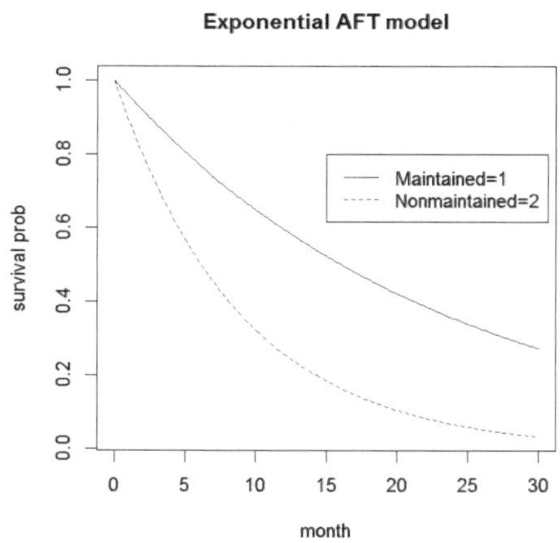

그림 9.3 지수 AFT 모형에 의한 생존함수

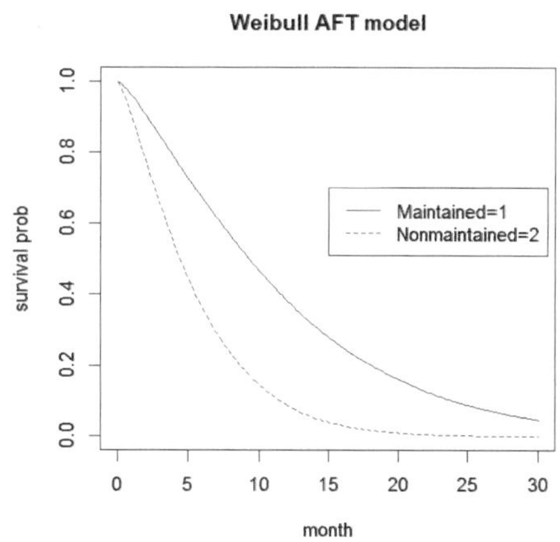

그림 9.4 와이블 AFT 모형에 의한 생존함수

9.8 R을 이용한 모수회귀모형-지수분포와 와이블분포

예제 9.3 패키지 survival에 내장된 난소암(ovarian cancer) 데이터 data(ovarian)을 이용하여 지수회귀모형과 와이블회귀모형을 적합해 보고자 한다. 또한 모형적합도를 구하여 모형비교를 하고자 한다.

ovarian 데이터에 포함된 변수는 다음과 같다.

- futime: survival or censoring time
- fustat: censoring status
- age: in years
- resid.ds: residual disease present (1=no, 2=yes)
- rx: treatment group
- ecog.ps: ECOG performance status (1 is better)

프로그램 9.3 난소암 데이터에 대한 지수회귀모형과 와이블회귀모형

```
library(survival)
data(ovarian);    head(ovarian); attach(ovarian)
S1<- Surv(futime, fustat==1)  # data display: observed and cenored
S1
```

```
# 공변량 없는 모형
c1<-survreg(Surv(futime, fustat==1) ~ 1, ovarian, dist="exponential")
  summary(c1)
c2<-survreg(Surv(futime, fustat==1) ~ 1, ovarian,  dist="weibull")
  summary(c2)

# 공변량 있는 모형
a1<-survreg(Surv(futime, fustat) ~ ecog.ps + rx, ovarian, dist="exponential")
  summary(a1)
a2<-survreg(Surv(futime, fustat) ~ ecog.ps + rx, ovarian,  dist="weibull")
  summary(a2)
# survreg scale parameter maps to 1/shape, linear predictor to log(scale)
```

결과 9.3(a) 난소암 데이터

```
>head(ovarian)
  futime fustat     age resid.ds rx ecog.ps
1     59      1 72.3315        2  1       1
2    115      1 74.4932        2  1       1
3    156      1 66.4658        2  1       2
> S1
 [1]   59   115   156   421+  431   448+  464   475   477+  563  638  744+
[13]  769+  770+  803+  855+ 1040+ 1106+ 1129+ 1206+ 1227+  268  329  353
[25]  365   377+
```

결과 9.3(b) 난소암 데이터에 대한 지수회귀모형: 공변량 없는 경우

```
> c1<-survreg(Surv(futime, fustat) ~ 1, ovarian, dist="exponential")
> summary(c1)
            Value Std. Error    z         p
(Intercept)  7.17      0.289 24.8 3.72e-136
Scale fixed at 1
Exponential distribution
Loglik(model)= -98   Loglik(intercept only)= -98
Number of Newton-Raphson Iterations: 4
n= 26
```

➡ 지수회귀모형에서 공변량이 없고 $\beta_0 = 7.17$이므로 $\log T = \beta_0 + e$ 적합결과 $\widehat{\beta_0} = 7.17$이고 회귀계수 유의성 검정결과 검정통계량=24.8, $p-$값 $= 3.72 \times 10^{-146} < \alpha = 0.001$으로 유의하다. 추정식으로 $\log T = 7.17$을 얻는다.

생존함수와 위험함수는 각각

$$S(t) = \exp\left(-t \cdot \left[e^{-\beta_0}\right]\right) = \exp(-e^{-7.17}t)$$

$$h(t) = \exp(-\beta_0) = e^{-7.17}$$

이다.

결과 9.3(c) 난소암 데이터에 대한 와이블회귀모형: 공변량 없는 경우

```
> c2<-survreg(Surv(futime, fustat) ~ 1, ovarian,  dist="weibull")
> summary(c2)
Call:
survreg(formula = Surv(futime, fustat) ~ 1, data = ovarian, dist = "weibull")
              Value Std. Error       z          p
(Intercept)   7.111      0.293  24.292  2.36e-130
Log(scale)   -0.103      0.254  -0.405   6.86e-01
Scale= 0.902
Weibull distribution
Loglik(model)= -98   Loglik(intercept only)= -98
Number of Newton-Raphson Iterations: 5
```

➡ 공변량이 없는 와이블회귀모형에서 생존함수는 $S(t) = \exp\left(-t^{\kappa} \cdot \left[e^{-\beta_0}\right]^{\kappa}\right)$이다.

$\kappa = 0.902$, $\beta_0 = 7.111$이므로

$$S(t) = \exp\{-(e^{-7.111})^{0.902}\, t^{0.902}\} = \exp(-0.00164\, t^{0.902})$$
$$h(t) = \exp(-7.111)^{0.902}\, 0.902 t^{-0.098} = 0.0015\, t^{-0.098}$$

을 얻는다. 여기서 $\sigma = 1/\kappa$로 구한다.

결과 9.3(d) 난소암 데이터에 대한 지수회귀모형: 공변량 있는 경우

```
> a1<- survreg(Surv(futime, fustat) ~ ecog.ps + rx, ovarian, dist="exponential")
> summary(a1)
             Value Std. Error      z        p
(Intercept)  6.962      1.322  5.267 1.39e-07
ecog.ps     -0.433      0.587 -0.738 4.61e-01
rx           0.582      0.587  0.991 3.22e-01
Scale fixed at 1
Exponential distribution
Loglik(model)= -97.2   Loglik(intercept only)= -98
        Chisq= 1.67 on 2 degrees of freedom, p= 0.43
Number of Newton-Raphson Iterations: 4
```

➡ 공변량을 두 개 포함한 지수회귀모형 $\log T = \beta_0 + \beta_1 Z_1 + \beta_2 Z_2 + \epsilon$ 적합결과 추정식으로 $\log T = 6.962 - 0.433 ecog.ps + 0.582 rx$을 얻는다. 추정된 회귀계수는 유의수준 $\alpha = 0.05$에서 모두 유의하지 않다. 회귀계수에 대한 추정값은 $\beta_0 = 6.962$, $\beta_1 = -0.433$, $\beta_2 = 0.582$이므로 생존함수와 위험함수는 각각 다음과 같다: 여기서 $Z_1 = ecog.ps$, $Z_2 = rx$를 나타낸다.

$$S(t) = \exp\left(-t \cdot \left[e^{-\beta_0 - \beta_1 Z_1 - \beta_2 Z_2}\right]\right) = \exp\left(-e^{-6.962 + 0.433 Z_1 - 0.582 Z_2} t\right)$$

$$h(t) = \exp(-\beta_0 - \beta_1 Z_1 - \beta_2 Z_2) = \exp(-6.962 + 0.433 Z_1 - 0.582 Z_2).$$

결과 9.3(e) 난소암 데이터에 대한 와이블회귀모형: 공변량 있는 경우

```
> a2<-survreg(Surv(futime, fustat) ~ ecog.ps + rx, ovarian,  dist="weibull")
> summary(a2)
              Value Std.   Error      z         p
(Intercept)    6.897     1.178   5.857  4.72e-09
ecog.ps       -0.385     0.527  -0.731  4.65e-01
rx             0.529     0.529   0.999  3.18e-01
Log(scale)    -0.123     0.252  -0.489  6.25e-01

Scale= 0.884
Weibull distribution
Loglik(model)= -97.1   Loglik(intercept only)= -98
        Chisq= 1.74 on 2 degrees of freedom, p= 0.42
Number of Newton-Raphson Iterations: 5
```

➡ 공변량을 두 개 포함한 지수회귀모형 $\log T = \beta_0 + \beta_1 Z_1 + \beta_2 Z_2 + \sigma\epsilon$ 적합결과 추정식으로 $\log T = 6.897 - 0.385 ecog.ps + 0.529 rx$을 얻는다.

와이블회귀모형에서 생존함수는 $S(t) = \exp\left(-t^{\kappa} \cdot \left[e^{-\beta_0 - \beta_1 Z_1 - \beta_2 Z_2}\right]^{\kappa}\right)$이고 모형에서의 추정값은 $\kappa = 0.884$, $\beta_0 = 6.897$, $\beta_1 = -0.386$, $\beta_2 = 0.529$이므로

$$S(t) = \exp\left\{-\exp(-6.897 + 0.386 Z_1 - 0.529 Z_2)^{0.884} t^{0.884}\right\}$$

$$h(t) = \exp(-6.897 + 0.386 Z_1 - 0.529 Z_2)^{0.884} \cdot 0.884\, t^{-0.116}$$

이다. 그러나 이 모형에서 공변량에 대한 회귀계수가 유의하지 않고 유의수준 $\alpha = 0.05$ 수준에서 모형적합에 대한 $p-$값 $= 0.42 > \alpha = 0.05$이므로 더 적합한 모형을 찾아볼 수 있다.

프로그램 9.4 지수회귀모형에 의한 생존함수 그래프

```
wei=survreg(S1~1,dist="exponential")
lambda=exp(-wei$coeff[1])
zeit=seq(from=0,to=1200,length.out=1000)
s=exp(-lambda*zeit)
h=lambda
```

```
  h ;   head( cbind(zeit,h,  s))  # (t, hazard, survival)
par(mfrow=c(1,2))   # 그림 9.5
plot(survfit(S1~1),xlab='t',ylab=expression(hat(S)(t)),lty=2,conf.int=F)
 lines(zeit,s)
 legend(200,0.2, lty=c(1,2), legend=c("exponential reg", "K-M"))
plot(zeit, rep(h, length(zeit)), type='l', xlab='t',ylab="h(t)")
```

결과 9.4 지수회귀모형에 의한 생존함수추정

```
> h ;   head( cbind(zeit,h,  s))  # (t, hazard, survival)
 (Intercept)
0.0007698229
          zeit            h        s
[1,] 0.000000 0.0007698229 1.0000000
[2,] 1.201201 0.0007698229 0.9990757
[3,] 2.402402 0.0007698229 0.9981523
[4,] 3.603604 0.0007698229 0.9972297
[5,] 4.804805 0.0007698229 0.9963080
[6,] 6.006006 0.0007698229 0.9953871
```

프로그램 9.5 와이블회귀모형에 의한 생존함수 그래프

```
wei=survreg(S1~1,dist="w")
kappa=wei$scale
lambda=exp(-wei$coeff[1])^kappa
zeit=seq(from=0,to=1200,length.out=1000)
s=exp(-lambda*zeit^kappa)
h=lambda*kappa*zeit^(kappa-1)
 kappa ; lambda  ; head( cbind(zeit,h,  s))  # (t, hazard, survival)
   par(mfrow=c(1,2))    # 그림 9.6
plot(survfit(S1~1),xlab='t',ylab=expression(hat(S)(t)),lty=2,conf.int=F)
 lines(zeit,s)
 legend(200,0.2, lty=c(1,2), legend=c("weibull reg", "K-M"))
plot(zeit, h, type='l', xlab='t',ylab="h(t)")
```

결과 9.5 와이블회귀모형에 의한 생존함수추정

```
> kappa
[1] 0.9024784
> lambda
```

```
(Intercept)
0.001632638
> head( cbind(zeit,h,  s))  # (t, hazard, survival)
          zeit              h          s
[1,] 0.000000          Inf 1.0000000
[2,] 1.201201 0.001447313 0.9980755
[3,] 2.402402 0.001352712 0.9964055
[4,] 3.603604 0.001300268 0.9948215
[5,] 4.804805 0.001264295 0.9932915
[6,] 6.006006 0.001237080 0.9918010
```

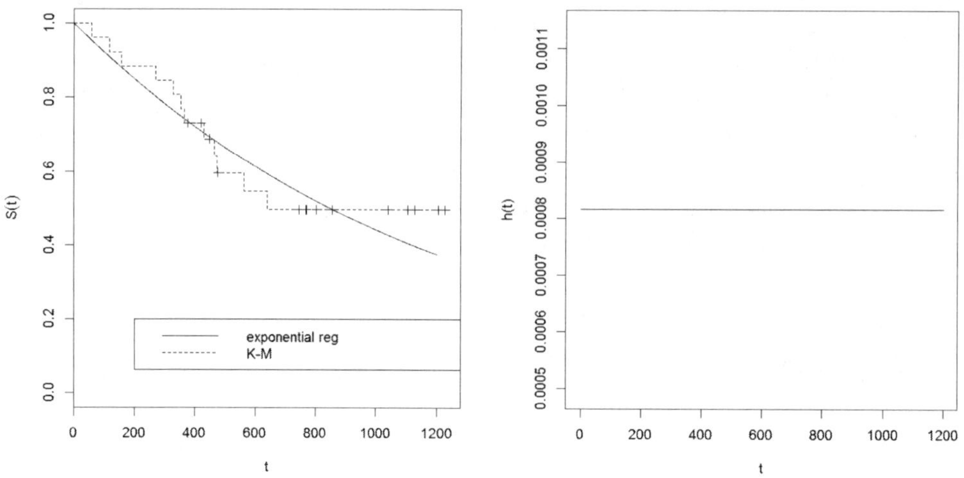

그림 9.5 난소암 데이터의 공변량 없는 지수회귀모형에 의한 생존함수와 위험함수

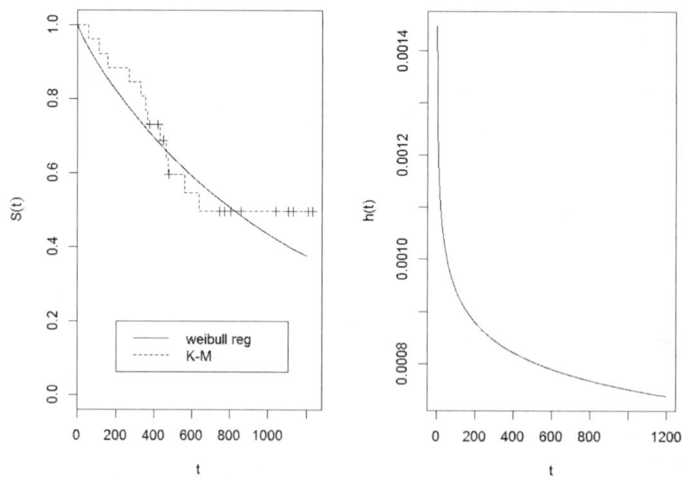

그림 9.6 난소암 데이터의 공변량 없는 와이블회귀모형에 의한 생존함수와 위험함수

프로그램 9.6 와이블회귀모형에 의한 변수별 생존함수 그래프

```
a2<-survreg(Surv(futime, fustat) ~ ecog.ps + rx, ovarian,  dist="weibull")
  kappa=a2$scale
lambda1=exp(-a2$coeff[1])^kappa
lambda2=exp(-a2$coeff[1]-a2$coeff[2])^kappa
lambda3=exp(-a2$coeff[1]-a2$coeff[3])^kappa
zeit=seq(from=0,to=1200,length.out=1000)
s1=exp(-lambda1*zeit^kappa)
s2=exp(-lambda2*zeit^kappa)
s3=exp(-lambda3*zeit^kappa)

plot(survfit(S1~1),col=c(1,2,3), xlab='t',
    ylab=expression(hat(S)(t)),lty=2, conf.int=F)     # 그림 9.7
lines(zeit,s1,col=1,lwd=2, lty=1)
lines(zeit,s2,col=2,lwd=2,lty=2)
lines(zeit,s3,col=3,lwd=2,lty=3)
 legend(200,0.2, lty=c(1,2,3,5),col=c(1,2,3,1),
       legend=c("intercept only","ecog.ps=1", "rx=1", "K-M step"))
```

결과 9.6 와이블회귀모형에 의한 변수별 생존함수추정

```
> head(cbind(zeit, s1, s2, s3))
         zeit        s1        s2        s3
[1,] 0.000000 1.0000000 1.0000000 1.0000000
[2,] 1.201201 0.9973550 0.9962847 0.9983415
[3,] 2.402402 0.9951246 0.9931549 0.9969417
[4,] 3.603604 0.9930306 0.9902190 0.9956265
[5,] 4.804805 0.9910219 0.9874051 0.9943638
[6,] 6.006006 0.9890752 0.9846802 0.9931392
```

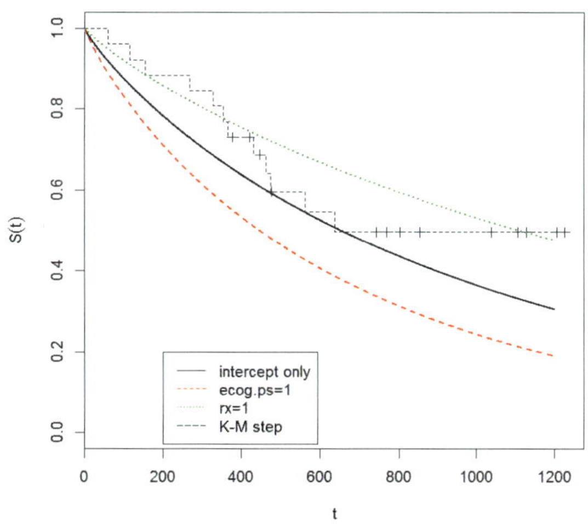

그림 9.7 난소암 데이터의 변수별 와이블회귀모형에 의한 생존함수

프로그램 9.7 모형적합도 비교를 위한 AIC 계산

```
### model comparison and selection
wei=survreg(S1~ ecog.ps + rx, dist="w")       # Weibull
exp=survreg(S1~ ecog.ps + rx, dist="exp")     # exponential
lgl=survreg(S1~ ecog.ps + rx, dist="logl")    # log-logistic
lgn=survreg(S1~ ecog.ps + rx, dist="logn")    # log-normal

extractAIC(wei)[2]      # AIC value
extractAIC(exp)[2]
extractAIC(lgl)[2]
extractAIC(lgn)[2]
```

결과 9.7 모형적합도 비교를 위한 AIC 계산

```
> extractAIC(wei)[2]
[1] 202.169
> extractAIC(exp)[2]
[1] 200.3961
> extractAIC(lgl)[2]
[1] 200.6436
> extractAIC(lgn)[2]
[1] 199.8947
```

➡ AIC 기준으로 볼 때 로그-정규 모형이 가장 적합하다고 할 수 있다. 그러나 모형 간 AIC 값의 차이가 크지 않은 편이다.

예제 9.4 R 시스템에 내장된 데이터셋 data(kidney)에 대해 모수적 회귀모형을 적합해보고자 한다.

신장염 환자들이 투석기(cathether, 카테터, 도뇨관) 삽입 후 감염재발(recurrence times to infection)까지의 시간 데이터이다. 감염이외의 다른 이유로 카테터를 떼어내는 경우는 중도절단이다. 데이터셋에 포함된 변수는 다음과 같다.

- patient: id
- time: recurrence time to infection
- status: event status (1: observed, 0: censored)
- age: in years
- sex: 1=male, 2=female
- disease: disease type (0=Other 1=GN, 2=AN, 3=PKD)
- frail: frailty estimate from original paper

프로그램 9.8 신장염 데이터에 대한 지수회귀모형과 와이블회귀모형

```
library(survival)
data(kidney);   head(kidney); attach(kidney)
sort(time)   # see the ties  # When ties are present
S1<-Surv(time, status==1) ; S1

# 공변량 없는 모형
c1<-survreg(Surv(time, status==1) ~ 1, kidney, dist="exponential")
  summary(c1)
c2<-survreg(Surv(time, status==1) ~ 1, kidney, dist="weibull")
  summary(c2)

# 공변량 있는 모형
a1<-survreg(Surv(time, status==1) ~ age+ sex, kidney, dist="exponential")
  summary(a1)
a2<-survreg(Surv(time, status==1) ~ age+ sex, kidney,  dist="weibull")
  summary(a2)

# 범주형 공변량 있는 모형-   변수 disease:4개 범주
table(disease)
b1<-survreg(Surv(time,status==1)~age+sex+ disease, kidney, dist="exponential")
  summary(b1)
b2<-survreg(Surv(time,status==1)~age+sex+ disease, kidney, dist="weibull")
  summary(b2)
```

결과 9.8(a) 신장염 데이터

```
> head(kidney)
  id time status age sex disease frail
1 1    8      1  28   1   Other 2.3
2 1   16      1  28   1   Other 2.3
3 2   23      1  48   2      GN 1.9
> S1<-Surv(time, status==1) ; S1
 [1]   8  16   23  13+  22   28 447 318   30   12   24  245    7    9
[15] 511  30   53  196   15  154   7 333  141    8+  96   38  149+  70+
[29] 536  25+  17    4+ 185  177 292  114   22+ 159+  15  108+ 152  562
[43] 402  24+  13   66   39   46+  12   40  113+ 201  132  156   34   30
[57]   2  25  130   26   27   58    5+  43  152   30  190    5+ 119    8
[71]  54+  16+   6+  78   63    8+
```

결과 9.8(b) 신장염 데이터에 대한 지수회귀모형: 공변량 없는 경우

```
> # 공변량 없는 모형
> c1<-survreg(Surv(time, status==1) ~ 1, kidney, dist="exponential")
>   summary(c1)
             Value Std. Error    z          p
(Intercept)  4.89      0.131  37.3  9.25e-304
Scale fixed at 1
Exponential distribution
Loglik(model)= -341.7   Loglik(intercept only)= -341.7
Number of Newton-Raphson Iterations: 5
n= 76
```

➡ 지수회귀모형에서 공변량이 없고 $\beta_0 = 4.89$이므로 생존함수와 위험함수는 각각

$$S(t) = \exp\left(-t \cdot \left[e^{-\beta_0}\right]\right) = \exp\left(-e^{-4.89}t\right)$$
$$h(t) = \exp(-\beta_0) = e^{-4.89}$$

이다.

결과 9.8(c) 신장염 데이터에 대한 와이블회귀모형: 공변량 없는 경우

```
> c2<-survreg(Surv(time, status==1) ~ 1, kidney, dist="weibull")
>   summary(c2)
              Value  Std. Error      z          p
(Intercept)   4.852     0.1506   32.22  9.45e-228
Log(scale)    0.118     0.0975    1.21   2.26e-01

Scale= 1.13
Weibull distribution
Loglik(model)= -340.9   Loglik(intercept only)= -340.9
Number of Newton-Raphson Iterations: 6
n= 76
```

➡ 공변량이 없는 와이블회귀모형에서 생존함수는 $S(t) = \exp\left(-t^{\kappa} \cdot \left[e^{-\beta_0}\right]^{\kappa}\right)$, 위험함수는 $h(t) = \kappa\lambda^{\kappa}t^{\kappa-1}$이다. $\kappa = 1.13$, $\beta_0 = 4.852$이므로

$$S(t) = \exp\left\{-\left(e^{-4.852}\right)^{1.13} t^{1.13}\right\} = \exp\left(-0.00415\ t^{1.13}\right)$$
$$h(t) = 1.13\exp(-4.852)^{0.13}\ t^{0.13}$$

을 얻는다. 여기서 $\sigma = 1/\kappa$로 구한다.

결과 9.8(d) 신장염 데이터에 대한 지수회귀모형: 공변량 있는 경우

```
> a1<-survreg(Surv(time, status==1) ~ age+ sex, kidney, dist="exponential")
>   summary(a1)
                 Value Std. Error      z         p
(Intercept)    3.50916    0.69568   5.04  4.55e-07
age           -0.00444    0.00944  -0.47  6.38e-01
sex            0.88500    0.28761   3.08  2.09e-03
Scale fixed at 1
Exponential distribution
Loglik(model)= -337.1   Loglik(intercept only)= -341.7
        Chisq= 9.17 on 2 degrees of freedom, p= 0.01
Number of Newton-Raphson Iterations: 5
n= 76
```

➡ 지수회귀모형에서 공변량이 두 개이며 $\beta_0 = 3.509$, $\beta_1 =- 0.004$, $\beta_2 = 0.885$이므로 생존함수와 위험함수는 각각 다음과 같다. $Z_1 = age$, $Z_2 = sex$라 놓자.

$$S(t) = \exp\left(-t \cdot \left[e^{-\beta_0 - \beta_1 Z_1 - \beta_2 Z_2}\right]\right) = \exp\left(-e^{-3.509 + 0.004 Z_1 - 0.885 Z_2}\, t\right)$$

$$h(t) = \exp(-\beta_0 - \beta_1 Z_1 - \beta_2 Z_2) = \exp(-3.509 + 0.004 Z_1 - 0.885 Z_2).$$

결과 9.8(e) 신장염 데이터에 대한 와이블회귀모형: 공변량 있는 경우

```
> a2<-survreg(Surv(time, status==1) ~ age+ sex, kidney,  dist="weibull")
>   summary(a2)
                 Value  Std. Error       z         p
(Intercept)    3.31757      0.7781   4.264  2.01e-05
age           -0.00403      0.0103  -0.392  6.95e-01
sex            0.96548      0.3253   2.968  3.00e-03
Log(scale)     0.09832      0.0938   1.048  2.94e-01
Scale= 1.1
Weibull distribution
Loglik(model)= -336.6   Loglik(intercept only)= -340.9
        Chisq= 8.77 on 2 degrees of freedom, p= 0.012
Number of Newton-Raphson Iterations: 5
```

➡ 와이블회귀모형에서 생존함수는 $S(t) = \exp\left(-t^{\kappa} \cdot \left[e^{-\beta_0 - \beta_1 Z_1 - \beta_2 Z_2}\right]^{\kappa}\right)$이고 위험함수는 $h(t) = \kappa \lambda^{\kappa} t^{\kappa - 1}$이다.
결과에서 $\kappa = 1.1$, $\beta_0 = 3.317$, $\beta_1 =- 0.004$, $\beta_2 = 0.965$이므로 생존함수와 위험함수는

$$S(t) = \exp\left\{-\exp(-3.317 + 0.004 Z_1 - 0.965 Z_2)^{1.1} \cdot t^{1.1}\right\}$$

$$h(t) = 1.1 \exp(-3.317 + 0.004 Z_1 - 0.965 Z_2)^{1.1} \cdot t^{0.1}$$

이다. 그러나 이 모형에서 공변량에 대한 회귀계수가 유의하지 않고 유의수준 $\alpha = 0.05$에서 모형적합에 대한 $p-$값$= 0.42 > \alpha = 0.05$이므로 더 적합한 모형을 찾아볼 수 있다.

결과 9.8(f) 신장염 데이터에 대한 지수회귀모형: 세 개 이상 범주형 공변량 있는 경우

```
> table(disease)
disease
Other    GN    AN    PKD
```

➡ 변수 disease의 범주와 R 시스템에서의 범주 순서를 보여준다.

결과 9.8(g) 신장염 데이터에 대한 지수회귀모형: 범주형 공변량 있는 경우

```
> b1<-survreg(Surv(time,status==1)~age+sex+disease, kidney, dist="exponential")
>   summary(b1)
                 Value  Std. Error       z        p
(Intercept)    2.09376     0.7328   2.857 4.27e-03
age           -0.00191     0.0112  -0.171 8.64e-01
sex            1.61178     0.3329   4.842 1.29e-06
diseaseGN     -0.05802     0.4048  -0.143 8.86e-01
diseaseAN     -0.51810     0.3911  -1.325 1.85e-01
diseasePKD     1.32643     0.5698   2.328 1.99e-02
Scale fixed at 1
Exponential distribution
Loglik(model)= -330.4   Loglik(intercept only)= -341.7
        Chisq= 22.59 on 5 degrees of freedom, p= 4e-04
Number of Newton-Raphson Iterations: 5
n= 76
```

➡ 지수회귀모형에 추가로 disease 변수를 포함한 모형을 적합한다. disease 변수는 <결과 9.8>(f)에서 보여주듯이 4개의 범주를 가지고 있으며 범주 순서에 따라 첫 번째 범주와 다른 범주 간의 유의성 검정 결과를 보여준다. 즉, diseaseGN에 대한 통계량은 disease= "other" 에 대해 disease= "GN" 에 대한 유의성을 나타내는 통계량이다.

결과 9.8(h) 신장염 데이터에 대한 와이블회귀모형 세 개 이상 범주형 공변량 있는 경우

```
> b2<-survreg(Surv(time, status==1) ~ age+ sex+ disease, kidney,dist="weibull")
>   summary(b2)
                 Value  Std. Error       z        p
(Intercept)    2.10651    0.7138    2.951  3.17e-03
age           -0.00191    0.0108   -0.176  8.60e-01
sex            1.60792    0.3237    4.968  6.78e-07
diseaseGN     -0.04933    0.3943   -0.125  9.00e-01
diseaseAN     -0.52064    0.3790   -1.374  1.69e-01
diseasePKD     1.34246    0.5549    2.419  1.56e-02
Log(scale)    -0.03372    0.0976   -0.346  7.30e-01
```

```
Scale= 0.967
Weibull distribution
Loglik(model)= -330.4   Loglik(intercept only)= -340.9
      Chisq= 21.15 on 5 degrees of freedom, p= 0.00076
```

➡ 와이블회귀모형에 추가로 disease 변수를 포함한 모형을 적합한다. disease 변수는 4개의 범주를 가지고 있으며 범주 순서에 따라 첫 번째 범주와 다른 범주 간의 유의성 검정 결과를 보여준다. 예를 들어, diseaseAN에 대한 통계량은 disease= "other" 에 대해 disease= "AN" 에 대한 유의성을 나타내는 통계량이다.

disease 변수의 각 범주에 대한 회귀계수를 얻으려면 가변수를 사용해 다시 적합해야 한다. 다음과 같이 가변수 d1, d2, d3를 만들어 와이블회귀모형을 적합한다.

bd<-survreg(Surv(time, status==1) ~ age+ sex+ d1+d2+d3, kidney, dist="weibull")

disease	d1	d2	d3
other	0	0	0
GN	1	0	0
AN	0	1	0
PKD	0	0	1

이와 같이 만든 가변수에 대한 결과는 다음의 코드에서 factor()를 사용한 경우와 같다.

bd<-survreg(Surv(time, status==1)~age+ sex+ factor(disease), kidney, dist="weibull")

만약 disease= "GN" 을 기준점으로 사용하고자 한다면 다음과 같이 가변수를 만들면 된다.

disease	d1	d2	d3
other	1	0	0
GN	0	0	0
AN	0	1	0
PKD	0	0	1

프로그램 9.9 신장염 데이터에 대한 지수회귀모형과 와이블회귀모형-가변수 활용

```
# 가변수 활용
n<-dim(kidney)[[1]]
d1<-rep(0,n) ; d2<-rep(0,n) ; d3<-rep(0,n) ;
for( i in 1:n){
    if( disease[i]=="GN") d1[i]<-1
    if( disease[i]=="AN") d2[i]<-1
    if( disease[i]=="PKD") d3[i]<-1
}
c1<-survreg(Surv(time, status==1) ~ sex+ d1+d2+d3, kidney, dist="exponential")
 summary(c1)
c2<-survreg(Surv(time, status==1) ~ sex+ d1+d2+d3, kidney, dist="weibull")
 summary(c2)
```

결과 9.9(a) 가변수 활용 지수회귀모형

```
> c1<-survreg(Surv(time, status==1) ~ sex+ d1+d2+d3, kidney, dist="exponential")
> summary(c1)
              Value  Std. Error      z        p
(Intercept)  2.0373      0.654   3.117 1.83e-03
sex          1.6098      0.332   4.846 1.26e-06
d1          -0.0892      0.361  -0.247 8.05e-01
d2          -0.5555      0.325  -1.709 8.75e-02
d3           1.2923      0.534   2.422 1.54e-02
Scale fixed at 1
Exponential distribution
Loglik(model)= -330.4   Loglik(intercept only)= -341.7
        Chisq= 22.56 on 4 degrees of freedom, p= 0.00016
Number of Newton-Raphson Iterations: 5
n= 76
```

➡ 지수회귀모형에서 disease 범주별로 다음과 같은 생존함수를 얻는다.

$$S(t,disease=other)=\exp\{-\exp(-2.037-1.6098\cdot sex)t\}$$

$$S(t,disease=GN)=\exp\{-\exp(-2.037-1.6098\cdot sex+0.089)t\}$$

$$S(t,disease=AN)=\exp\{-\exp(-2.037-1.6098\cdot sex+0.555)t\}$$

$$S(t,disease=PKD)=\exp\{-\exp(-2.037-1.6098\cdot sex-1.292)t\}$$

결과 9.9(b) 가변수 활용 와이블회귀모형

```
> c2<-survreg(Surv(time, status==1) ~ sex+ d1+d2+d3, kidney, dist="weibull")
> summary(c2)
              Value  Std. Error      z        p
(Intercept)   2.0501   0.6373   3.217 1.30e-03
sex           1.6061   0.3230   4.972 6.62e-07
d1           -0.0809   0.3506  -0.231 8.18e-01
d2           -0.5580   0.3145  -1.774 7.60e-02
d3            1.3084   0.5203   2.515 1.19e-02
Log(scale)   -0.0335   0.0976  -0.343 7.31e-01

Scale= 0.967
Weibull distribution
Loglik(model)= -330.4   Loglik(intercept only)= -340.9
      Chisq= 21.12 on 4 degrees of freedom, p= 3e-04
Number of Newton-Raphson Iterations: 6
n= 76
```

➡ 와이블회귀모형에서 disease 범주별로 다음과 같은 생존함수를 얻는다.

$$S(t,disease=other)=\exp\{-\exp(-2.050-1.606\cdot sex)^{0.967}t^{0.967}\}$$
$$S(t,disease=GN)=\exp\{-\exp(-2.050-1.606\cdot sex+0.081)^{0.967}t^{0.967}\}$$
$$S(t,disease=AN)=\exp\{-\exp(-2.050-1.606\cdot sex+0.558)^{0.967}t^{0.967}\}$$
$$S(t,disease=PKD)=\exp\{-\exp(-2.050-1.606\cdot sex-1.308)^{0.967}t^{0.967}\}$$

남자인 경우 sex=1이므로 생존함수는 다음과 같다.

$$S(t,sex=1,disease=other)=\exp\{-\exp(-2.050-1.606)^{0.967}t^{0.967}\}$$
$$S(t,sex=1,disease=GN)=\exp\{-\exp(-2.050-1.606+0.081)^{0.967}t^{0.967}\}$$
$$S(t,sex=1,disease=AN)=\exp\{-\exp(-2.050-1.606+0.558)^{0.967}t^{0.967}\}$$
$$S(t,sex=1,disease=PKD)=\exp\{-\exp(-2.050-1.606-1.308)^{0.967}t^{0.967}\}$$

여자인 경우 sex=2이므로 생존함수는 다음과 같다.

$$S(t,sex=2,disease=other)=\exp\{-\exp(-2.050-2\times 1.606)^{0.967}t^{0.967}\}$$
$$S(t,sex=2,disease=GN)=\exp\{-\exp(-2.050-2\times 1.606+0.081)^{0.967}t^{0.967}\}$$
$$S(t,sex=2,disease=AN)=\exp\{-\exp(-2.050-2\times 1.606+0.558)^{0.967}t^{0.967}\}$$
$$S(t,sex=2,disease=PKD)=\exp\{-\exp(-2.050-2\times 1.606-1.308)^{0.967}t^{0.967}\}$$

데이터가 와이블분포를 따른다고 할 수 있는지 그래프를 그려 검토하고자 한다. $(\log t, \log[-\log \hat{S}(t)])$ 그림이 직선이면 와이블분포를 따른다고 할 수 있다.

<프로그램 9.10>에서는 신장염 데이터에 대해 log-log 그림을 그린 것이다. 또는 <프로그램 9.11>에서와 같이 SurvRegCensCov 패키지를 이용해 간단한 코드로 사용할 수 있다.

프로그램 9.10 신장염 데이터에 대한 log-log 그림

```
# 그래프 이용한 모형적합 검토: disease 종류별
km<-survfit(Surv(time, status==1) ~  d1+d2+d3, kidney)
 summary(km)
attributes(km)
 km$strata     # strata 구성 확인

n1=km$strata[1]  ;  n11=n1-1 ;
m=1
temp<-km$time[m:n11]
cloglog<-log( -log(km$surv[m:n11]))
plot(log(temp), cloglog, type='s', lty=1, col=1, xlab='log(t)',
              ylab=expression( log(-log(hat(S)(t)))) )  #그림 9.8
n2=km$strata[2]
m=n1+1
temp<-km$time[m: (n1+n2)]
cloglog<-log( -log(km$surv[m:(n1+n2)]))
lines(log(temp), cloglog, type='s', lty=2, col=2 )

n3=km$strata[3]
m=n1+n2+1
temp<-km$time[m: (n1+n2+n3)]
cloglog<-log( -log(km$surv[m:(n1+n2+n3)]))
lines(log(temp), cloglog, type='s',lty=3, col=3 )

n4=km$strata[4]
m=n1+n2+n3+1
temp<-km$time[m: (n1+n2+n3+n4)]
cloglog<-log( -log(km$surv[m:(n1+n2+n3+n4)]))
lines(log(temp), cloglog,lty=4, type='s', col=4)

legend(5,-1.0,lty=c(1,2,3,4),col=c(1,2,3,4),legend=c("other","PKD","AN","AN"))
```

결과 9.10 신장염 데이터에 대한 층

```
>km$strata
d1=0, d2=0, d3=0   d1=0, d2=0, d3=1   d1=0, d2=1, d3=0   d1=1, d2=0, d3=0
              22                  7                 24                 18
```

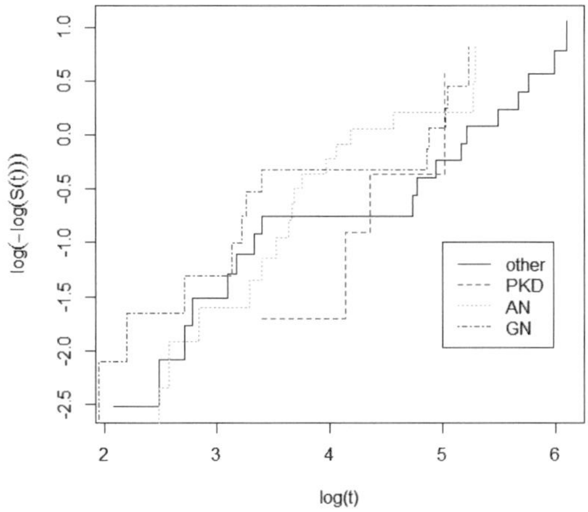

그림 9.8 신장염 데이터에 대한 log-log 그림

프로그램 9.11 신장염 데이터에 대한 log-log 그림: 와이블분포 검토

```
library(SurvRegCensCov)
WeibullDiag(Surv(time, status==1)~ factor(disease),  data=kidney,
            labels=c("other", "GN", "AN", "PKD") )  # 그림 9.9
```

결과 9.11 신장염 데이터에 대한 와이블 회귀모형

```
> WeibullReg(Surv(time, status==1)~ factor(disease),  data=kidney)
$formula
Surv(time, status == 1) ~ factor(disease)
$coef
                       Estimate          SE
lambda              0.009119653 0.004931315
gamma               0.920809039 0.091043396
factor(disease)GN   0.361149934 0.349490007
factor(disease)AN   0.527051448 0.331880661
factor(disease)PKD -0.033212464 0.465495935

$HR
                         HR        LB       UB
factor(disease)GN  1.434979 0.7233675 2.846635
factor(disease)AN  1.693930 0.8838900 3.246332
factor(disease)PKD 0.967333 0.3884590 2.408834
```

```
$ETR
                          ETR        LB       UB
factor(disease)GN  0.6755627 0.3216879 1.418720
factor(disease)AN  0.5641818 0.2823179 1.127456
factor(disease)PKD 1.0367272 0.3849244 2.792245
$summary
Call:
survival::survreg(formula = formula, data = data, dist = "weibull")
                      Value Std. Error        z        p
(Intercept)          5.1013     0.2447  20.8455 1.68e-96
factor(disease)GN   -0.3922     0.3786  -1.0361 3.00e-01
factor(disease)AN   -0.5724     0.3532  -1.6204 1.05e-01
factor(disease)PKD   0.0361     0.5055   0.0714 9.43e-01
Log(scale)           0.0825     0.0989   0.8344 4.04e-01
Scale= 1.09
Weibull distribution
Loglik(model)= -339.4   Loglik(intercept only)= -340.9
      Chisq= 3.13 on 3 degrees of freedom, p= 0.37
Number of Newton-Raphson Iterations: 7
n= 76
```

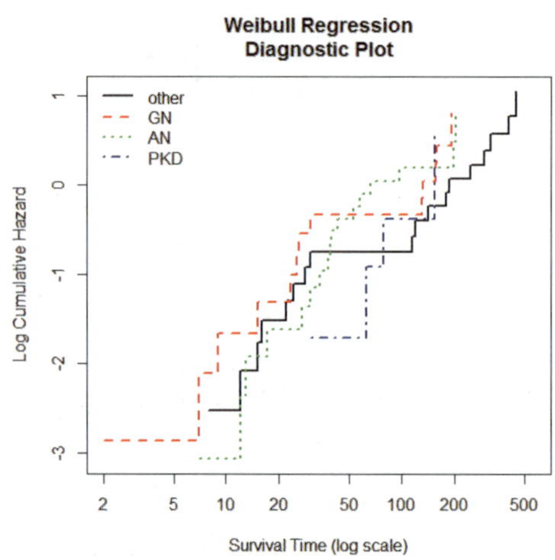

그림 9.9 신장염 데이터에 대한 log–log 그림: WeibullDiag() 사용

연습문제

01 R 시스템에 내장된 폐암 관련 데이터셋 lung을 이용하여 다음을 구하시오. lung은 미국 Mayo Clinic에서 폐암환자를 대상으로 조사한 데이터이다. 포함된 변수는 다음과 같다.

- inst: Institution code
- time: Survival time in days
- status: censoring status 1=censored, 2=dead
- age: Age in years
- sex: Male=1 Female=2
- ph.ecog: ECOG performance score (0=good 5=dead)
- ph.karno: Karnofsky performance score (bad=0–good=100) rated by physician
- pat.karno: Karnofsky performance score rated by patient
- meal.cal: Calories consumed at meals
- wt.loss: Weight loss in last six months

```
> library(survival)
> data(lung)
> head(lung)
  inst time status age sex ph.ecog ph.karno pat.karno meal.cal wt.loss
1    3  306      2  74   1       1       90       100     1175      NA
2    3  455      2  68   1       0       90        90     1225      15
3    3 1010      1  56   1       0       90        90       NA      15
4    5  210      2  57   1       1       90        60     1150      11
5    1  883      2  60   1       0      100        90       NA       0
```

(1) survival time(status==2 : event)에 대해 Kaplan-Meier 생존함수를 구하고 생존함수 그림을 그리시오.

(2) survival time(status==2 : event)에 대해 성별에 따른 Kaplan-Meier 생존함수를 구하고 생존함수 그림을 그리시오.

(3) survival time(status==2 : event)에 대해 공변량을 포함하지 않은 지수회귀모형을 적합하고 추정된 생존함수식을 쓰시오.

(4) survival time(status==2 : event)에 대해 공변량을 포함하지 않은 와이블회귀모형을 적합하고 추정된 생존함수식을 쓰시오.

(5) survival time(status==2 : event)에 대해 공변량을 모두 포함한 지수회귀모형을 적합하고 추정된 생존함수식을 쓰시오.

(6) survival time(status==2 : event)에 대해 공변량을 모두 포함한 와이블회귀모형을 적합하고 추정된 생존함수식을 쓰시오.

(7) survival time(status==2 : event)에 대해 공변량을 모두 포함한 와이블회귀모형을 적합하고 성별에 따라 추정된 생존함수식을 쓰시오.

(8) survival time(status==2 : event)에 대해 공변량을 모두 포함한 와이블회귀모형을 적합하고 성별에 따라 추정된 생존함수 그림을 그리시오.

02 KMsurv 패키지에 내장된 후두암 데이터셋 larynx를 이용해 다음의 분석을 하시오. 포함된 변수는 다음과 같다.

- stage: Stage of disease (1=stage 1, 2=stage 2, 3=stage 3, 4=stage 4)
- time: Time to death or on-study time, months
- age: Age at diagnosis of larynx cancer
- diagyr: Year of diagnosis of larynx cancer
- delta : Death indicator (0=alive, 1=dead)

```
> library(KMsurv)
> data(larynx)
> head(larynx)
  stage time age diagyr delta
1     1  0.6  77     76     1
2     1  1.3  53     71     1
3     1  2.4  45     71     1
4     1  2.5  57     78     0
5     1  3.2  58     74     1
6     1  3.2  51     77     0
```

(1) time(delta==1 : event)에 대해 Kaplan–Meier 생존함수를 구하고 생존함수 그림을 그리시오.

(2) time(delta==1 : event)에 대해 병기(stage)에 따른 Kaplan–Meier 생존함수를 구하고 생존함수 그림을 그리시오.

(3) time(delta==1 : event)에 대해 공변량을 포함하지 않은 지수회귀모형을 적합하고 추정된 생존함수식을 쓰시오.

(4) time(delta==1 : event)에 대해 공변량을 포함하지 않은 와이블회귀모형을 적합하고 추정된 생존함수식을 쓰시오.

(5) time(delta==1 : event)에 대해 공변량을 모두 포함한 지수회귀모형을 적합하고 추정된 생존함수식을 쓰시오.

(6) time(delta==1 : event)에 대해 공변량을 모두 포함한 와이블회귀모형을 적합하고 추정된 생존함수식을 쓰시오. (disease를 연속형 변수로 간주)
(7) time(delta==1 : event)에 대해 공변량을 모두 포함한 와이블회귀모형을 적합하고 병기(stage)에 따라 추정된 생존함수식을 쓰시오. (disease를 연속형 변수로 간주)
(8) time(delta==1 : event)에 대해 공변량을 모두 포함한 와이블회귀모형을 적합하고 추정된 생존함수식을 쓰시오. (disease를 이산형 변수로 간주)
(9) time(delta==1 : event)에 대해 공변량을 모두 포함한 와이블회귀모형을 적합하고 병기(stage)에 따라 추정된 생존함수식을 쓰시오. (disease를 이산형 변수로 간주)
(10) 위 데이터에 대해 적절한 회귀모형을 제안하시오.
(11) time(delta==1 : event)에 대해 공변량을 모두 포함한 Cox 비례위험모형을 적합하고 위험함수식을 쓰시오. (disease를 연속형 변수로 간주)
(12) time(delta==1 : event)에 대해 공변량을 모두 포함한 Cox 비례위험모형을 적합하고 위험함수식을 쓰시오. (disease를 이산형 변수로 간주)
(13) time(delta==1 : event)에 대해 적절한 Cox 비례위험모형을 적합하고 위험함수식을 쓰시오.

04 다음의 데이터는 해당 온도(temperature)에서 전기 모터의 고장까지의 시간(hours)이다.

표 9.5 전기 모터 데이터

hours	censor	temperature
8064	0	150
1764	1	170
2772	1	170
3444	1	170
3542	1	170
3780	1	170
4860	1	170
5196	1	170
5448	0	170
408	1	190
1344	1	190
1440	1	190
1680	0	190
408	1	220
504	1	220
528	0	220

(1) hours(censor==1 : event)에 대해 Kaplan–Meier 생존함수를 구하고 생존함수 그림을 그리시오.

(2) hours(censor==1 : event)에 대해 온도(temperature)에 따른 Kaplan–Meier 생존함수를 구하고 생존함수 그림을 그리시오.

(3) hours(censor==1 : event)에 대해 공변량을 포함하지 않은 지수회귀모형을 적합하고 추정된 생존함수식을 쓰시오.

(4) hours(censor==1 : event)에 대해 공변량을 포함하지 않은 와이블회귀모형을 적합하고 추정된 생존함수식을 쓰시오.

(5) hours(censor==1 : event)에 대해 공변량으로 온도를 포함한 지수회귀모형을 적합하고 추정된 생존함수식을 쓰시오.

(6) time(delta==1 : event)에 대해 공변량으로 온도를 포함한 와이블회귀모형을 적합하고 추정된 생존함수식을 쓰시오.

(7) 자연로그를 취한 반응값 log(hours) (censor==1 : event)에 대해 Kaplan–Meier 생존함수를 구하고 생존함수 그림을 그리시오.

(8) 자연로그를 취한 반응값 log(hours)에 대해 온도(temperature)에 따른 Kaplan–Meier 생존함수를 구하고 생존함수 그림을 그리시오.

(9) 자연로그를 취한 반응값 log(hours)에 대해 공변량을 포함하지 않은 지수회귀모형을 적합하고 추정된 생존함수식을 쓰시오.

(10) 자연로그를 취한 반응값 log(hours)에 대해 공변량을 포함하지 않은 와이블회귀모형을 적합하고 추정된 생존함수식을 쓰시오.

(11) 자연로그를 취한 반응값 log(hours)에 대해 공변량 온도를 포함한 지수회귀모형을 적합하고 추정된 생존함수식을 쓰시오.

(12) 자연로그를 취한 반응값 log(hours)에 대해 공변량 온도를 포함한 와이블회귀모형을 적합하고 추정된 생존함수식을 쓰시오.

{10장}

경쟁위험 모형

관심이 있는 어떤 사건(event)이 결과(outcome)에 미치는 영향에 대한 생존분석을 진행할 때 다른 사건에 의해 추적조사(follow up)가 중단되는 상황이 발생할 수 있다. 마지막 사건(terminal event)은 여러 가능한 원인 중 하나로 기인할 수 있다. 이처럼 관측을 끝내게 만드는 의도치 않은 사건을 경쟁위험(competing risk)으로 부른다. 경쟁위험으로 인한 데이터의 손실과 결과의 왜곡을 줄이기 위한 경쟁위험모형 방법을 설명하고자 한다.

10.1 경쟁위험 생존분석 필요성

경쟁위험(competing risk) 분석은 생존분석에서 관심사건 이외의 다른 사건(event)이 있을 때, 분석하는 방법이다. 경쟁위험 모형은 하나의 사건(event)이 발생하는 것을 다른 경쟁 위험들(competing risks)이 방해하는 상황을 가정한다.

예를 들어, 환자가 A라는 질병으로 인해 사망할 수도 있지만, 다른 이유로도 사망할 수도 있다. 이러한 경우, 질병 A로 인한 사망이 관찰하고자 하는 사건이고, 다른 이유로 인한 사망은 경쟁위험이 된다.

예제 10.1(a) D양이 폐암으로 인한 사망을 줄이는가에 대해 관심을 두고 연구하고자 한다. 그런데 폐암 환자가 심혈관 질환, 뇌혈관 질환 등으로 사망하면 경쟁위험 분석이 필요하다.

D양이 폐암으로 인한 사망은 줄어도, 다른 사망에 대해서는 반대의 효과를 줄 수 있으므로 이를 확인할 필요가 있다.

예제 10.1(b) 유방암(breast cancer) 연구에서 유방암으로 인한 사망은 관심 사건이고 심장마비로 사망 사건은 중도절단으로 처리되었다. 그러나 cause-specific hazard를 고려하면 심장마비 사망을 경쟁위험으로 놓고 위험률을 구해야 한다. 여기서 중도절단으로 처리되었던 개체는 경쟁사건으로 인한 관측값을 얻지 못한다. t 시점에서 중도절단된 경우, 유방암으로부터의 사망률은, 다른 이유 또는 후속조치 손실(follow-up loss) 등의 이유와 상관없이 동일한 사망률을 갖는다고 가정한다. 즉, 경쟁사건들은 서로 독립이라는 가정으로부터 Kaplan-Meier 추정량을 활용할 수 있게 된다.

예제 10.2 경쟁사건(competing event)과 경쟁위험(competing risk)

어떤 환자가 심장마비(heart attack), 폐암(lung cancer) 또는 교통사고(traffic accident) 중 하나의 이유로 사망했다면 이러한 이유는 '경쟁사건(competing event)'이라고 한다.

이러한 세 가지 사건은 서로 경쟁하여 사망이라는 사건에 이르게 한다. 결과적으로 이러한 사건의 확률을 '경쟁위험(competing risk)'이라고 부른다. 이러한 확률은 다른 경쟁 사건에 의해 영향을 받는다고 볼 수 있으며, 여러 종류의 사건에 의해 생존 과정을 설명해야 한다. 경쟁사건별로 분리해서 생존율을 추정하여 cause-specific hazard를 알고자 한다.

두 개 이상의 이유로 사건이 발생하는 경우 예를 생각해 본다:

(1) A 환자가 심장마비(heart attack)와 폐암(lung cancer) 두 가지 이유로 사망한다.
(2) B 유방암(breast cancer) 환자가 수술 후 마취사고로 바로 사망한다.
(3) G 군인이 전쟁 중 교통사고로 사망한다.
(4) 심장병 재발연구에서 재발되기 전 코로나로 사망한다.
(5) AIDS 환자가 cART(combination antiretroviral therapy) 치료를 받는데 cART의 부작용으로 CVD(cardiovascular disease)로 사망한다.
(6) 방광암(bladder cancer) 환자의 재발시간은 성별에 의존한다. 그러나 다른 원인(death from other causes: DOC)으로부터의 사망은 경쟁위험이 된다.

cause-specific 접근법은 각 개체에 대한 중도절단이 서로 독립이라고 가정한다. 즉 경쟁사건으로 인해 중도절단이 아니라 관측실패로 간주한다.

A와 B 두 개의 경쟁사건이 있고 중요 관심사건은 A일 때, 이러한 가정이 성립한다면 A 이유로 인한 사망률은 다른 경생사건으로 인한 중도절단 이유와 상관없이 A 이유로부터의 사망률은 같다고 할 수 있다. 그러므로 경쟁사건도 서로 독립이라고 가정할 수 있게 된다. 그러나 이러한 가정을 만족하는지에 대한 검정을 할 수 있는 방법은 없다.

10.2 누적발생함수

Kaplan-Meier(KM) 생존함수는 경쟁위험 특성을 반영하지 않은 모형이므로 경쟁위험 요인이 존재하면 주변확률(marginal probability) 추정시 부정확한 추정값을 줄 수 있다.

이러한 문제를 해결하기 위해 누적발생함수(Cumulative Incidence Function: CIF)가 제안되었다. CIF는 경쟁위험 데이터에 대한 기술적인(descriptive) 통계량으로 경쟁사건이 존재하는 상황에서 관심사건의 발생에 대한 누적확률을 계산한다. 즉 경쟁사건에 대한 marginal probability를 특정 사건과 전반적인 생존 확률의 함수로 계산한다. product-limit 방법과 경쟁 원인을 결합하고자 하는 아이디어로 다중경쟁 사건에 대해 생존경험을 설명하고자 한다.

CIF는 관심 사건에 대한 개체들의 확률로 다른 경쟁사건으로 인한 중도절단 또는 관측실패와 상관없이 계산한다. 한 개 사건만 있다면, 즉 경쟁사건이 없다면 $CIF = 1 - KM$ 으로 계산한다. 여기서 KM은 Kaplan–Meier 생존함수를 나타낸다.

사건종류에 상관없이 시간을 나타내는 확률변수 T로 놓는다. E는 사건종류를 나타내는 확률변수이고 경쟁위험집합 $M = \{1, 2, \ldots, K\}$ 에서 선택된다.

T에 대한 분포함수는 $F(t) = P(T \leq t)$ 이고 생존함수 $S(t) = 1 - P(T \leq t) = P(T > t)$로 표기한다.

경쟁위험 사건종류 k 에 의한 사건발생까지의 시간을 나타내는 확률변수 T_k로 놓는다.

T_k에 대한 분포함수는 $F_k(t) = P(T_k \leq t)$, 생존함수는 $S_k(t) = 1 - P(T_k \leq t) = P(T_k > t)$로 표기한다. F_k는 원인별 누적 발생률(cause-specific cumulative incidence)로 부른다.

T_k는 (T, E)로 표현하고

$$T_k = \begin{cases} T & \text{if } E = k \\ \infty & \text{if } E \neq k \end{cases} \tag{10.1}$$

이며

$$P(T \leq t, E = k) = P(T_k \leq t) \tag{10.2}$$

이다. 또한

$$\sum_{k=1}^{K} F_k(t) = F(t) \tag{10.3}$$

이다.

경쟁위험 사건종류 k 에 의한 위험률함수는

$$h_k(t_j) = P(T_k = t_j \mid T_k > t_{j-1}) = P(T_k = t_j \mid T_k \geq t_j) \tag{10.4}$$

이다.

경쟁위험 사건종류 k 에 의한 생존함수는

$$\begin{aligned} S_k(t_j) &= 1 - F_k(t) = P(T_k > t) \\ &= \prod_{t_j \leq t} P(T_k > t_j \mid T_k > t_{j-1}) = \prod_{t_j \leq t} [1 - h_k(t_j)] \end{aligned} \tag{10.5}$$

이다.

$T_k = (T, E)$ 에 대한 부분분포위험(subdistribution hazard)은 다음과 같이 정의된다:

$$h_k(t) = \lim_{\Delta t \downarrow 0} \frac{P(t \le T_k < t + \Delta t \mid T_k \ge t)}{\Delta t} \tag{10.6}$$

다음의 관계

$$S_k(t) = \exp\left[-\int_0^t h_k(s)ds\right] \tag{10.7}$$

를 얻는다.

생존데이터에서 발생사건수를 이용해 경쟁위험 c에 대해 위험률, 생존함수, 누적발생함수를 표현하고자 한다:

(1) ordered time t_f 에서 위험률

$$\hat{h}_c(t_f) = \frac{m_{cf}}{n_f} \tag{10.8}$$

여기서 n_f는 t_f 시점에서 위험에 있는 사건수, m_{cf}는 t_f 시점에서 $risk\ c$에 대한 사건수이다.

(2) t_f 에서 생존함수

$$\hat{S}(t_{f-1}) \tag{10.9}$$

여기서 $S(t)$는 전체적인 생존함수이다.

(3) t_f 시점에서의 사건 c로부터의 사건발생 확률

$$\hat{I}_c(t_f) = \hat{S}(t_{f-1}) \times \hat{h}_c(t_f) \tag{10.10}$$

(4) t_f 시점에서의 사건 c로부터의 누적발생함수

$$CIF_c(t_f) = \sum_{f'=1}^{f} \hat{I}_c(t_f) = \sum_{f'=1}^{f} \hat{S}(t_{f'-1}) \times \hat{h}_c(t_{f'}). \tag{10.11}$$

전체적인 생존함수를 이용한 CIF를 구하면 경쟁사건에 대한 중도절단의 독립성가정을 증명하지 않더라도 활용할 수 있다. 경쟁사건 데이터의 경우 $S(t) < S_c(t)$이고 CIF는 $S(t)$의 부분이 된다. 그러므로 경쟁사건에 대해 개체의 위험률을 모두 더하면 전체적인 위험률이 된다.

Competing risk는 기본적인 생존분석 모형의 확장된 형태이다. event가 censoring, event 0/1로 나누어진 것이 아니라, 경쟁 사건으로 인해 3개 이상의 범주형 변수를 갖게 된다.

예제 10.3 수술(surgery) 후 위험(postoperative risk)이 발생하는데 원인으로 수술유형(type of surgery), 환자요인(patient factor), 수술전 상태 등을 들 수 있다. 예를 들어, 그림 10.1에서는 수술후 위험인자별로 재발(pink), GvHD(graft-vs-host disease)(purple), 그 외 원인(orange), 박테리아/바이러스/곰팡이 감염(green)에 대한 CIF 곡선을 보여준다.

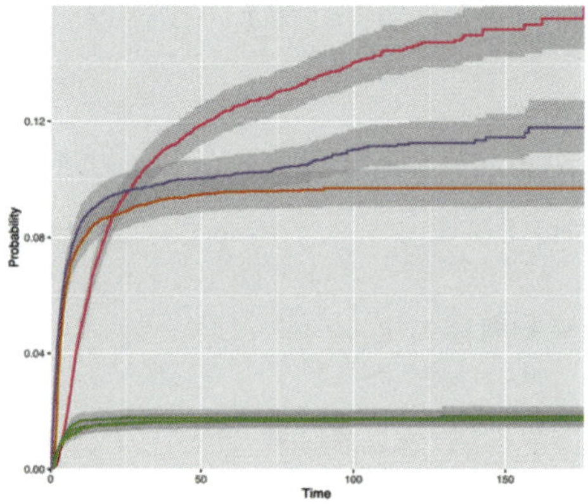

그림 10.1 경쟁사건에 대한 CIF 예(Sestlo et al. 2024)

10.3 Fine-Gray 방법

Fine and Gray(1999)는 CIF 곡선을 부분포함수(subdistribution function)로 간주하고 공변량을 포함한 비례위험모형을 제안했다. 위험률함수를 CIF로부터 구하여 Cox 모형에 적용한다.

Fine−Gray 방법는 환자의 다른 질병으로 인한 사망(다른 risk로 endpoint에 도달한 경우)한 경우 '만약 다른 질병에 걸리지 않았다면?'이라는 가정을 기반으로 가공해 새로운 데이터를 만든다. 가정을 통해 만들어진 데이터이므로 해당 데이터가 존재할 만한 확률을 계산해 이를 가중값(weight)으로 사용한다.

정의 10.1 CIF 기반 위험함수

경쟁위험모형에서 사건 c에 대해 CIF 기반 위험함수 $h_c(t)$는

$$
\begin{aligned}
h_c(t) &= -\frac{d\ln[1-F_c(t)]}{\Delta t} \\
&= \lim_{\Delta t \to 0} \frac{P(t \le T_c < t+\Delta t \mid T_c > t \ \cup \ T_{c'} \le t, c' \ne c)}{\Delta t} \\
&= \lim_{\Delta t \to 0} \frac{P(t \le T < t+\Delta t, cause = c \mid T_c > t \ \text{ or } T \le t, cause \ne c)}{\Delta t}
\end{aligned} \tag{10.12}
$$

로 정의된다. 여기서 c'는 다른 위험인자를 나타내고 $F_c(t)$는 사건 c에 대한 누적확률밀도함수이다.

CIF 기반 위험함수 $h_c(t)$는 t 시점에서 경쟁사건을 포함하여 사건발생 후 t 시점 이후 살아남은 개체들의 위험집합에 기반하여 event type c의 위험률 추정량이다.

CIF 기반 위험함수 $h_c(t)$를 이용하여 다음을 구할 수 있다:

$$F_c(t) = 1 - \exp\left\{\int_0^t h_c(u)du\right\}.$$

정의 10.2 CIF 기반 비례위험함수

CIF 기반 비례위험함수는

$$h_{c,CIF}(t \mid Z_1, \cdots, Z_p) = h_{0c,CIF} \cdot \exp\left[\sum_{i=1}^{p} \beta_{ic} Z_i\right] \quad (10.13)$$

이다. 여기서 Z_i는 공변량, β_{ic}는 해당하는 회귀계수를 나타낸다.

모형 (10.13)은 부모집단에 대해 비례위험 가정을 만족한다. Cox 모형과 비슷하지만 다른점은 공변량에 대한 회귀계수 β 대신 β_{ic}로 표기하여 경쟁사건 c가 존재하는 경우 공변량의 효과를 나타낸다.

Fine–Gray 모형의 가장 큰 장점은 단순성이다. 경쟁위험이 있는 경우 문제를 단순화하여, 여러 상태(multi state)의 상황을 이항(binomial) 문제로 축소시켜 데이터 해석을 쉽게 한다. 이런 장점은 lifetime risk를 추정하는 것을 쉽게 하며, 특정 사건이 발생할 종합적인 위험을 평가하는데 강점이 된다.

Fine–Gray 모형은 새로운 데이터를 인위적으로 만들고, 비례위험 가정을 통해 가중값(weight)을 부여하기에 그만큼 잘못된 결과가 나올 위험성이 있다. 간단한 경쟁위험 상황에만 적용할 수 있으며, risk들간의 관계를 반영할 수 없다는 한계가 있다.

10.4 다중상태 모형 필요성

다중상태모형(Multi-State Model; MSM)은 시간에 따라 환자가 여러 상태 사이를 전이하는 과정에 대한 모형이다.

예제 10.4 환자가 "건강한 상태"에서 "질병 상태"로, 그리고 "사망 상태"로 변화하는 것을 수치화하여 생존분석을 진행한다. 그림 10.2와 그림 10.3에서는 여러 상태 변화 예를 보여준다. 네모상자는 상태(state)를 나타내고 화살표는 가능한 전이(transition) 방향을 나타낸다. 여러 개 상태가 있고 전이가 가능한 상황에서는 다중 관점으로 연구문제를 해결해야 한다. 연구 진입하는 시간, 상태로 진입하는 시간 그리고 어떤 공변량이 사용되는지 등 모형 적합을 위한 적절한 선택이 필요하다.

그림 10.2 왼쪽: 단순 생존여부 상황, 오른쪽: 순차적 사건

그림 10.3 왼쪽: 경쟁위험 상황, 오른쪽: 다중-상태로 질병-사망 회복 모형

10.5 Aalen-Johansen 추정량

분석의 시작점은 t 시점에서 각 상태(state)에 있을 확률벡터 $p(t)$를 계산하는 것이 중요하다.

만약 중도절단이 없다면 $p(t)$는 단순계산으로 얻을 수 있다. 일반적인 경우에 Aalen–Johansen 추정량을 사용한다.

Aalen–Johansen 추정량에 대한 수학적인 설명을 하고자 한다.

어떤 사건이 발생하는 시점에 대해 전이행렬 $T(t)$을 계산한다. $T(t)$의 구성요소는

$$\lambda_{ij}(t) = \text{the fraction of subjects who transition from state } i \text{ to } j \text{ at time } t, \\ \text{among those in state } i \text{ just prior to time } t$$

이며

$$p(t) = p(0) \prod_{s \le t} T(s) \tag{10.14}$$

가 된다. 여기서 $p(0)$는 개체들에 대한 초기 분포이다.

간단한 예로 두 개 상태 $alive(state1) \to death(state2)$의 경우를 살펴보자.

$n(t)$는 t 시점에서 위험집합에 있는 개체수이고 $d(t)$는 t 시점에서 사건발생수이다. 모든 개체에 대해 $p(0) = (1,0)$이고 전이행렬은

$$T(s) = \begin{pmatrix} \frac{n(s) - d(s)}{n(s)} & \frac{d(s)}{n(s)} \\ 0 & 1 \end{pmatrix} \tag{10.15}$$

이다. 첫 번째 행은 "start in state 1 (alive)", 두 번째 행은 "start in state 2 (death)"를 나타낸다. 첫 번째 열은 "finish in state 1 (alive)", 두 번째 열은 "finish in state 2 (death)"를 나타낸다. 두 번째 행에서 $death \to alive$ 확률은 0이다.

몇 개의 전이에 대한 확률은

$$p_1(t) = \prod_{s \le t} \frac{[n(s) - d(s)]}{n(s)} \tag{10.16}$$

으로 Kaplan–Meier 생존함수 추정량의 형태이다.

경쟁위험 모형에서 $p(t)$는 다음과 같은 누적발생함수(cumulative incidence function: CIF)를 사용한다.

$$CIF_c(t) = \int_0^t \lambda_c(u) S(u) du \tag{10.17}$$

여기서 λ_c는 경쟁위험 c 사건에 대한 발생함수이고 S는 시작점부터 끝점까지의 전체적인 생존함수이다.

Aalen-Johansen(AJ) 추정량은 CIF와 K-M 추정량을 활용한다.

사건발생시점 $0 < t_1 < t_2 < \cdots$ 에서 $d(t_1), d(t_2), \cdots$는 사건발생수, $Y_1 = R(t_1)$, $Y_2 = R(t_2), \cdots$는 위험집합 크기를 나타낸다.

정의 10.3 경쟁위험에 대한 Nelson–Aalen(NA) 추정량

casue 1에 의한 누적위험함수 $H_1(t) = \int_0^t \lambda_1(u) du$ 에 대한 추정량으로 Nelson–Aalen 추정량은

$$\hat{H}(t) = \sum_{t_i \le t} \frac{d(t_i) I(cause = 1)}{Y_i} \tag{10.18}$$

이다. cause 1에 의한 사건이 발생할 때 jump가 일어나는 계단함수이다.

정의 10.4 경쟁위험에 대한 Aalen–Johansen(AJ) 추정량

casue 1에 의한 Cumulative incidence $F_1(t)$는

$$\hat{F}_1(t) = \sum_{t_i \le t} \hat{S}(t_{i-1}) \frac{d(t_i)I(cause = 1)}{Y_i} \tag{10.19}$$

이다. 여기서 $\hat{S}(t)$는 전체적인 생존함수 $S(t)$에 대한 추정량으로 Kaplan–Meier 추정량이 사용될 수 있다.

환자의 상태를 계층화된 factor로 지정해준 후, Aalen–Johansen Estimator을 이용해 각 시간 지점에서 특정 상태에 있을 확률을 계산한다.

데이터를 기반으로 각 고유한 시간에 전이하는 환자의 비율을 나타내는 전이행렬(transition matrix)을 초기 확률벡터와 곱하여 특정 시간에 각 상태에 있는 확률을 계산할 수 있다.

MSM의 장점은 다양한 competing risk 상황을 구현할 수 있다는 것이다. 어떤 변수로 event를 더 세분화하면 Fine–Gray 방법에서는 구현하지 못하는 어떤 변수 등의 관계를 적용할 수 있다. 이와 같이 competing risk를 제거하는 것이 아닌, competing risk에 의한 효과도 확인할 수 있다는 측면에서 더욱 세심한 분석이 가능하다.

MSM의 단점은 더 자세한 모형을 구현하기 위해 state 간 전이시간 등 모형에 관한 더 많은 정보를 필요로 한다는 것이다. 따라서 MSM은 환자의 질병 진행 과정에 대한 세세한 데이터가 존재할 때 각 상태의 전이 확인이 필요할 때 적용할 수 있다.

MSM은 여러 상태로의 변화를 모형화하고자 할 때 사용한다. 그러기 위해서는 상태와 상태로의 전이 관련한 다이어그램을 그려보면 여러 상태 중 선택을 하게 된다.

경쟁위험 문제는 다룰 때 중요한 이슈는 무엇인가?

(a) 어떤 데이터를 사용하는가?

(b) 통계량을 추정하기 위해 어떤 통계적 가정을 사용하는가?

이러한 문제는 경쟁위험의 특성, 그리고 공변량과 결과(outcome) 간 관계를 고려하여 모형을 선택해야 한다.

10.6 R을 이용한 경쟁위험모형 적합

예제 10.5 mgus2 데이터에 대한 Fine-Gray 모형과 다중상태모형 적합

단세포군감마글로불린병증(monoclonal gammopathy of undetermined significance:

MGUS) 환자에 대한 데이터로 1,384명 환자와 10개 변수를 포함한 데이터셋 mugs2에 대해 경쟁위험모형 분석을 하고자 한다.

참고 〉 단세포군감마글로불린병증

혈액질환으로 비정상이지만 비암성 혈장 세포에 의해 생성된 단클론 항체가 축적되는 경우이다. 단일 혈장세포가 과도하게 증식하는 경우 이로 인해 생긴 유전적 동일한 세포집단(클론)은 단일 유형의 항체를 대량으로 만든다. 이러한 경우 M-단백질의 양이 많아지고 다른 항체 수치가 낮아 감염에 취약하게 된다. 이러한 면역글로불린은 감마글로불린이라고도 한다. 즉 B세포의 분화 과정 후반기에 형질 세포의 클론성 증식으로 단세포성 면역글로불린(M-protein or paraprotein)이 분비되는 질환으로 혈액검사에서 감마 항체가 한 종류만(단세포성) 증가하는 상황을 의미한다.

```
mgus2
data(cancer, package="survival")
```

포함된 변수는 다음과 같다:

id: subject identifier

age: age at diagnosis, in years

sex: a factor with levels, F M

dxyr: year of diagnosis

hgb: hemoglobin

creat: creatinine

mspike: size of the monoclonal serum spike

ptime: time until progression to a plasma cell malignancy (PCM) or last contact (months) (time to PCM)

pstat: occurrence of PCM: 0=no, 1=yes

futime: time until death or last contact(months)

death: occurrence of death: 0=no, 1=yes

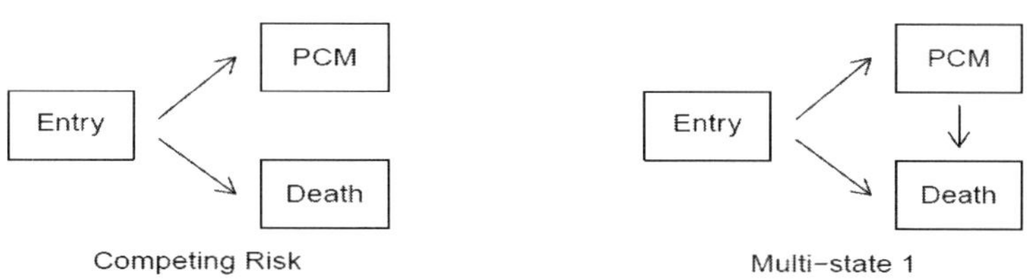

그림 10.4 MGUS2 데이터에 대한 위험경쟁모형과 다중상태 모형

<그림 10.4>에서는 MGUS2 데이터에 대한 세 가지 모형을 나타낸다.

model1: competing risk model– 두 종류의 end point 사건
model2: multi–state 한 개 모형– censor, pcm후 death, death,

<그림 10.5>는 성별로 나이에 대한 히스토그램으로 성별에 따라 비슷한 분포를 보여준다. 성별에 다른 기본적인 K–M 생존함수를 <그림 10.6>에서 보여주며 여성의 생존함수가 우위에 있다. 성별 생존함수에 대한 로그 순위 검정결과 유의수준 5%에서 성별 차이는 유의하다. <그림 10.7>은 pcm 발생여부에 따른 K–M 생존함수로 중간에 서로 교차하며 교차한 이후에는 pcm 발생하지 않은 경우의 생존함수가 우위에 있다.

연속형 변수인 age를 구간을 나누어 범주형 변수 age_group을 만들고 그룹별 생존함수에 대한 로그 순위 검정결과 유의수준 5%에서 그룹 간 차이는 유의하다. <그림 10.8>에서는 나이대(age_group)별 K–M 생존함수를 보여주는데 나이가 적을수록 생존함수가 우위에 있다.

프로그램 10.1 MGUS2 데이터에 대한 기본적인 K–M 생존함수

```
library(survival)
data=mgus2
data(cancer, package="survival")
head(mgus2)
attach(mgus2)

# Create the first histogram
data1=mgus2$age[(mgus2$sex=="F" )]
data2=mgus2$age[mgus2$sex=="M"]
xmin=min(mgus2$age); xmax=max(mgus2$age)

hist(data1, main = "Histogram of female", xlab = "age", ylab = "Frequency",
    col ="pink" , xlim = c(xmin, xmax), nclass=30      )
# Create the second histogram
hist(data2, main = "Histogram of male", xlab = "age", ylab = "Frequency",
    col="powderblue" , nclass=30,  xlim = c(xmin, xmax))  #add = TRUE,

survdiff(Surv(futime, death) ~ sex, data = mgus2)
fit1 <- survfit(Surv(futime, death) ~ sex, data=mgus2)
fit1
summary(fit1)
fit2 <- survfit(Surv(futime, death) ~ pstat, data=mgus2)
fit2
summary(fit2)
```

```
par(mfrow=c(1,2))
plot(fit1, col=c("red","blue"), lty=1:2, lwd=2,
    xlab="Months post diagnosis", ylab="Survival")
   legend("topright",c("female", "male"),lty=1:2,col=c("red","blue"),
          lwd=2, bty='n')
plot(fit2, col=c("red","blue"), lty=1:2, lwd=2,
    xlab="Months post diagnosis", ylab="Survival")
legend("topright", c("pcm:no", "pcm:yes"), lty=1:2,col=c("red","blue"),
     lwd=2, bty='n')

library(dplyr)
data <- data %>%
  mutate(
    age_group = dplyr::case_when(
    age <= 63              ~ "24-63",
    age > 63 & age <= 72 ~ "63-72",
    age > 72 & age <= 79 ~ "72-79",
    age > 79               ~ "79-96"
  ),
    # Convert to factor
    age_group = factor(
      age_group,
      level = c("24-63", "63-72", "72-79", "79-96" )
    )
  )

fitd3<- survdiff(Surv(futime, death) ~ age_group, data = data)
print(fitd3)

fit3<- survfit(Surv(futime, death) ~ age_group, data = data)
print(fit3)
summary(fit3)
plot(fit3, col=1:4, lty=1:2,
    xlab="Months post diagnosis", ylab="Survival",
    main="survival function : age-group")
legend("topright",  c("24-63", "63-72", "72-79", "79-96" ),
     lty=1:4,col=1:4, bty='n')
```

결과 10.1 MGUS2 데이터에 대한 기본적인 K-M 생존함수 결과

```
> head(mgus2)
   id age sex  dxyr  hgb creat mspike ptime  pstat  futime death
1  1  88   F  1981  13.1  1.3    0.5    30     0     30      1
2  2  78   F  1968  11.5  1.2    2.0    25     0     25      1
```

```
3  3  94   M  1980  10.5  1.5    2.6   46    0    46    1
4  4  68   M  1977  15.2  1.2    1.2   92    0    92    1
5  5  90   F  1973  10.7  0.8    1.0    8    0     8    1

> survdiff(Surv(futime, death) ~ sex, data = mgus2)
          N Observed Expected (O-E)^2/E (O-E)^2/V
sex=F   631      423      471      4.88      9.67
sex=M   753      540      492      4.67      9.67
 Chisq= 9.7  on 1 degrees of freedom, p= 0.002

> fit1
Call: survfit(formula = Surv(futime, death) ~ sex, data = mgus2)
          n    events   median  0.95LCL  0.95UCL
sex=F   631       423      108      100      121
sex=M   753       540       88       79       97

> print(fitd3)
Call:
survdiff(formula = Surv(futime, death) ~ age_group, data = data)
                      N Observed Expected (O-E)^2/E (O-E)^2/V
age_group=24-63 357      163      345     95.69     159.3
age_group=63-72 354      227      276      8.65      12.3
age_group=72-79 342      277      201     28.87      37.6
age_group=79-96 331      296      142    168.05     206.8

 Chisq= 330  on 3 degrees of freedom, p= <2e-16
```

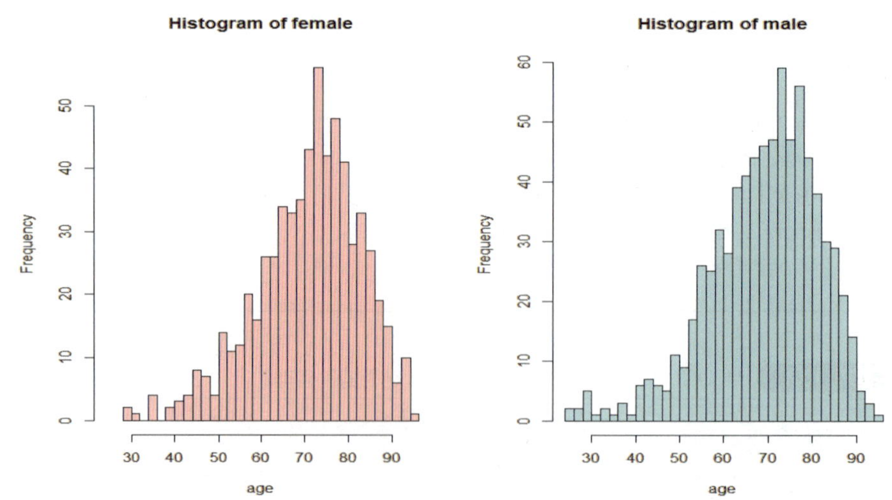

그림 10.5 성별(여:F, 남:M)에 따른 히스토그램

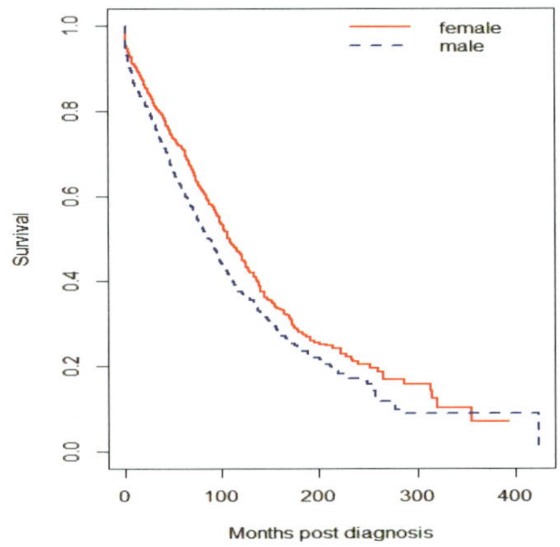

그림 10.6 성별에 따른 생존함수

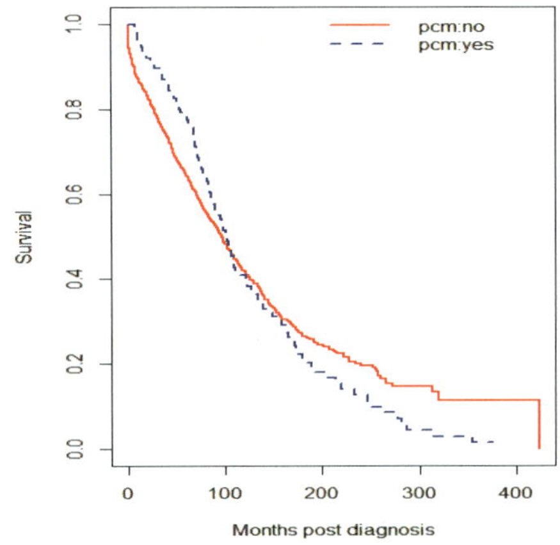

그림 10.7 PCM 발생여부에 따른 생존함수

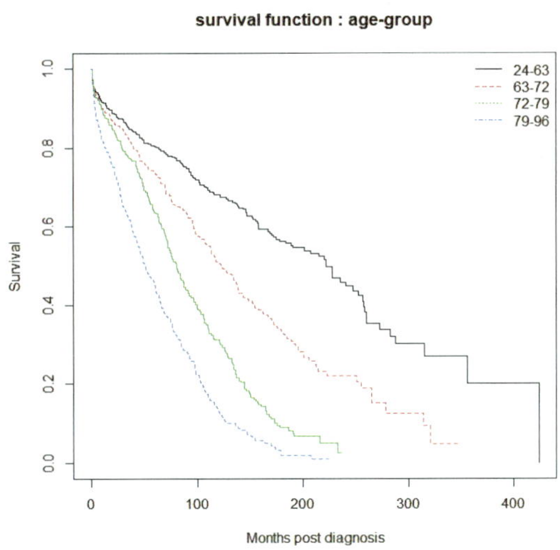

그림 10.8 age group별 생존함수(age-group 변수생성 후)

PCM(다발성골수염)에 걸린 경우, PCM에 걸린 후 사망, PCM에 걸리지 않았지만 사망한 경우, 그리고 각 경우에 중도절단이 가능하다. 그러므로 중도절단, PCM 경우 사망, 사망으로 구분하는 변수를 코딩한다. 경쟁위험이 있는 경우는 PCM에 걸리지 않고 다른 이유로 사망하는 경우이다.

프로그램 10.2 MGUS2 데이터에 대한 Fine-Gray 모형 적합

```
# For model1: Fine-Gray model
data <- mgus2
data$etime <- with(data, ifelse(pstat==0, futime, ptime))
data$event <- with(data, ifelse(pstat==0, 2*death, 1))
```

```
data$event <- factor(data$event, 0:2, labels=c("censor", "pcm", "death"))
table(mgus2$event)

pdata <- finegray(Surv(etime, event) ~ ., data=mgus2) #Fine-Gray
head(pdata)

fgfit <- coxph(Surv(fgstart, fgstop, fgstatus) ~ age+sex,
               weight=fgwt, data=pdata, model = T)
#option: model=TRUE # the model frame is returned in component model.
summary(fgfit)
```

결과 10.2 MGUS2 데이터에 대한 Fine-Gray 모형 적합

```
> table(data$event)
censor    pcm   death
   409    115    860
> head(pdata)
  id age sex dxyr  hgb creat mspike ptime pstat futime death fgstart fgstop fgstatus      fgwt
1  1  88   F 1981 13.1   1.3    0.5    30     0     30     1       0     35        0 1.0000000
2  1  88   F 1981 13.1   1.3    0.5    30     0     30     1      35     44        0 0.9990449
3  1  88   F 1981 13.1   1.3    0.5    30     0     30     1      44     47        0 0.9980368
4  1  88   F 1981 13.1   1.3    0.5    30     0     30     1      48     52        0 0.9959629
5  1  88   F 1981 13.1   1.3    0.5    30     0     30     1      53     56        0 0.9905896

> print(fgfit)
Call:
coxph(formula = Surv(fgstart, fgstop, fgstatus) ~ age + sex,
    data = pdata, weights = fgwt, model = T)
           coef  exp(coef)  se(coef)  robust se      z        p
age   -0.017302   0.982847  0.007022   0.005528  -3.13  0.00175
sexM  -0.259757   0.771239  0.187049   0.181707  -1.43  0.15285


Likelihood ratio test=7.28  on 2 df, p=0.02625
n= 41775, number of events= 115
```

Fine-Gray model 적합 결과 나이가 많을수록 성별은 남자인 경우 위험률이 작아지는 경향이 있다.

프로그램 10.3 MGUS2 데이터에 대한 다중상태모형 적합

```
data <- mgus2
data$etime <- with(data, ifelse(pstat==0, futime, ptime))
data$event <- with(data, ifelse(pstat==0, 2*death, 1))
data$event <- factor(data$event, 0:2, labels=c("censor", "pcm", "death"))
```

```
MSMfit.a <- coxph(Surv(etime, event) ~ age, data = data, id = id, model=T)
  #id : when a subject can have multiple rows in the data,
  #           and there is more than one event type.
  #model=T : response vector in component
print(MSMfit.a)
summary(MSMfit.a)

MSMfit <- coxph(Surv(etime, event) ~ sex+ age, data = data, id = id, model=T)
print(MSMfit)
summary(MSMfit)
```

결과 10.3(a) MGUS2 데이터에 대한 다중상태모형 적합(MSMfit.a)

```
> summary(MSMfit.a)
Call:
coxph(formula = Surv(etime, event) ~ age, data = data, model = T, id = id)
  n= 1384, number of events= 975
              coef  exp(coef)  se(coef)   robust     se  z Pr(>|z|)
age_1:2 0.013164  1.013251  0.008208  0.006613  1.991    0.0465  *
age_1:3 0.062153  1.064125  0.003557  0.003637 17.088   <2e-16 ***
```

age에 대해 상태1=>상태2와 상태1=>상태3의 경우 모두 위험률이 증가하며 상태1=>상태3의 경우가 약간 더 크다. 여기서 상태 1/2/3은 event 0/1/2("censor"/"pcm", "death")를 나타낸다.

결과 10.3(b) MGUS2 데이터에 대한 다중상태모형 적합(MSMfit)

```
> summary(MSMfit)
Call:
coxph(formula = Surv(etime, event) ~ sex + age, data = data,
    model = T, id = id)
  n= 1384, number of events= 975

                coef  exp(coef)  se(coef)    robust      se    z Pr(>|z|)
sexM_1:2 -0.025138  0.975176  0.188456  0.189391  -0.133     0.8944
age_1:2    0.013039  1.013124  0.008259  0.006678   1.953     0.0509 .
sexM_1:3   0.393226  1.481753  0.069698  0.066156   5.944  2.78e-09 ***
age_1:3    0.064824  1.066971  0.003620  0.003691  17.562  < 2e-16 ***
---
Concordance= 0.66  (se = 0.01 )
Likelihood ratio test = 389.5  on 4 df,   p=<2e-16
Wald test             = 326.7  on 4 df,   p=<2e-16
Score (logrank) test = 335.4  on 4 df,   p=<2e-16,   Robust = 285.9  p=<2e-16
```

출력에서 _a:b 표기는 상태의 전이를 나타낸다.

남자인 경우 여자에 비해 상태1(entry) => 상태2(pcm then death)로 전이할 때 위험률은 0.97배로 감소하고 상태1=> 상태3(death without pcm)으로는 1.5배 증가하며 유의수준 5%에서 유의하다.

age의 경우 상태1=> 상태2로 한 단위 증가할 때 위험률이 1.01 배로 증가하고 상태1=> 상태3은 1.06배 증가하며 유의수준 5%에서 유의하다.

프로그램 10.4 MGUS2 데이터에 대한 한 가지 상태 모형

```
sfit<-coxph(Surv(etime, event=="pcm") ~ age+sex, data = dat)
        # single state fit pcm/no pcm
print(sfit)
```

결과 10.4 MGUS2 데이터에 대한 한 가지 상태 모형 결과

```
> print(sfit)
Call:
coxph(formula = Surv(etime, event == "pcm") ~ age + sex, data = dat)

          coef  exp(coef)  se(coef)       z      p
age   0.013039  1.013124  0.008259   1.579  0.114
sexM -0.025138  0.975176  0.188456  -0.133  0.894

Likelihood ratio test=2.68  on 2 df, p=0.2616
n= 1384, number of events= 115
```

프로그램 10.5 MGUS2 데이터에 대한 single-state model과 multi-state model 비교

```
rbind(single=coef(sfit), multi=coef(MSMfit)[1:4]  )

dummy<-expand.grid(sex=c("F","M"), age=c(60,80) )
sfit0<- survfit(sfit, newdata=dummy)
cMSMfit <- survfit(MSMfit, newdata=dummy)

par(mfrow=c(1,2))
plot(sfit0[1:4], fun="event", conf.int=F, ylab="P(has entered pcm state)",
    xlab="time", ylim=c(0,0.7),  lty=1:2, col=1:2,
    main="single state model" )
legend("topleft", outer(c("female,","male,"),
            c("diagnosis at age 60","diagnosis at age 80" ), paste),
        lty=1:2, col=1:2 )

plot(cMSMfit[,2], fun="event", conf.int=F, ylab="P(has entered pcm state)",
      xlab="time", lty=1:2, col=1:2,  ylim=c(0,0.7),
      main="multi state model")
```

```
legend("topleft", outer(c("female,","male,"),
            c("diagnosis at age 60","diagnosis at age 80" ), paste),
      lty=1:2, col=1:2 )
```

결과 10.5 MGUS2 데이터에 대한 single-state model과 multi-state model 비교

```
> rbind(single=coef(sfit), multi=coef(MSMfit)[1:4]  )
          age_1:2     sexM_1:2     age_1:3     sexM_1:3
single 0.01303857 -0.02513779 0.01303857 -0.02513779
multi  0.01303857 -0.02513779 0.06482366  0.39322586
```

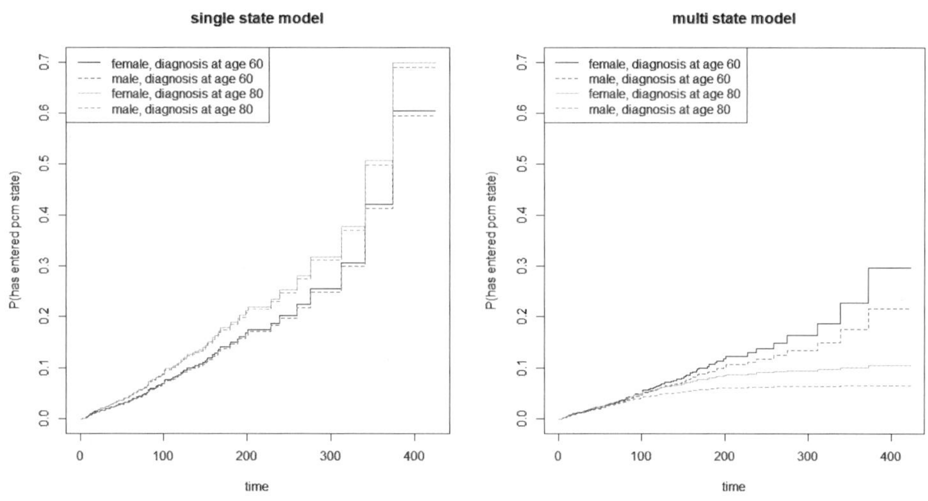

(a) (b)

그림 10.9 (a) single-state model과 (b) multi-state model에서 전이확률

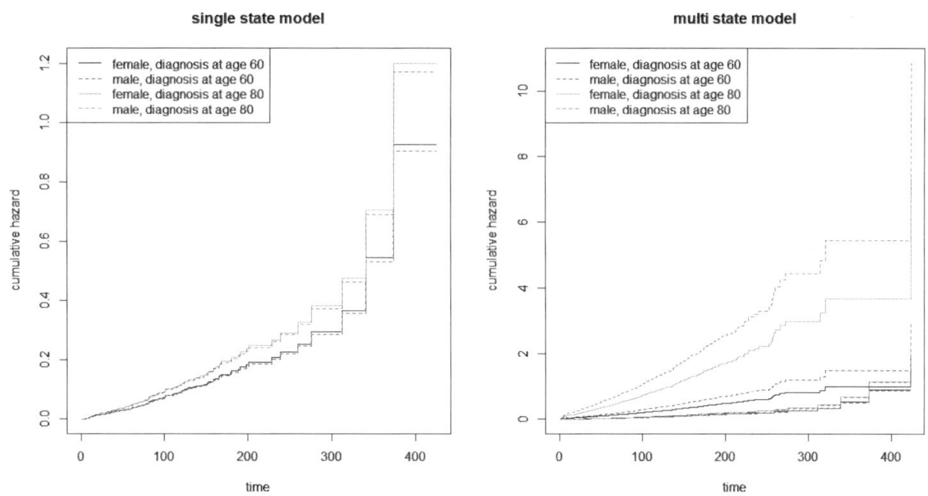

(a) (b)

그림 10.10 (a) single-state model과 (b) multi-state model에서 누적위험률

single-state model과 multi-state model에서 전이확률을 <그림 10.9>에서 보여주는데 차이가 있음을 알 수 있다. 여러 상태 변화를 고려해야 하는 경우 모형에 반영해야 정확한 추정을 할 수 있게 된다. <그림 10.10>에서는 single-state model과 multi-state model에서의 누적위험함수를 보여준다.

예제 10.6 흑색종 환자에 대한 데이터로 205명 환자와 7개 변수를 포함한 데이터셋 melanoma에 대해 경쟁위험모형 분석을 하고자 한다.

참고 melanoma(흑색종)

멜라닌 세포에서 발생하며 이 세포가 악성종양으로 변하는 것으로 피부암(skin cancer) 중 악성도가 높다.

포함된 변수는 다음과 같다:

time: Survival time in years.

status: 2 died from another event 1 died from melanoma, 0 still alive(censored)

event: 0 censored, 1 death.malignant.malanoma, 2 death.other

invasion: 3 levels as level.0, level.1, level.2

ici : imune checkpoint inhibitor 0,1,2,3

epicel: a type of graft made from a patient's own skin. not present, present

sex: 1=Male, 0=Female.

age: Age in years.

year: Year of operation.

thickness: Tumour thickness measured in mm.

logthick : log(thickness)

ulcer: 1=Presence of ulceration, 0=Absence of ulceration.

프로그램 10.6 Melanoma 데이터에 대한 F-G 모형과 Cox 모형

```
install.packages("riskRegression")  # >R4.4
library(riskRegression)
data(Melanoma)
str(Melanoma)

#install.packages("cmprsk")
 library(cmprsk)
```

```
cif<-cuminc(ftime = Melanoma$time,
            fstatus = Melanoma$status, group=Melanoma$sex)
plot(cif,col=1:4,xlab="Days")  # 0: censored
cif$Tests    # test of group differences

library(prodlim)
SH <- FGR(Hist(time,status)~sex+age+invasion, data=Melanoma)
SH

library(survival)
csh<-coxph(Surv(time,status==1)~factor(sex)+age+factor(invasion),data=Melanoma)
summary(csh) # Cox model
```

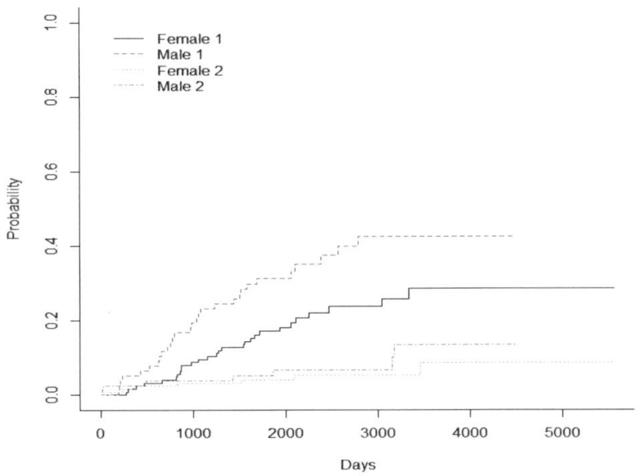

그림 10.11 요인별 CIF

결과 10.6 Melanoma 데이터에 대한 F-G 모형과 Cox 모형

```
> SH
Right-censored response of a competing.risks model
No.Observations: 205
Pattern:
Cause      event   right.censored
  1          57                0
  2          14                0
  unknown     0              134
Fine-Gray model: analysis of cause 1
Competing Risks Regression
Call:
FGR(formula = Hist(time, status) ~ sex + age + invasion, data = Melanoma,
    cause = "1")
```

```
                    coef  exp(coef)  se(coef)      z  p-value
sexMale          0.62762       1.87   0.27170  2.310   0.0210
age              0.00565       1.01   0.00913  0.619   0.5400
invasionlevel.1  1.04909       2.86   0.34040  3.082   0.0021
invasionlevel.2  1.37802       3.97   0.40137  3.433   0.0006

                 exp(coef) exp(-coef)  2.5%  97.5%
sexMale               1.87      0.534  1.100  3.19
age                   1.01      0.994  0.988  1.02
invasionlevel.1       2.86      0.350  1.465  5.56
invasionlevel.2       3.97      0.252  1.806  8.71

Num. cases = 205
Pseudo Log-likelihood = -274
Pseudo likelihood ratio test = 24.6  on 4 df.
Convergence: TRUE

> summary(csh) # Cox model
Call:
coxph(formula = Surv(time, status == 1) ~ factor(sex) + age +
    factor(invasion), data = Melanoma)
  n= 205, number of events= 57

                             coef  exp(coef)  se(coef)      z  Pr(>|z|)
factor(sex)Male          0.663383  1.941349  0.266320  2.491  0.012741 *
age                      0.009823  1.009871  0.008339  1.178  0.238840
factor(invasion)level.1  1.037168  2.821217  0.328241  3.160  0.001579 **
factor(invasion)level.2  1.403225  4.068300  0.380744  3.685  0.000228 ***


                        exp(coef) exp(-coef) lower .95  upper .95
factor(sex)Male             1.941     0.5151    1.1519      3.272
age                         1.010     0.9902    0.9935      1.027
factor(invasion)level.1     2.821     0.3545    1.4826      5.368
factor(invasion)level.2     4.068     0.2458    1.9290      8.580

Concordance= 0.7  (se = 0.035 )
Likelihood ratio test = 26.7   on 4 df,   p=2e-05
Wald test             = 24.39  on 4 df,   p=7e-05
Score (logrank) test = 26.85  on 4 df,   p=2e-05
```

<그림 10.11>에서는 melanoma (status=1)인 경우 다른 이유(status=1)인 경우 성별에 따른 CIF를 보여준다. F-G 모형과 Cox 모형 적합 결과를 비교해 보면 요인별 효과에 대한 유의확률에 차이가 있음을 알 수 있다.

연습문제

01 다음은 HIV(Human Immunodeficiency Virus, 인체면역결핍바이러스) 감염으로부터 AIDS(Acquired Immune Deficiency Syndrome, 후천성면역결핍증)에 걸린 329명 남자 환자 코호트 데이터(aidssi, aidssi2: mstate R package)에 대해 경쟁위험을 고려하여 분석하시오. (1996년 Armsterdam Cohort study)
aidssi2 데이터셋은 aidssi 데이터셋으로부터 다음의 요소가 확장된 것이다.

(1) 초기 발생 이후의 사건을
(2) HIV 감염 이후 연구에 들어온 시점
(3) HIV 감염 시점의 나이(공변량)

일부는 사망할 때 AIDS 진단을 받고 그외는 마지막 방문할 때 AIDS 진단을 받았다.
aidssi 데이터셋 변수는 다음과 같다:

patnr: Patient identification number
time: Time from HIV infection to first of SI appearance and AIDS, or last follow-up
status: Event indicator; 0 = censored, 1 = AIDS, 2 = SI appearance (symptom index)
cause: Failure cause; factor with levels "event-free", "AIDS", "SI"
ccr5: CCR5 genotype; factor with levels
"WW" (wild type allele on both chromosomes),
"WM" (mutant allele on one chromosome)

aidssi2 데이터셋 변수는 다음과 같다:

patnr: Patient identification number
entry.time: Time from HIV infection to cohort entry.
Value=0 if HIV infection occurred while in follow-up.
aids.time: Time from HIV infection to AIDS, or
last follow-up if AIDS was not observed
aids.stat: Event indicator with respect to AIDS(0:censored, 1:AIDS)
si.time: Time from HIV infection to SI switch, or
last follow-up if SI switch was not observed
si.stat: Event indicator with respect to SI switch(0:no switch, 1:switch)
death.time: Time from HIV infection to death, or
last follow-up if death was not observed
death.stat: Event indicator with respect to death(0 = alive, 1 = dead)
age.inf: Age at HIV infection
ccr5: CCR5 genotype

프로그램 10.4 aidssi2 데이터에 대한 생존분석

```
library(mstate)
data(aidssi)
aidssi
head(aidssi)
aidssi.w <- crprep("time", "cause", data=aidssi, trans=c("AIDS","SI"),
          cens="event-free", id="patnr", keep="ccr5")
# calculate cause-specific cumulative incidence, no truncation,

ci <- Cuminc(aidssi$time, aidssi$status)
sf <- survfit(Surv(Tstart,Tstop,status=="AIDS")~1, data=aidssi.w,
         weight=weight.cens, subset=failcode=="AIDS")
plot(sf, fun="event", mark.time=FALSE)
lines(CI.1~time,data=ci,type="s",col="red")

sf <- survfit(Surv(Tstart,Tstop,status=="SI")~1, data=aidssi.w,
weight=weight.cens, subset=failcode=="SI")
plot(sf, fun="event", mark.time=FALSE)
lines(CI.2~time,data=ci,type="s",col="red")

# Fine and Gray regression for cause 1
cw <- coxph(Surv(Tstart,Tstop,status=="AIDS")~ccr5, data=aidssi.w,
          weight=weight.cens, subset=failcode=="AIDS")
cw
# This can be checked with the results of crr (cmprsk)
# crr(ftime=aidssi$time, fstatus=aidssi$status, cov1=as.numeric(aidssi$ccr5))
# Gray's log-rank test
aidssi.wCCR <- crprep("time", "cause", data=aidssi, trans=c("AIDS","SI"),
cens="event-free", id="patnr", strata="ccr5")
test.AIDS <- coxph(Surv(Tstart,Tstop,status=="AIDS")~ccr5, data=aidssi.wCCR,
weights=weight.cens, subset=failcode=="AIDS")
test.SI <- coxph(Surv(Tstart,Tstop,status=="SI")~ccr5, data=aidssi.wCCR,
weights=weight.cens, subset=failcode=="SI")

## score test statistic and p-value
c(test.AIDS$score, 1-pchisq(test.AIDS$score,1)) # AIDS
c(test.SI$score, 1-pchisq(test.SI$score,1)) # SI
```

```
> head(aidssi)
  patnr   time status      cause ccr5
1     1  9.106      1       AIDS   WW
2     2 11.039      0 event-free   WM
3     3  2.234      1       AIDS   WW
4     4  9.878      2         SI   WM
5     5  3.819      1       AIDS   WW
```

```
> head(aidssi2)
  patnr entry.time  aids.time aids.stat   si.time si.stat death.time death.stat   age.inf ccr5
1     1   0.000000   9.106016         1 11.351053       0  11.351053          0  48.22732   WW
2     2   0.000000  11.039000         0 11.039000       0  11.039000          0  28.67355   WM
3     3   1.806666   2.233771         1  2.258411       0   2.258411          1  39.03112   WW
4     4   1.809404  14.001053         0  9.878200       1  14.001053          0  36.10983   WM
5     5   1.809404   3.818986         1  7.208446       0   7.208446          1  41.62112   WW
```

02 EBMT platelet recovery data(혈소판 회복 데이터)에 대해 경쟁위험을 고려하여 분석하시오. EBMT(the European Society for Blood and Marrow Transplantation) 데이터셋에 포함된 변수는 다음과 같다:

id: Patient identification number
prtime: Time in days from transplantation to platelet recovery or last follow-up
prstat: Platelet recovery status; 1 = platelet recovery, 0 = censored
rfstime: Time in days from transplantation to relapse or death or last follow-up (relapse-free survival time)
rfsstat: Relapse-free survival status; 1 = relapsed or dead, 0 = censored
dissub: Disease subclassification; factor with levels "AML", "ALL", "CML"
age: Patient age at transplant; factor with levels "<=20", "20-40", ">40"
drmatch: Donor-recipient gender match;
factor with "No gender mismatch", "Gender mismatch"
tcd: T-cell depletion; factor with levels "No TCD", "TCD"

프로그램 10.5 ebmt3 데이터에 대한 생존분석

```
tmat <- trans.illdeath(names=c("Tx","PR","RelDeath"))
data(ebmt3) # data
head(ebmt3)
msebmt <- msprep(time=c(NA,"prtime","rfstime"),
                 status=c(NA,"prstat","rfsstat"),
                 data=ebmt3,trans=tmat)
# At the start everyone is in state 1 (default xtime=0 is used)
xsect(msebmt)
# At 5 years
xsect(msebmt, xtime=1826)

> tmat
          to
from       Tx  PR RelDeath
  Tx       NA   1        2
  PR       NA  NA        3
  RelDeath NA  NA       NA
```

```
> head(ebmt3)
  id prtime prstat rfstime rfsstat dissub   age            drmatch  tcd
1  1     23      1     744       0    CML   >40    Gender mismatch No  TCD
2  2     35      1     360       1    CML   >40 No gender mismatch No  TCD
3  3     26      1     135       1    CML   >40 No gender mismatch No  TCD
4  4     22      1     995       0    AML 20-40 No gender mismatch No  TCD
5  5     29      1     422       1    AML 20-40 No gender mismatch No  TCD
```

부록 A

R 시스템에서 생존분석을 위한 기본적인 코드

A.1 기초적인 생존분석

생존분석을 위한 함수와 데이터를 포함한 R 패키지를 불러들인다.

```
> install.packages( 'survival ')
> install.packages( 'KMsurv' )
```

또는

```
> library(survival)
> library(KMsurv)
```

생존분석을 위한 함수를 적용하기 전에 Survival object로 Surv(time, time2, event, type)를 만들어야 한다. 예를 들어, data(tongue)에서 생존시간 데이터 변수가 time이고 중도절단여부 변수가 delta이며 delta=1인 경우가 중도절단되지 않고 관측된 경우라면 다음의 코드 예를 참조하면 된다.

```
data(tongue); attach(tongue)
my.surv <- Surv(time, delta==1)          # survival object
my.fit<-survfit(my.surv~1)               # K-M survival estimator
summary(my.fit)

my.surv1 <- Surv(time[type==1], delta[type==1])  # type=1인 경우 survival object
my.surv2 <- Surv(time[type==2], delta[type==2])  # type=1인 경우 survival object

my.fit$surv         # outputs the Kaplan-Meier estimate at each t_i
my.fit$time         # {t_i}
my.fit$n.risk       # {Y_i}
my.fit$n.event      # {d_i}
my.fit$std.err      # standard error of the K-M estimate at {t_i}
my.fit$lower        # lower pointwise estimates (alternatively, $upper)
my.fit$upper        # upper pointwise estimates

H.hat <- -log(my.fit$surv)    # cumulative hazard
H.hat <- c(H.hat, H.hat[length(H.hat)])

# Kaplan-Meier estimate plot
plot(my.fit, main="Kaplan-Meier estimate with 95% confidence bounds",
   xlab="time", ylab="survival function")
```

```
# Nelson-Aalen estimator may be constructed nearly as easily:
h.sort.of <- my.fit$n.event / my.fit$n.risk
H.tilde <- vector()
for(i in 1:length(h.sort.of)) H.tilde[i] <- sum(h.sort.of[1:i])
H.tilde <- c(H.tilde, H.tilde[length(H.tilde)])

plot(c(my.fit$time, 250), H.hat, xlab='time', ylab='cumulative hazard',
   main='comparing cumulative hazards', ylim=range(c(H.hat, H.tilde)), type='s')
   points(c(my.fit$time, 250), H.tilde, lty=2, type='s')
   legend(200,0.5, legend=c("H.hat","H.tilde"), lty=1:2)
```

```
# log-rank test
survdiff(Surv(time, delta) ~ type, data=tongue)
```

```
# Cox model
data(burn); attach(burn)
my.surv <- Surv(T1, D1)
coxph(my.surv ~ Z1 + as.factor(Z11), method=' breslow' ) # output omitted

coxph.fit <- coxph(my.surv ~ Z1 + as.factor(Z11), method='breslow')
coxph.fit$coefficients                # may use my.fit$coeff instead
coxph.fit$var      # I^(-1), estimated cov matrix of the estimates
coxph.fit$loglik   # log-likelihood for alt and null MLEs, resp.
detach(burn)
```

```
# parametric regression models
data(leukemia) ;  attach(leukemia)  ;  head(leukemia)
exp0 <- survreg(Surv(time,status) ~ 1, dist='exponential')
summary(exp0)
exp.aft <- survreg(Surv(time,status) ~ factor(x), dist='exponential')

weib0 <- survreg(Surv(time,status) ~ 1, dist='weibull')
summary(weib0)
weib.aft <- survreg(Surv(time,status) ~ factor(x), dist='weibull')
```

A.2 중도절단 데이터 생성(censored data simulation)

지수회귀모형을 따르는 중도절단을 포함한 데이터를 생성하고자 할 경우의 예

```
x <- (1:30)/2 - 3          # create the covariates, 30 of them
myrates <- exp(3*x+1)    # the risk exp(beta*x), parameters for exp r.v.
y <- rexp(30, rate = myrates)   # generates the r.v.
cen <- rexp(30, rate = 0.5 )
ycen <- pmin(y, cen)
di <- as.numeric(y <= cen)
data<- cbind(ycen, di)
```

부록 B

SAS 시스템에서 생존분석을 위한 프로그램

본문에 포함된 예제와 R 프로그램에 해당되는 SAS 프로그램을 정리한 것으로 SAS 이용자는 참조하기 바란다.

〈SAS 프로그램 B.1〉 생명표

```
/*  [예제 5.2] 〈프로그램 5.1〉  */
DATA  MI ;
INPUT  time censor freq @@ ;
CARDS ;
0  1  27  0  0   3
1  1  18  1  0  10
2  1  21  2  0  10
3  1   9  3  0   3
4  1   1  4  0   3
5  1   2  5  0  11
6  1   3  6  0   5
7  1   1  7  0   8
8  1   2  8  0   1
9  1   2  9  0   6
;

PROC LIFETEST METHOD=LIFE ;
    INTERVALS= 0 1 2 3 4 5 6 7 8 9 ;
    PLOTS=(S,  H) ;
    GRAPHICS ;
    TIME  time*censor(0) ;    * censor(0): censored인 경우가 censor=0 ;
    FREQ freq ;
        TITLE "심근경색증 데이터에 대한 생명표" ;
RUN ;
```

〈SAS 결과 B.1〉

심근경색증 데이터에 대한 생명표
The LIFETEST Procedure
Life Table Survival Estimates

Interval [Lower,	Upper)	Number Failed	Number Censored	Effective Sample Size	Conditional Probability of Failure	Conditional Probability Standard Error	Survival	Failure
0	1	27	3	144.5	0.1869	0.0324	1.0000	0
1	2	18	10	111.0	0.1622	0.0350	0.8131	0.1869
2	3	21	10	83.0	0.2530	0.0477	0.6813	0.3187
3	4	9	3	55.5	0.1622	0.0495	0.5089	0.4911
4	5	1	3	43.5	0.0230	0.0227	0.4264	0.5736
5	6	2	11	35.5	0.0563	0.0387	0.4166	0.5834
6	7	3	5	25.5	0.1176	0.0638	0.3931	0.6069
7	8	1	8	16.0	0.0625	0.0605	0.3469	0.6531
8	9	2	1	10.5	0.1905	0.1212	0.3252	0.6748
9	.	2	6	5.0	0.4000	0.2191	0.2632	0.7368

Evaluated at the Midpoint of the Interval

Interval [Lower,	Upper)	Survival Standard Error	Median Residual Lifetime	Median Standard Error	PDF	PDF Standard Error	Hazard	Hazard Standard Error
0	1	0	3.1080	0.5040	0.1869	0.0324	0.206107	0.039454
1	2	0.0324	4.4265	1.6443	0.1319	0.0289	0.176471	0.041432
2	3	0.0393	5.2870	1.7247	0.1724	0.0340	0.289655	0.062542
3	4	0.0438	.	.	0.0825	0.0262	0.176471	0.058594
4	5	0.0445	.	.	0.00980	0.00974	0.023256	0.023254
5	6	0.0446	.	.	0.0235	0.0163	0.057971	0.040974
6	7	0.0450	.	.	0.0462	0.0256	0.125	0.072028
7	8	0.0470	.	.	0.0217	0.0212	0.064516	0.064483
8	9	0.0488	.	.	0.0619	0.0405	0.210526	0.148038
9	.	0.0558	.	.	.	.	.	.

Summary of the Number of Censored and Uncensored Values

Total	Failed	Censored	Percent Censored
146	86	60	41.10

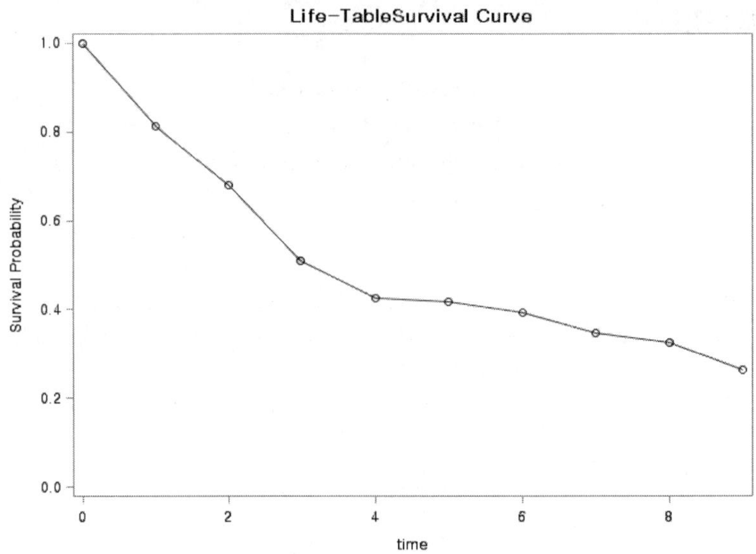
Life-TableSurvival Curve
1.0
0.8
0.6
0.4
0.2
0.0
Survival Probability
0
2
4
6
8
time

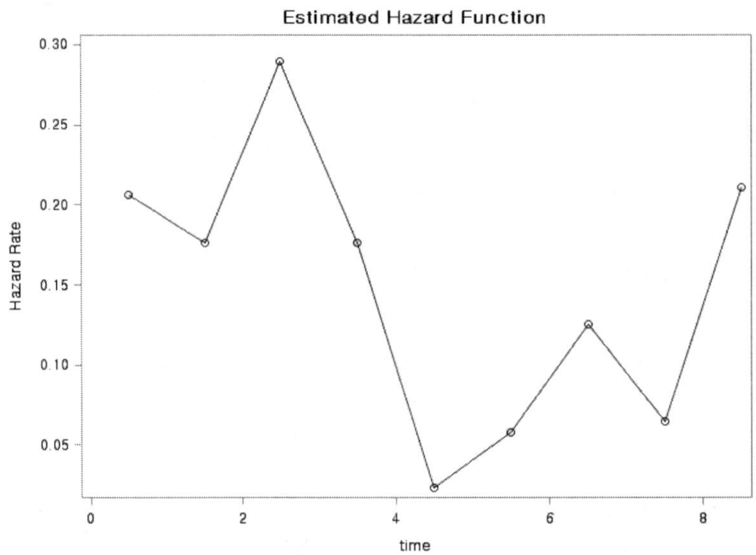
Estimated Hazard Function
0.30
0.25
0.20
0.15
0.10
0.05
Hazard Rate
0
2
4
6
8
time

〈SAS 프로그램 B.2〉 Kaplan-Meier 생존함수

```
/*  [예제 5.5] 〈프로그램 5.5〉  */
DATA leukemia ;
INPUT group time censor @@ ;
CARDS ;
1   6  1      2   1  1
1   6  1      2   1  1
1   6  1      2   2  1
1   6  0      2   2  1
1   7  1      2   3  1
1   9  0      2   4  1
1  10  1      2   4  1
1  10  0      2   5  1
1  11  0      2   5  1
1  13  1      2   8  1
1  16  1      2   8  1
1  17  0      2   8  1
1  19  0      2   8  1
1  20  0      2  11  1
1  22  1      2  11  1
1  23  1      2  12  1
1  25  0      2  12  1
1  25  0      2  15  1
1  32  0      2  17  1
1  32  0      2  22  1
1  34  0      2  23  1
;

PROC LIFETEST METHOD=KM  PLOTS=(S)  GRAPHICS  OUTSURV=sdf ;
        TIME  time*censor(0) ;
        STRATA group ;
        TITLE "백혈병 데이터에 대한 K-M 생존함수추정 및 그래프" ;
RUN ;

PROC PRINT DATA=sdf ;
        TITLE "백혈병 데이터에 대한 K-M 생존함수와 95% 신뢰구간" ;
RUN ;
```

〈SAS 결과 B.2〉

The LIFETEST Procedure
Stratum 1: group = 1
Product-Limit Survival Estimates

time	Survival	Failure	Survival Standard Error	Number Failed	Number Left
0.0000	1.0000	0	0	0	21
6.0000	.	.	.	1	20
6.0000	.	.	.	2	19
6.0000	0.8571	0.1429	0.0764	3	18
6.0000*	.	.	.	3	17
7.0000	0.8067	0.1933	0.0869	4	16
9.0000*	.	.	.	4	15
10.0000	0.7529	0.2471	0.0963	5	14
10.0000*	.	.	.	5	13
11.0000*	.	.	.	5	12
13.0000	0.6902	0.3098	0.1068	6	11
16.0000	0.6275	0.3725	0.1141	7	10
17.0000*	.	.	.	7	9
19.0000*	.	.	.	7	8
20.0000*	.	.	.	7	7
22.0000	0.5378	0.4622	0.1282	8	6
23.0000	0.4482	0.5518	0.1346	9	5
25.0000*	.	.	.	9	4
25.0000*	.	.	.	9	3
32.0000*	.	.	.	9	2
32.0000*	.	.	.	9	1
34.0000*	0.4482	0.5518	.	9	0

NOTE: The marked survival times are censored observations.

Summary Statistics for Time Variable time
Quartile Estimates

Percent	Point Estimate	95% Confidence Interval Transform	[Lower	Upper)
75	.	LOGLOG	23.0000	.
50	23.0000	LOGLOG	13.0000	.
25	13.0000	LOGLOG	6.0000	22.0000

Mean	Standard Error
17.9092	1.6474

NOTE: The mean survival time and its standard error were underestimated because the largest observation was censored and the estimation was restricted to the largest event time.

The LIFETEST Procedure

Stratum 2: group = 2

Product-Limit Survival Estimates

time	Survival	Failure	Survival Standard Error	Number Failed	Number Left
0.0000	1.0000	0	0	0	21
1.0000	.	.	.	1	20
1.0000	0.9048	0.0952	0.0641	2	19
2.0000	.	.	.	3	18
2.0000	0.8095	0.1905	0.0857	4	17
3.0000	0.7619	0.2381	0.0929	5	16
4.0000	.	.	.	6	15
4.0000	0.6667	0.3333	0.1029	7	14
5.0000	.	.	.	8	13
5.0000	0.5714	0.4286	0.1080	9	12
8.0000	.	.	.	10	11
8.0000	.	.	.	11	10
8.0000	.	.	.	12	9
8.0000	0.3810	0.6190	0.1060	13	8
11.0000	.	.	.	14	7
11.0000	0.2857	0.7143	0.0986	15	6
12.0000	.	.	.	16	5
12.0000	0.1905	0.8095	0.0857	17	4
15.0000	0.1429	0.8571	0.0764	18	3
17.0000	0.0952	0.9048	0.0641	19	2
22.0000	0.0476	0.9524	0.0465	20	1
23.0000	0	1.0000	.	21	0

Summary Statistics for Time Variable time

Quartile Estimates

Percent	Point Estimate	Transform	95% Confidence Interval [Lower	Upper)
75	12.0000	LOGLOG	8.0000	22.0000
50	8.0000	LOGLOG	4.0000	11.0000
25	4.0000	LOGLOG	1.0000	5.0000

Mean	Standard Error
8.6667	1.4114

The LIFETEST Procedure

Summary of the Number of Censored and Uncensored Values

Stratum	group	Total	Failed	Censored	Percent Censored
1	1	21	9	12	57.14
2	2	21	21	0	0.00
Total		42	30	12	28.57

The LIFETEST Procedure

Testing Homogeneity of Survival Curves for time over Strata

Rank Statistics

group	Log-Rank	Wilcoxon
1	-10.251	-271.00
2	10.251	271.00

Covariance Matrix for the Log-Rank Statistics

group	1	2
1	6.25696	-6.25696
2	-6.25696	6.25696

Covariance Matrix for the Wilcoxon Statistics

group	1	2
1	5457.11	-5457.11
2	-5457.11	5457.11

Test of Equality over Strata

Test	Chi-Square	DF	Pr > Chi-Square
Log-Rank	16.7929	1	<.0001
Wilcoxon	13.4579	1	0.0002
-2Log(LR)	15.8743	1	<.0001

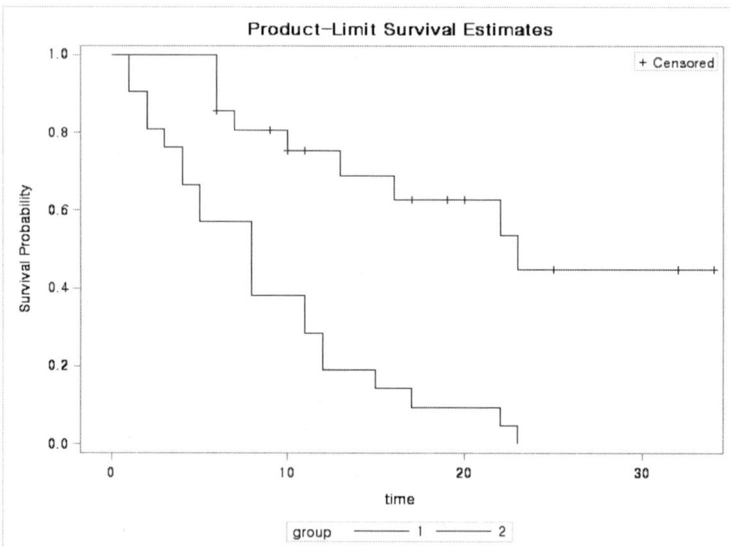

백혈병 데이터에 대한 K-M 생존함수와 95% 신뢰구간

OBS	group	time	_CENSOR_	SURVIVAL	SDF_LCL	SDF_UCL	STRATUM
1	1	0	.	1.00000	1.00000	1.00000	1
2	1	6	0	0.85714	0.61972	0.95155	1
3	1	6	1	0.85714	.	.	1
4	1	7	0	0.80672	0.56315	0.92281	1
5	1	9	1	0.80672	.	.	1
6	1	10	0	0.75294	0.50320	0.88936	1
7	1	10	1	0.75294	.	.	1
8	1	11	1	0.75294	.	.	1
9	1	13	0	0.69020	0.43161	0.84907	1
10	1	16	0	0.62745	0.36751	0.80491	1
11	1	17	1	0.62745	.	.	1
12	1	19	1	0.62745	.	.	1
13	1	20	1	0.62745	.	.	1
14	1	22	0	0.53782	0.26778	0.74679	1
15	1	23	0	0.44818	0.18805	0.68014	1
16	1	25	1	.	.	.	1
17	1	25	1	.	.	.	1
18	1	32	1	.	.	.	1
19	1	32	1	.	.	.	1
20	1	34	1	.	.	.	1
21	2	0	.	1.00000	1.00000	1.00000	2
22	2	1	0	0.90476	0.67005	0.97529	2
23	2	2	0	0.80952	0.56891	0.92389	2
24	2	3	0	0.76190	0.51939	0.89326	2
25	2	4	0	0.66667	0.42535	0.82504	2
26	2	5	0	0.57143	0.33798	0.74924	2
27	2	8	0	0.38095	0.18307	0.57779	2
28	2	11	0	0.28571	0.11656	0.48182	2
29	2	12	0	0.19048	0.05948	0.37743	2
30	2	15	0	0.14286	0.03566	0.32116	2
31	2	17	0	0.09524	0.01626	0.26125	2
32	2	22	0	0.04762	0.00332	0.19704	2
33	2	23	0	0.00000	.	.	2
33	2	23	0	0.00000	.	.	2

〈SAS 프로그램 B.3〉 로그-순위 검정

```
/* [예제 6.9] 〈프로그램 6.4〉 */
PROC LIFETEST PLOTS=(S) GRAPHICS DATA=leukemia ;
 TIME time*censor(0) ;
 STRATA group ;
 SYMBOL1 V=NONE COLOR=BLACK LINE=1 ;
 SYMBOL2 V=NONE COLOR=BLACK LINE=2 ;
 TITLE "백혈병 두 그룹에 대한 로그-순위 검정" ;
RUN ;
```

〈SAS 결과 B.3〉

The LIFETEST Procedure

Stratum 1: group = 1

Product-Limit Survival Estimates

time	Survival	Failure	Survival Standard Error	Number Failed	Number Left
0.0000	1.0000	0	0	0	21
6.0000	.	.	.	1	20
6.0000	.	.	.	2	19
6.0000	0.8571	0.1429	0.0764	3	18
6.0000*	.	.	.	3	17
7.0000	0.8067	0.1933	0.0869	4	16
9.0000*	.	.	.	4	15
10.0000	0.7529	0.2471	0.0963	5	14
10.0000*	.	.	.	5	13
11.0000*	.	.	.	5	12
13.0000	0.6902	0.3098	0.1068	6	11
16.0000	0.6275	0.3725	0.1141	7	10
17.0000*	.	.	.	7	9
19.0000*	.	.	.	7	8
20.0000*	.	.	.	7	7
22.0000	0.5378	0.4622	0.1282	8	6
23.0000	0.4482	0.5518	0.1346	9	5
25.0000*	.	.	.	9	4
25.0000*	.	.	.	9	3
32.0000*	.	.	.	9	2
32.0000*	.	.	.	9	1
34.0000*	0.4482	0.5518	.	9	0

NOTE: The marked survival times are censored observations.

Summary Statistics for Time Variable time

Quartile Estimates

Percent	Point Estimate	Transform	95% Confidence Interval [Lower	Upper)
75	.	LOGLOG	23.0000	.
50	23.0000	LOGLOG	13.0000	.
25	13.0000	LOGLOG	6.0000	22.0000

Mean	Standard Error
17.9092	1.6474

NOTE: The mean survival time and its standard error were underestimated because the largest observation was censored and the estimation was restricted to the largest event time.

The LIFETEST Procedure

Stratum 2: group = 2

Product-Limit Survival Estimates

time	Survival	Failure	Survival Standard Error	Number Failed	Number Left
0.0000	1.0000	0	0	0	21
1.0000	.	.	.	1	20
1.0000	0.9048	0.0952	0.0641	2	19
2.0000	.	.	.	3	18
2.0000	0.8095	0.1905	0.0857	4	17
3.0000	0.7619	0.2381	0.0929	5	16
4.0000	.	.	.	6	15
4.0000	0.6667	0.3333	0.1029	7	14
5.0000	.	.	.	8	13
5.0000	0.5714	0.4286	0.1080	9	12
8.0000	.	.	.	10	11
8.0000	.	.	.	11	10
8.0000	.	.	.	12	9
8.0000	0.3810	0.6190	0.1060	13	8
11.0000	.	.	.	14	7
11.0000	0.2857	0.7143	0.0986	15	6
12.0000	.	.	.	16	5
12.0000	0.1905	0.8095	0.0857	17	4
15.0000	0.1429	0.8571	0.0764	18	3
17.0000	0.0952	0.9048	0.0641	19	2
22.0000	0.0476	0.9524	0.0465	20	1
23.0000	0	1.0000	.	21	0

Summary Statistics for Time Variable time

Quartile Estimates

Percent	Point Estimate	Transform	95% Confidence Interval [Lower	Upper)
75	12.0000	LOGLOG	8.0000	22.0000
50	8.0000	LOGLOG	4.0000	11.0000
25	4.0000	LOGLOG	1.0000	5.0000

Mean	Standard Error
8.6667	1.4114

Summary of the Number of Censored and Uncensored Values

Stratum	group	Total	Failed	Censored	Percent Censored
1	1	21	9	12	57.14
2	2	21	21	0	0.00
Total		42	30	12	28.57

The LIFETEST Procedure

Testing Homogeneity of Survival Curves for time over Strata

Rank Statistics

group	Log-Rank	Wilcoxon
1	-10.251	-271.00
2	10.251	271.00

Covariance Matrix for the Log-Rank Statistics

group	1	2
1	6.25696	-6.25696
2	-6.25696	6.25696

Covariance Matrix for the Wilcoxon Statistics

group	1	2
1	5457.11	-5457.11
2	-5457.11	5457.11

Test of Equality over Strata

Test	Chi-Square	DF	Pr > Chi-Square
Log-Rank	16.7929	1	<.0001
Wilcoxon	13.4579	1	0.0002
-2Log(LR)	15.8743	1	<.0001

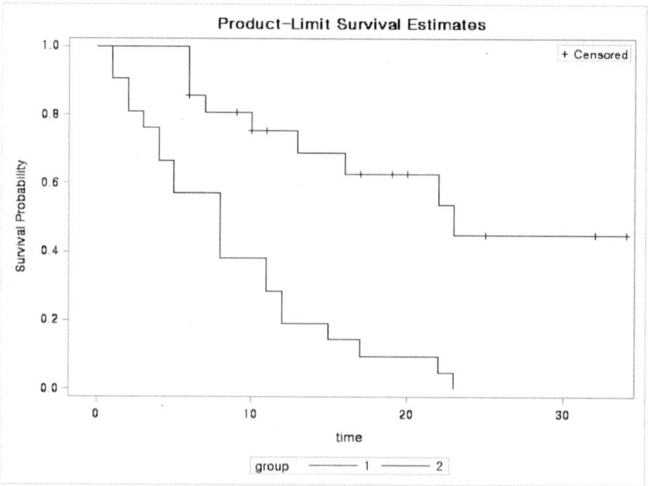

〈SAS 프로그램 B.4〉 Cox 비례위험모형

```
/*  [예제 7.13] 〈프로그램 7.5〉  */
DATA Rossi ;
INFILE "L:₩생존분석 책₩SAS₩Rossi.txt" FIRSTOBS=2 ;
INPUT id 1-3 week 5-6 arrest 9 fin $ 13-15 age 17-18 race $ 21-25 wexp $ 29-31
mar $ 33-45 paro $ 47-49 prio 51-52 educ 55 ;
RUN ;

PROC PRINT DATA=Rossi ;
RUN ;

PROC PHREG DATA=Rossi ;
    CLASS fin race wexp mar paro ;
    MODEL week*arrest(0) = fin age race wexp mar paro prio educ ;
 TITLE "Rossi 데이터에 대한 Cox 비례위험모형" ;
RUN ;
```

〈SAS 결과 B.4〉

The PHREG Procedure

Model Information

Data Set	WORK.ROSSI
Dependent Variable	week
Censoring Variable	arrest
Censoring Value(s)	0
Ties Handling	BRESLOW

Number of Observations Read	432
Number of Observations Used	432

Class Level Information

Class	Value	Design Variables
fin	no	1
	yes	0
race	black	1
	other	0
wexp	no	1
	yes	0
mar	"not married"	1
	married	0
paro	no	1
	yes	0

Summary of the Number of Event and Censored Values

Total	Event	Censored	Percent Censored
432	114	318	73.61

Convergence Status

Convergence criterion (GCONV=1E−8) satisfied.

Model Fit Statistics

Criterion	Without Covariates	With Covariates
−2 LOG L	1351.367	1316.165
AIC	1351.367	1332.165
SBC	1351.367	1354.054

Testing Global Null Hypothesis: BETA=0

Test	Chi−Square	DF	Pr 〉 ChiSq
Likelihood Ratio	35.2019	8	〈.0001
Score	34.9433	8	〈.0001
Wald	33.6030	8	〈.0001

Type 3 Tests

Effect	DF	Wald Chi−Square	Pr 〉 ChiSq
fin	1	3.5094	0.0610
age	1	6.9202	0.0085
race	1	1.2507	0.2634
wexp	1	0.2959	0.5865
mar	1	1.2321	0.2670
paro	1	0.2118	0.6454
prio	1	8.3705	0.0038
educ	1	1.9888	0.1585

Analysis of Maximum Likelihood Estimates

Parameter		DF	Parameter Estimate	Standard Error	Chi-Square	Pr > ChiSq
fin	no	1	0.35928	0.19178	3.5094	0.0610
age		1	−0.05748	0.02185	6.9202	0.0085
race	black	1	0.34566	0.30909	1.2507	0.2634
wexp	no	1	0.11586	0.21300	0.2959	0.5865
mar	"not married"	1	0.42404	0.38202	1.2321	0.2670
paro	no	1	0.09004	0.19567	0.2118	0.6454
prio		1	0.08438	0.02916	8.3705	0.0038
educ		1	−0.18554	0.13156	1.9888	0.1585

Analysis of Maximum Likelihood Estimates

Parameter		Hazard Ratio	Label
fin	no	1.432	fin no
age		0.944	
race	black	1.413	race black
wexp	no	1.123	wexp no
mar	"not married"	1.528	mar "not married"
paro	no	1.094	paro no
prio		1.088	
educ		0.831	

〈SAS 프로그램 B.5〉 Cox 비례위험모형에서 변수선택

```
/*  [예제 7.13] 〈프로그램 7.9〉  */
DATA Rossi ;
INFILE "L:₩생존분석 책₩SAS₩Rossi.txt" FIRSTOBS=2 ;
INPUT id 1-3 week 5-6 arrest 9 fin $ 13-15 age 17-18 race $ 21-25 wexp $ 29-31
mar $ 33-45 paro $ 47-49 prio 51-52 educ 55 ;
RUN ;

PROC PHREG DATA=Rossi ;
    CLASS fin race wexp mar paro ;
    MODEL week*arrest(0) = fin age race wexp mar paro prio educ
                /SELECTION=STEPWISE ;
  TITLE "단계형 모형 선택" ;
RUN ;
```

〈SAS 결과 B.5〉

The PHREG Procedure

Model Information

Data Set	WORK.ROSSI
Dependent Variable	week
Censoring Variable	arrest
Censoring Value(s)	0
Ties Handling	BRESLOW

Number of Observations Read	432
Number of Observations Used	432

Class Level Information

Class	Value	Design Variables
fin	no	1
	yes	0
race	black	1
	other	0
wexp	no	1
	yes	0
mar	"not married"	1
	married	0
paro	no	1
	yes	0

Summary of the Number of Event and Censored Values

Total	Event	Censored	Percent Censored
432	114	318	73.61

Step 1. Effect prio is entered. The model contains the following effects:
prio

Convergence Status
Convergence criterion (GCONV=1E-8) satisfied.

Model Fit Statistics

Criterion	Without Covariates	With Covariates
-2 LOG L	1351.367	1339.423
AIC	1351.367	1341.423
SBC	1351.367	1344.159

Testing Global Null Hypothesis: BETA=0

Test	Chi-Square	DF	Pr > ChiSq
Likelihood Ratio	11.9437	1	0.0005
Score	14.5602	1	0.0001
Wald	14.2304	1	0.0002

Step 2. Effect age is entered. The model contains the following effects:
age prio

Convergence Status
Convergence criterion (GCONV=1E-8) satisfied.

Model Fit Statistics

Criterion	Without Covariates	With Covariates
-2 LOG L	1351.367	1325.826
AIC	1351.367	1329.826
SBC	1351.367	1335.299

Testing Global Null Hypothesis: BETA=0

Test	Chi-Square	DF	Pr > ChiSq
Likelihood Ratio	25.5405	2	<.0001
Score	25.4905	2	<.0001
Wald	24.3857	2	<.0001

NOTE: No (additional) effects met the 0.05 level for entry into the model.

Type 3 Tests

Effect	DF	Wald Chi-Square	Pr > ChiSq
age	1	11.0638	0.0009
prio	1	12.1261	0.0005

Analysis of Maximum Likelihood Estimates

Parameter	DF	Parameter Estimate	Standard Error	Chi-Square	Pr > ChiSq
age	1	-0.06912	0.02078	11.0638	0.0009
prio	1	0.09435	0.02710	12.1261	0.0005

Analysis of Maximum Likelihood Estimates

Parameter	Hazard Ratio	Label
age	0.933	
prio	1.099	

Summary of Stepwise Selection

Step	Effect Entered	Effect Removed	DF	Number In	Score Chi-Square	Wald Chi-Square	Pr > ChiSq
1	prio		1	1	14.5602		0.0001
2	age		1	2	11.4018		0.0007

〈SAS 프로그램 B.6〉

```
/*  [예제 9.1] 〈프로그램 9.1~9.2〉  */
PROC IMPORT
    DATAFILE="L:₩생존분석 책₩SAS₩leu.xlsx"
 OUT=leu
    DBMS=XLSX REPLACE ;
 SHEET='Sheet1' ;
 GETNAMES=YES ;  * 첫 줄을 변수 이름으로 인식 ;
RUN ;

PROC LIFEREG DATA=leu ;    /* (a) */
    MODEL time*status(0) = / DIST = EXPONENTIAL ;
 TITLE "Exponential fit (without covariate)" ;
RUN ;

PROC LIFEREG DATA=leu ;    /* (b) */
    CLASS x ;
    MODEL time*status(0) = x / DIST = EXPONENTIAL ;
 TITLE "Exponential fit" ;
RUN ;

PROC LIFEREG DATA=leu ;    /* (c) */
    CLASS x ;
    MODEL time*status(0) = / DIST = WEIBULL ;
 TITLE "Weibull fit (without covariate)" ;
RUN ;

PROC LIFEREG DATA=leu ;    /* (d) */
    CLASS x ;
    MODEL time*status(0) = x / DIST = WEIBULL ;
 TITLE "Weibull fit" ;
RUN ;
```

〈SAS 결과 B.6〉 (a)

Exponential fit (without covariate)
The LIFEREG Procedure

Model Information

Data Set	WORK.LEU	
Dependent Variable	Log(time)	time
Censoring Variable	status	status
Censoring Value(s)	0	
Number of Observations	23	
Noncensored Values	18	
Right Censored Values	5	
Left Censored Values	0	
Interval Censored Values	0	
Number of Parameters	1	
Name of Distribution	Exponential	
Log Likelihood	−30.9388067	

Number of Observations Read	23
Number of Observations Used	23

Fit Statistics

−2 Log Likelihood	61.878
AIC (smaller is better)	63.878
AICC (smaller is better)	64.068
BIC (smaller is better)	65.013

Fit Statistics (Unlogged Response)

−2 Log Likelihood	166.636
Exponential AIC (smaller is better)	168.636
Exponential AICC (smaller is better	168.826
Exponential BIC (smaller is better)	169.771

Algorithm converged.

Analysis of Maximum Likelihood Parameter Estimates

Parameter	DF	Estimate	Standard Error	95% Confidence Limits		Chi-Square	Pr 〉 ChiSq
Intercept	1	3.6288	0.2357	3.1668	4.0907	237.02	〈.0001
Scale	0	1.0000	0.0000	1.0000	1.0000		
Weibull Scale	1	37.6667	8.8781	23.7316	59.7843		
Weibull Shape	0	1.0000	0.0000	1.0000	1.0000		

Lagrange Multiplier Statistics

Parameter	Chi-Square	Pr 〉 ChiSq
Scale	0.3305	0.5654

〈SAS 결과 B.6〉 (b)

Exponential fit
The LIFEREG Procedure

Model Information

Data Set	WORK.LEU	
Dependent Variable	Log(time)	time
Censoring Variable	status	status
Censoring Value(s)	0	
Number of Observations	23	
Noncensored Values	18	
Right Censored Values	5	
Left Censored Values	0	
Interval Censored Values	0	
Number of Parameters	2	
Name of Distribution	Exponential	
Log Likelihood	−28.90813237	

Number of Observations Read	23
Number of Observations Used	23

Class Level Information

Name	Levels	Values
x	2	Maintained Nonmaintained

Fit Statistics

−2 Log Likelihood	57.816
AIC (smaller is better)	61.816
AICC (smaller is better)	62.416
BIC (smaller is better)	64.087

Fit Statistics (Unlogged Response)

−2 Log Likelihood	162.575
Exponential AIC (smaller is better)	166.575
Exponential AICC (smaller is better	167.175
Exponential BIC (smaller is better)	168.846

Algorithm converged.

Type III Analysis of Effects

Effect	DF	Wald Chi−Square	Pr 〉 ChiSq
x	1	3.9268	0.0475

Analysis of Maximum Likelihood Parameter Estimates

Parameter		DF	Estimate	Standard Error	95% Confidence Limits		Chi-Square	Pr > ChiSq
Intercept		1	3.1434	0.3015	2.5524	3.7343	108.69	<.0001
x	Maintained	1	0.9581	0.4835	0.0105	1.9057	3.93	0.0475
x	Nonmaintained	0	0.0000	.	.	.	.	.
Scale		0	1.0000	0.0000	1.0000	1.0000		
Weibull Shape		0	1.0000	0.0000	1.0000	1.0000		

Lagrange Multiplier Statistics

Parameter	Chi-Square	Pr > ChiSq
Scale	2.4767	0.1155

〈SAS 결과 B.6〉 (c)

Weibull fit (without covariate)

The LIFEREG Procedure

Model Information

Data Set	WORK.LEU	
Dependent Variable	Log(time)	time
Censoring Variable	status	status
Censoring Value(s)	0	
Number of Observations	23	
Noncensored Values	18	
Right Censored Values	5	
Left Censored Values	0	
Interval Censored Values	0	
Number of Parameters	2	
Name of Distribution	Weibull	
Log Likelihood	−30.7995164	

Number of Observations Read	23
Number of Observations Used	23

Class Level Information

Name	Levels	Values
x	2	Maintained Nonmaintained

Fit Statistics

−2 Log Likelihood	61.599
AIC (smaller is better)	65.599
AICC (smaller is better)	66.199
BIC (smaller is better)	67.870

Fit Statistics (Unlogged Response)

−2 Log Likelihood	166.357
Weibull AIC (smaller is better)	170.357
Weibull AICC (smaller is better)	170.957
Weibull BIC (smaller is better)	172.628

Algorithm converged.

Analysis of Maximum Likelihood Parameter Estimates

Parameter	DF	Estimate	Standard Error	95% Confidence Limits		Chi-Square	Pr > ChiSq
Intercept	1	3.6425	0.2171	3.2170	4.0680	281.56	<.0001
Scale	1	0.9119	0.1546	0.6542	1.2712		
Weibull Scale	1	38.1868	8.2895	24.9538	58.4372		
Weibull Shape	1	1.0966	0.1859	0.7867	1.5287		

〈SAS 결과 B.6〉 (d)

Weibull fit

The LIFEREG Procedure

Model Information

Data Set	WORK.LEU	
Dependent Variable	Log(time)	time
Censoring Variable	status	status
Censoring Value(s)	0	
Number of Observations	23	
Noncensored Values	18	
Right Censored Values	5	
Left Censored Values	0	
Interval Censored Values	0	
Number of Parameters	3	
Name of Distribution	Weibull	
Log Likelihood	−28.14249237	

Number of Observations Read	23
Number of Observations Used	23

Class Level Information

Name	Levels	Values
x	2	Maintained Nonmaintained

Fit Statistics

−2 Log Likelihood	56.285
AIC (smaller is better)	62.285
AICC (smaller is better)	63.548
BIC (smaller is better)	65.691

Fit Statistics (Unlogged Response)

−2 Log Likelihood	161.043
Weibull AIC (smaller is better)	167.043
Weibull AICC (smaller is better)	168.306
Weibull BIC (smaller is better)	170.450

Algorithm converged.

Type III Analysis of Effects

Effect	DF	Wald Chi-Square	Pr > ChiSq
x	1	5.9031	0.0151

Analysis of Maximum Likelihood Parameter Estimates

Parameter		DF	Estimate	Standard Error	95% Confidence Limits		Chi-Square	Pr > ChiSq
Intercept		1	3.1797	0.2406	2.7082	3.6512	174.72	<.0001
x	Maintained	1	0.9293	0.3825	0.1797	1.6790	5.90	0.0151
x	Nonmaintained	0	0.0000	.	.	.	.	.
Scale		1	0.7910	0.1410	0.5578	1.1216		
Weibull Shape		1	1.2643	0.2253	0.8915	1.7929		

참고문헌

- 김재희 (2011). R을 이용한 통계프로그래밍 기초, 자유아카데미.
- 김양진 (2013). 생존분석, 자유아카데미.
- 문건웅 (2015). 의학논문 작성을 위한 R 통계와 그래프, 한나래 아카데미.

- Collectt. D. (1994). Modelling Survival Data in Medical Research, Chapman & Hall, New York.
- Cox, D. R. (1972) Regression mocels and life-tables (with discussion), *Journal of Royal Statistical Society* B, 34, 187-220.
- Cox, D. R. and Snell, E. J. (1968) A general definition of residuals, *Journal of the Royal Statistical Society* B (Methodological), 30, 2, 248-275.
- Cox, D. R. and Oakes, D. (1984) Analysis of Survival Data, Chapman & Hall, New York.
- Fleming, T. R. and Harrington, D. P. (1990) Counting Processes and Survival Analysis, Wiley, New York.
- Kalbfleisch, J. D. and Prentice, R. L. (2002) The Statistical Analysis of Failure Time Data, Wiley, New York.
- Klein, J. P. and Moeschberger, M. L. (2003) Survival Analysis, Springer, Second Edition, New York.
- Nelson, W. (1969) Hazard plotting for incomplete failure data, *Journal of Quality Technology*, 1, 27-52.
- Schoenfeld D. (1982) Residuals for the proportional hazards regresssion model. *Biometrika*, 1982, 69(1):239-241.
- Sestelo, M., Meira-Machado, L., Villanueva, N. M., & Roca-Pardiñas, J. (2024). A method for determining groups in cumulative incidence curves in competing risk data. Biometrical Journal, 66(4), 2300084.
- Shim, B. Y., Jung, J. H., Lee, K. M., Kim, H. J., Hong, S. H., Kim, S. H., Sun, D. S., Cho, H. M. (2013) Glucose transporter 1 (GLUT1) of anaerobic glycolysis as predictive and prognostic values in neoadjuvant chemoradiotherapy and laparoscopic surgery for locally advanced rectal cancer, *International Journal of Colorectal Disease*, 28: 375-383
- Therneau, T. M. and Grambsch, P. M. (2000) Modeling Survival Data: Extending the Cox Model, Springer, New York.

찾아보기

저자 소개

김재희(金哉希, Jaehee Kim)
서울대학교 계산통계학과 학사
서울대학교 통계학 석사
미국 Texas A&M University 통계학 박사
미국 Texas A&M University, Department of Statistics 방문교수
미국 Columbia University, Department of Biostatistics 방문교수
현) 덕성여자대학교 정보통계학과 교수

R을 이용한
생존분석 기초 -개정판-

저　　자　김재희
발 행 인　김지영
발 행 처　자유아카데미
주　　소　경기도 파주시 회동길 37-42
　　　　　파주출판도시
전　　화　031-955-1321
팩　　스　031-955-1322
홈페이지　www.freeaca.com
전자우편　main@freeaca.com (대표)
　　　　　editor@freeaca.com (편집)
　　　　　crm@freeaca.com (영업)
등　　록　제406-2003-017호, 1980. 7. 12
제2판1쇄　2025년 8월 29일 발행

저자와의
협의하에
인지생략

ISBN 979-11-5808-752-4 93310